LA NUIT UTÉRINE

Du même auteur

LA SURDITÉ PROFESSIONNELLE, Congrès de la Société française d'oto-rhino-laryngologie, Paris, MM. Maduro, Lallement et Tomatis, Librairie Arnette, 1952.

L'OREILLE ET LE LANGAGE, collection « Microcosme », Éditions du Seuil, 1963. Le Rayon de la science n° 17.

ÉDUCATION ET DYSLEXIE, collection « Sciences de l'Éducation », Éditions E.S.F., Paris, 1971.

LA LIBÉRATION D'ŒDIPE, collection « Sciences de l'Éducation », Éditions E.S.F., Paris, 1972.

VERS L'ÉCOUTE HUMAINE,
   Tome I : *Qu'est-ce que l'écoute humaine ?*
   Tome II : *Qu'est-ce que l'oreille humaine ?*
collection « Sciences de l'Éducation », Éditions E.S.F., Paris, 1974.

L'OREILLE ET LA VIE, *Itinéraire d'une recherche sur l'audition, la langue et la communication*, collection « Réponses santé », Éditions Robert Laffont, 1977.

A. A. Tomatis

La nuit
utérine

Dessins de Guy Plomion

Stock

Direction d'édition :
Alain Vircondelet

À mes enfants.

« Tout est mémoire... L'être vivant ressent, retient. L'organisme n'oublie jamais rien. La génétique a découvert le code suivant lequel le message héréditaire est transmis indéfiniment. En se reproduisant, l'individu continue son existence de génération en génération, éternellement. Le monde où il vit le transforme. À la complexité des facteurs mêlés dans le patrimoine héréditaire s'associe celle des éléments de l'environnement. Distinguer les uns des autres est une grande partie de notre tâche.

« Pour comprendre et éventuellement agir et pallier certaines conséquences fâcheuses, il faut voir ce qui n'est pas visible à nos yeux, saisir ce qui est compliqué pour nos esprits, établir des lois puisque le plus grand miracle, comme l'a indiqué Einstein, est que le monde nous soit intelligible. »

Professeur Robert DEBRÉ.

« La vie est moléculaire. »

Pierre AUGER..

1

Assurément pas

« Assurément pas. » C'est ainsi que s'exprimait, sans autre forme de politesse, le père d'une enfant présentant des troubles de la communication, tandis que j'offrais une réponse, emplie pour moi de certitude, au problème qui se posait à lui.

Cette manière brutale de m'assener une telle répartie me touchait d'autant plus qu'elle ébranlait sans ménagement ce qui me paraissait être une évidence acquise depuis fort longtemps. Aussi devait-elle me préoccuper pendant une longue semaine jusqu'à ce que me fût donnée l'occasion de rencontrer à nouveau ce père récalcitrant, lors de l'entretien de contrôle que je devais avoir avec lui au sujet de sa fille qui venait de terminer sa première session.

Dernière-née d'une famille de cinq enfants, Isabelle, quatre ans, nous avait été conduite par sa mère quelque temps auparavant pour une absence de langage. Il était aisé de dépister dans son comportement des éléments caractéristiques qui exprimaient un désir de couper la communication avec l'environnement et plus spécialement avec la mère. L'enfant était bien portante par ailleurs mais isolée dans un monde qui était le sien, sans relation aucune avec celui d'autrui.

Je proposai alors une démarche de remise en communication de l'enfant avec sa mère, d'une durée de trois semaines, au Centre de Paris. Cette démarche consistait en une éducation intensive de l'écoute suivant une technique bien spécifique utilisant la voix maternelle, afin d'éveiller à nouveau chez la petite fille le désir de communiquer avec sa mère, désir qui s'était évanoui ou qui n'avait jamais été ébauché.

Le cas d'Isabelle entrait dans un schéma classique de difficultés d'écoute qui présentait cependant un caractère peu inquiétant. Aussi les résultats furent-ils rapides et l'on vit l'enfant devenir, dès la première semaine, attentive au monde extérieur, vigilante vis-à-vis de l'environnement, et commencer à babiller. Ce résultat précoce devait heureusement favoriser nos relations avec le père qui venait de débarquer, au sens réel du mot. En effet, navigateur de métier, commandant de navire affecté au transport de denrées sur la côte africaine atlantique, il était alors à terre pour quelques semaines.

Il ne nous avait guère ménagé lors de notre première entrevue en nous signifiant son parfait scepticisme à l'égard de notre technique et en nous précisant qu'il ne croyait en rien à la psychologie et encore moins à nos histoires d'écoute. Ayant l'habitude de me trouver devant une telle façon de raisonner, je lui proposai de faire suivre à l'enfant une session intensive d'une semaine à titre d'essai, ce qu'il accepta volontiers pour répondre à la demande de son épouse qui, elle, se montrait fort coopérante à l'égard de la démarche proposée.

Le père était donc présent pendant cette semaine et prenait soin de tout, tandis que l'enfant et la mère suivaient leurs séances. Les résultats positifs furent collectés avec spontanéité par le père qui joua le rôle de manière très *fair play*. Est-il nécessaire de dire que le déroulement des événements permettait à la mère de se conforter dans ses convictions ?

C'est au cours du deuxième entretien que le père, venu me voir avec l'enfant, me fit part des observations qu'il avait faites au sujet du comportement d'Isabelle et me signala quelque chose qui l'intriguait beaucoup. L'enfant tentait maintenant de s'exprimer, parfois même de manière intelligible pour l'environnement. Elle comprenait tout et désirait tout savoir, mais, fait curieux pour le père en tout cas, elle semblait mieux comprendre lorsque ses parents parlaient anglais entre eux, moyen commode de soutenir un dialogue hors de la tribu familiale. Et moi de répondre naturellement : « C'est sans doute parce que votre femme a parlé anglais lorsqu'elle était enceinte d'Isabelle. » C'est à ce moment précis que le « assurément pas » de notre commandant me cloua le bec sans aucune réplique possible.

Enfin vint le dernier examen de contrôle, celui qui mettait fin à cette première démarche. D'emblée mon interlocuteur, très direct dans ses propos comme peut l'être un marin et fort sympathique par son mode d'ouverture, me déclara : « Vous aviez raison l'autre jour au sujet de l'anglais. J'ai fait mon enquête et nous nous sommes souvenus, ma femme et moi, que pendant les trois premiers mois de sa grossesse lorsqu'elle attendait Isabelle, elle a travaillé dans une maison d'import/export où elle s'exprimait uniquement en anglais. »

Je dois avouer que cette déclaration me procura un certain plaisir. Elle confirmait d'une part ce que je considérais depuis longtemps comme une réalité, à savoir que l'enfant, durant sa vie fœtale, entend la voix de sa mère. Et elle me permettait d'autre part de prendre position d'une façon encore plus affirmative vis-à-vis du fait que je subodorais depuis un certain temps, celui qui me laissait penser que durant la vie intra-utérine, l'embryon lui-même commençait déjà à percevoir et à emmagasiner des informations, à « engrammer » comme on dit actuellement.

Nous aurons à revenir longuement sur ces faits. Cette anecdote est simplement évoquée ici pour illustrer, sur le plan du vécu, ce qui sera l'essentiel du contenu de cet ouvrage : cette quête de l'écoute et cette écoute de la vie à travers la voix de la mère.

De nombreux cas comme celui d'Isabelle pourraient être rapportés. Ils alourdiraient sans doute cette introduction. Il me paraît cependant intéressant, pour la meilleure compréhension de ce qui va suivre, de raconter ici une ou deux anecdotes du même genre.

Voilà quelques années, une Sud-Américaine, Vénézuélienne, fortement mâtinée d'Indien, véritable ouragan, fort sympathique au demeurant et fort entreprenante, me présenta deux de ses enfants adoptifs afin que je la conseille et que je puisse au besoin l'aider à résoudre les problèmes qui motivaient sa visite.

Elle arrivait de Caracas, dirigée sur notre Centre de Paris par une femme médecin de Caracas qui avait eu l'opportunité de mettre notre méthode à l'épreuve au sujet de son dernier-né qui présentait une dysorthographie particulièrement grave, accompagnée d'importantes difficultés de lecture. Daniel avait été débarrassé de ses ennuis scolaires après deux séjours en France durant lesquels il avait bénéficié de nos techniques. La mère était donc mieux placée que quiconque pour en apprécier l'efficacité. Après avoir tenté plusieurs essais dans la sphère médicale ou para-médicale, allant du psychiatrique à l'éducation spécialisée en passant par les diverses thérapies de groupes ou individuelles, l'orthophonie en particulier, elle avait appris au cours d'un congrès américain sur les *learning disabilities* qu'il existait une méthode ni médicale, ni para-médicale, ni psychiatrique, ni orthophonique et qui faisait seulement appel à une pédagogie de l'écoute. L'éducation de l'oreille dans le but d'induire le désir d'écouter lui parut si pertinente qu'elle décida de venir nous voir à Paris. Depuis lors, elle dirige sur notre Centre des cas semblables à celui de son fils. Des cas non atteints gravement comme on pourrait le dire par abus de langage, mais simplement dépourvus des moyens de communication dans lesquels l'écriture et la lecture prennent une place importante.

C'est ainsi que par son intermédiaire je reçus cette « mamma » adoptive, avec tout ce que nous pouvons accorder de signification à un tel terme. Énorme et fantastique, dévorante et enthousiaste, écrasante par générosité, débordante de vitalité, pittoresque en tout point, corporel et psychologique, elle s'exprimait abondamment en espagnol sans écouter les réponses à ses pseudo-demandes, nous inondant d'un verbe haut en couleur et bas en fréquences. Bref, le modèle à caricaturer, celui-là même qui nous ferait redouter d'être le fils adoptif d'une telle femme. Et pourtant son cœur généreux et sa situation financière l'avaient faite plusieurs fois mère d'adoption. Elle appartenait de plus à un mouvement dans lequel les élans humanitaires étaient de rigueur. Est-il besoin de préciser qu'elle était l'un des membres les plus actifs de ce groupe ?...

Cependant, malgré mes appréhensions qui n'engageaient que mes projections personnelles, je restais admiratif devant cette femme qui se préoccupait tant de la situation sociale de son pays. En effet, à l'époque — il n'y a guère que six ou sept ans — il y avait au Venezuela

14

cinquante pour cent d'enfants abandonnés, et Dieu merci de nombreuses femmes venaient offrir leur cœur et leur foyer à ces rejetons oubliés.

Mais revenons au motif de cette visite. La mère venait donc nous présenter deux de ses enfants adoptés, âgés tous deux de onze ans, aussi disparates qu'il est possible de l'imaginer. L'un était grand et fort pour son âge. Il avait un faciès plat et pâle, plutôt blafard qui rappelait l'Indien du pays ; son attitude était dégingandée par hypotonie. Il était joyeux, facile à vivre, lourd et lent, sans mémoire ni concentration. Un strabisme complétait cet ensemble corporel mal structuré. Il faisait penser à une plante poussée trop vite, comme « hormonalement » poussée.

L'autre, son « jumeau » d'adoption en quelque sorte, venait manifestement d'un tout autre horizon, bien qu'inconnu comme celui d'où nous arrivait le précédent. Fortement teinté, aussi menu que l'autre était grand, aussi sec que l'autre était mou, il avait les traits saillants, osseux, anguleux. Son regard qui traduisait une indicible tristesse était impressionnant. L'enfant cherchait manifestement à sortir du tunnel qui semblait se prolonger pour lui de manière infinie. Son langage était étrange, comme venant d'ailleurs. Plat et pauvre, incertain, maladroit, mal formulé, il était cependant exprimé sans refus, sans réticence.

Les deux frères avaient un autre point commun : dotés d'une audition convenable, ils n'étaient pas capables d'écouter. Chacun sait qu'il ne sert à rien d'être muni d'une bonne oreille si l'on ne sait pas s'en servir. Lorsque le bilan psychologique fut effectué et que l'ensemble des tests pédagogiques nous permit de faire le point pour chacun de nos deux artistes, nous fûmes convaincus qu'il était possible de les conduire vers l'écoute.

C'est au travers d'un cursus ontogénétique que nous faisons réapparaître le désir de communiquer, désir lié étroitement à celui d'écouter. Mais avant d'aller plus loin dans notre récit, nous proposons de donner quelques informations sur notre mode d'approche. Les sons sortant d'une source sonore de grande qualité, d'un magnétophone de type professionnel par exemple, passent au travers d'une Oreille Électronique et sont perçus par l'intermédiaire d'un casque et d'un vibrateur. On appelle

« Oreille Électronique » une série d'appareils qui ont subi avec le temps de nombreuses modifications, les unes dues à l'avancée de la technologie, les autres liées à notre meilleure compréhension des mécanismes de l'organe de l'audition.

Parti il y a trente ans de l'idée de réaliser un « simulateur auditif », c'est-à-dire une machine capable de fonctionner de manière similaire à l'oreille humaine, nous nous sommes dirigés progressivement vers un « modèle » destiné à se comporter comme l'appareil auditif avant distribution du train d'ondes sur l'organe sensoriel dit organe de Corti. Sans entrer dans des détails techniques, retenons que l'ensemble électronique est fait de plusieurs étages, deux au moins, permettant de transformer l'information en passant d'un étage à l'autre par des jeux de bascules. Ce dispositif permet d'introduire en même temps des délais qui rappellent ceux rencontrés dans le domaine de la physiologie. De plus, les progrès techniques effectués au cours de ces dernières années offrent la possibilité d'aligner des séries de bascules influencées par un seul paramètre : l'intensité, ce qui était irréalisable il y a vingt-cinq ans.

Lorsqu'on met un sujet dans les conditions précitées, c'est-à-dire en état de percevoir, au travers de deux écouteurs et d'un vibrateur, le son provenant de l'Oreille Électronique qui est elle-même reliée à une source sonore bien définie, un processus de mise à l'écoute se met en action, processus totalement différent de celui qui répond au simple fait d'entendre. Ainsi donc le sujet soumis au montage que nous venons de décrire non seulement entend et s'entend mais il écoute et s'écoute. L'attitude vis-à-vis du message sonore est de ce fait totalement modifiée. Elle ne répond plus à un acquiescement passif mais à une demande volontaire, à un acte délibéré de capter l'information. Nous aurons à revenir largement sur cette nouvelle dimension.

Pour l'instant, penchons-nous à nouveau sur le cas de nos petits Vénézuéliens. Je dois dire qu'il ne me vint pas à l'idée de proposer pour leurs séances la voix maternelle adoptive — ce que nous faisons pour certains enfants adoptés. Dans le cas présent, étant donné l'impression que la mère nous avait faite, il nous semblait préférable de nous abstenir d'une telle tentative de peur que les

16

enfants soient purement et simplement dévorés, phago-cytés.

Aussi décidai-je de proposer une démarche sous Oreille Électronique avec le support de la musique de Mozart comme substitut maternel et perçue au départ à la manière fœtale comme nous avons l'habitude de le faire. Très vite le plus petit des deux réagit puissamment et d'une façon assez inattendue. Dès le quatrième jour de la session, il devint bavard et se mit à parler en portugais, ce qui étonna fortement son entourage familial et en parti-culier sa mère qui resta confondue devant un tel événe-ment. Jamais en effet cet enfant n'avait eu de contacts avec des Portugais, n'ayant eu pour nourriture linguisti-que que la langue vénézuélienne qui, comme on le sait, est d'origine espagnole. Nos conclusions furent immédiates : la vraie mère, la mère inconnue était sûrement une Brésilienne.

Il est évident que, devant de telles réactions, on ne peut rester indifférent. Et l'on peut à bon droit se demander si ce ne sont pas autant de réponses à des faits, à des événements imprimés quelque part, dans ce qu'il convient d'appeler, peut-être à tort, la « mémoire ». Il existe une mémoire fœtale et aussi, on l'a vu, une mémoire embryonnaire.

Que l'on ne se méprenne pas sur ce qui vient d'être énoncé. Il ne s'agit nullement, dans ces cas, d'évoquer la série de réponses qui relèvent de faits plus archaïques et qui demeurent spécifiques de l'espèce, tel un rituel séquentiel dont le déroulement constitue l'instinct. Ce que l'on observe, ce sont des faits précis, individuels, propres à chaque être, propres à chaque fœtus, à chaque embryon, et tous caractéristiques du vécu intra-utérin. En fait, ces réactions comportementales sont en quelque sorte une manière gestuelle de raconter un déjà-vécu, un déjà-connu, du fait d'une verbalisation non encore élabo-rée.

On verra d'ailleurs qu'il est possible de projeter ulté-rieurement en dehors de soi cette imagerie emmagasinée. Nous reviendrons à plusieurs reprises sur ce point afin d'éliminer la confusion introduite entre ces véritables mémorisations et ce qu'il est convenu d'appeler d'une façon classique en psychologie la « régression ». Il s'agit, à vrai dire, d'un mot mal compris et pourtant communément employé. Mais avant de nous étendre sur cette mise au point terminologique, regardons comment il est possible d'accepter, dans le contexte actuel des connaissances, ces phénomènes apparemment insolites parce que difficiles à ranger dans l'inventaire du savoir scientifique dont le cadre limité est toujours là pour brider les envolées lyriques. C'est pourtant grâce à ces incursions hors des sentiers battus que la connaissance s'élargit et que ses frontières se trouvent, de ce fait, repoussées un peu plus loin.

Rattacher ces faits nouveaux à ce que l'on connaît déjà est à la fois chose facile et chose ardue. Le tout est de savoir si l'on se contente de l'expression des sentiments profonds qui exsudent de la poétique de chaque langue à travers les âges — et les exemples de l'acceptation de cette réalité non révélée sont fort nombreux — ou si l'on se réfère aux données rationnelles, mesurables, quantifiables des faits connus et classés.

Les hommes ont toujours su, au tréfonds d'eux-mêmes, qu'il se passait quelque chose d'essentiel dans le ventre de la mère qui les a conçus. Pour peu qu'il puisse se débarrasser du carcan rigide de son éducation, chaque être humain sent qu'il y a une réalité indéniable quoique difficile à détecter. Mais ce qui reste occulté pour un moment n'en est pas pour autant non concevable. Aussi, depuis les accents chantés par les poètes de tous temps pour exprimer les résonances de cette vie utérine préexistentielle jusqu'aux sentiments plus fins et plus subtils encore qui s'inscrivent et s'impriment avec force dans la chair de chacun en un dialogue avec la vie elle-même, tout nous révèle cette perception première. Elle fuse — n'est-il pas vrai ? — dans chaque cellule, agissant comme l'expression même de la création qui s'incarne. Il n'est qu'à remarquer avec quelle acuité puissante et sensible l'homme parvient à se sentir emporté, façonné dans le ventre de sa mère par le générateur de la Vie :

> « Je n'étais qu'un germe que déjà tes yeux le voyaient ; et dans ton livre, ils étaient tous inscrits les jours que tu me préparais avant même qu'eût lieu le premier d'entre eux. » *Psaume CXXXIX.*

Mais il faut être empreint d'une certaine foi pour oser exprimer avec autant de précision et de fermeté ce que la science considère comme une agréable vision poétique. Pourtant combien de fois cette vision ne précède-t-elle pas de quelques millénaires, de quelques siècles ou de quelques décennies les preuves expérimentales qui ne sont, en fait, qu'une vérification tardive de ce qu'ont révélé ces fantastiques prémonitions. Le scientifique craint de s'avouer poète de peur d'être exclu du cadre de ses pairs. Mais un chercheur sans poésie est l'exemple même du pseudo-scientifique, stérile à souhait, qui apporte néanmoins sa contribution en confirmant par des mesures, des statistiques, ce que le poète a perçu.

Maintenant que nous avons précisé certaines données qui font appel au plus pur des bons sens, il devient évident que la vie ne commence pas à la naissance. Il suffit de regarder le déroulement d'une grossesse pour être frappé par le changement considérable qui s'opère dans la femme qui devient mère. Du jour au lendemain, elle n'est déjà plus la même, elle est autre. Elle était mère potentielle ; maintenant elle se réalise dans sa vocation maternelle, en la force parturiente qu'elle possédait en elle à l'état d'énergie non exploitée. Les signes à observer sont multiples. Les plus remarquables seraient à décrire par les femmes elles-mêmes, tandis qu'elles s'enfouissent dans leur maternité... L'homme de science, lui, attend les résultats du laboratoire. Il arrive un peu tard avec ses preuves en main alors que le processus vital est déjà puissamment avancé.

Pour apporter un peu de rêve à ces propos, qu'il me soit permis d'offrir une observation couramment rencontrée. Lorsqu'une mère ayant un enfant âgé de moins de deux ans vient à être à nouveau enceinte, le bambin qu'elle portait dans les bras change d'attitude dès le premier jour de cette nouvelle grossesse. Il est plus tendu, moins jovial, plus inquiet. Il perd sa mère, qu'il possédait pour lui tout seul et sent déjà qu'il va être obligé de la partager. Qui me donnera l'explication d'un tel fait ? Là aussi, à bien y réfléchir, tout est normal, tout est évident. Il est certain qu'il se dégage de la mère en puissance d'une nouvelle maternité maintes transformations, certes non mesurables sur les plans métabolique et psychologique mais décelables par le bambin vivant une relation première bien définie. Il perçoit ces transformations avec d'autant plus d'acuité qu'il est tout jeune et qu'il vit de ce fait une relation privilégiée avec sa mère, par lui ressentie comme unique. Il est sûr que le système nerveux de ce jeune enfant non encore éduqué, pour ne pas dire conditionné aux règles du jeu de l'apprentissage, obéit spontanément à des lois subtiles qui lui permettent de sentir les choses, comme le flairerait l'animal. Mais est-ce à dire que cela est dénué d'intelligence ? Assurément pas. Il s'agit d'une réponse, au sens le plus intelligent, c'est-à-dire le plus adaptatif du terme. Son système nerveux, déjà en fonctionnement de manière active, intègre et enregistre des événements qui prennent incontestablement une teinte affective. De cette première épreuve, il peut certes résulter une altération de toute l'information ultérieure qui risque alors d'être fortement colorée par cette initiale déviation, par cette ébauche de souffrance intérieure.

Sans doute le psychologue est-il le mieux placé pour étudier de tels événements réactionnels. Son champ d'exploration le conduit à essayer de comprendre les mécanismes d'adaptation et de réponses aux stimulations, réponses tout autant sensitivo-sensorielles que motrices. Il a également pour mission d'approcher les phénomènes relatifs à la mémoire, à la vigilance, à l'attention, à la concentration, autant d'éléments difficiles à saisir mais qui ont le mérite d'exister et de pouvoir être mesurés et calibrés suivant des critères tenant compte des lieux, de la culture, de l'éducation, de l'influence sociale et linguistique.

Que représente donc pour lui ce vécu utérin et que peuvent lui apporter les éléments précédemment cités ? Sans se soucier des fondements physio-anatomiques dont il doit certes tenir compte mais ne pas trop s'encombrer, il en déduira qu'il existe des reviviscences, des résurgences de phénomènes déjà vécus. En cela, il n'aura pas tort. Pour d'autres professionnels dont c'est la spécialité de dire où et comment se passent ces phénomènes, les reviviscences exprimeront une réponse dont l'impact pourra être particulièrement puissant et dépasser ce qu'ils seraient à même d'envisager de prime abord. Un exemple fera mieux saisir ce que nous désirons faire comprendre.

Il y a quatre ou cinq ans, tandis que je venais de participer à un congrès sur la musicothérapie au cours duquel je rapportais des observations sur les effets neurophysiologiques des sons, un spectateur attentif, curieux, ouvert à toutes propositions demanda à me rencontrer. Psychiatre chevronné, chef de service d'un secteur important, il désirait venir en aide par divers moyens aux patients dont il avait la charge. Spécialement intéressé par les problèmes inhérents à l'hystérie, il pensait que la musique pouvait constituer un moyen efficace pour améliorer l'état des aliénés hospitalisés. Il s'était engagé dans le domaine de la musicothérapie depuis trois ans mais s'était heurté aux résistances que provoque systématiquement l'introduction d'une nouveauté dans une institution hospitalière psychiatrique dont on connaît à la fois la mouvance et la rigidité.

Il demanda donc un jour à me rencontrer et manifesta le désir de se livrer lui-même à l'épreuve d'une série de séances, en suivant notamment le processus lié à la vie intra-utérine. Il ne me cacha pas, en bon médecin qu'il était, qu'il demandait à voir et, comme son prédécesseur saint Thomas, à vérifier ce que j'avais avancé. Il se disait à la fois intéressé par ce que je lui proposais mais sceptique quant aux résultats qu'on pouvait obtenir sur un individu comme lui qui avait été rompu aux processus des mécanismes de contrôle par la mise en pratique de différentes approches psychothérapeutiques et psychanalytiques. Vieux routier en la matière et doté de plus d'une intelligence aiguisée, peut-être fortement intellectualisée, il me manifesta ouvertement son doute scientifique afin d'user de la démarche communément empruntée à l'esprit cartésien. Protégé par son *dubito* et largement établi dans son *self-control*, il demandait à voir. Mes propos sur la mémorisation fœtale le laissaient souriant. Sans les écarter ouvertement, il les rangeait gentiment dans le domaine des élucubrations. On ne pouvait le lui reprocher.

Date fut prise, et docilement notre psychiatre se livra de manière fort honnête à l'expérimentation, obéissant aux exigences de la démarche proposée. Le cheminement vers l'univers sonore utérin, c'est-à-dire la perception sous Oreille Électronique d'un matériau sonore de plus en plus filtré, le surprit agréablement et il ressentit rapidement un surplus d'énergie. Ensuite, lorsque les sons filtrés lui furent administrés en écoute intra-utérine, il commença de sentir bien des choses se passer en profondeur. Lui qui était bâti comme un colosse fut retrouvé dans sa cabine en posture fœtale, assis au sol et non sur sa chaise, appelant à l'aide comme un enfant et exigeant que l'on téléphonât d'urgence à son épouse qui était en province pour qu'elle vînt le rechercher le plus rapidement possible... Ce qu'elle fit.

Que s'était-il passé ? Il n'était pas brisé certes, je veux dire par là que la coque de sa personnalité n'avait pas éclaté, mais quelque chose avait bougé dans le plus profond de lui-même. Cette épreuve lui permit de se poser quelques questions sur les processus mis en action et de constater qu'en revivant intensément de manière sensori-motrice un déjà vécu il avait été à même de retrouver les points de repère à partir desquels il avait construit son expérience existentielle.

Une telle démarche, menée par un homme de l'art sur lui-même, en dit certes plus long que tout enseignement. Elle prouve incontestablement qu'il y a reviviscence, résurgence puissante de la mémoire intra-utérine. Il y avait de la surprise dans l'attitude de notre sujet expérimental qui était incapable de maîtriser, malgré sa stature athlétique, ce que son corps exprimait avec une telle intensité. Le souvenir surgissait avec une puissance extrême qui se révélait impossible à juguler. En fait, si le scepticisme initial avait été remplacé par un acte de foi, l'expérience aurait été vécue avec plus de souplesse et l'individu n'aurait pas eu à surmonter les difficultés qu'il devait rencontrer au cours de cet épisode très inattendu pour lui, spécialiste en la matière. Il se trouvait réduit à rester là, dans le ventre de maman, appelant au secours, sans que son acquis, sa culture non plus que la force de ses biceps pussent lui venir en aide.

C'est ici, me semble-t-il, que nous pourrions reconsidérer s'il y a eu régression au sens réel du mot. Mais nous aurons l'occasion d'y revenir après avoir fait une incursion dans les mécanismes d'élaboration du système nerveux auditif. Nous pourrons ainsi comprendre comment les expériences que nous vivons depuis plus de vingt-cinq ans avec les sons filtrés n'entraînent jamais de régression mais réveillent des réponses sensori-motrices ; véritable développement gestuel d'un phénomène intégré au plus profond de la phase non verbale de la genèse du corps humain, lors de la vie intra-utérine.

En attendant, nous allons nous pencher sur l'écoute du fœtus, sur ce qu'il perçoit, sur ce qu'il vit si intensément dans son univers claustré. Il s'agit là d'un sujet qui me tient à cœur. Je ne cache pas que maintes raisons m'ont poussé à accepter de développer ce propos sur l'audition fœtale. Peut-être le fait d'y baigner depuis si longtemps a-t-il suscité en moi le besoin de collecter les résultats et de faire le point. Il ne me paraît pas non plus inutile, alors que le sujet devient d'actualité, que je donne mon opinion puisque, enfin, je suis l'ancien en la matière. Cette attribution est le seul élément qui m'octroie le droit d'exprimer mes sentiments sur un thème que je crois non seulement connaître mais que je vis chaque jour sur le plan d'une pratique professionnelle.

Il est vrai que les générations nouvelles, celles qui poussent et qui balaient les prédécesseurs, ont à exposer leurs découvertes, à déployer leurs arguments. J'y adhère avec d'autant plus d'enthousiasme que de telles démarches viennent le plus souvent étayer les théories proposées. Il me plairait d'ailleurs, en exposant mes propres expériences, d'éviter à ces jeunes chercheurs les moments de découragement qu'entraînent d'inutiles efforts et la perte d'un temps toujours précieux. J'aimerais leur révéler les embûches qui peuvent surgir sur leur chemin et leur indiquer les fausses pistes dans lesquelles ils risquent de s'engager.

Ce livre me plaît aussi parce qu'il me donne l'occasion d'écrire ce que je verbalise quotidiennement au sujet de la vie utérine et de tout ce qui y participe de près ou de loin. N'ayant plus l'habitude de m'encombrer de formules oratoires pour exprimer ma manière de penser, je m'appliquerai dans cet ouvrage à dire très simplement et très ouvertement ce que je pense de la vie fœtale et plus généralement de la Vie.

2

La plongée utérine

Dire que le fœtus entend, affirmer qu'il écoute et, de plus, prétendre qu'il s'exprime sont autant d'hypothèses qui m'apparaissaient depuis fort longtemps comme des évidences. Elles prennent également aujourd'hui l'aspect d'une réalité dans l'esprit de certains spécialistes de diverses disciplines prêts à accorder au monde fœtal le statut privilégié auquel il a droit dans le domaine de la communication de l'être avec son environnement.

Il n'en était pas de même il y a trente ans lorsque je décidai d'avancer de telles propositions. Elles paraissaient même si insolites aux yeux de certains qu'elles me valurent de nombreuses mésaventures auprès des milieux scientifiques et médicaux. Je poursuivis cependant mes investigations, fortement encouragé par les résultats cliniques qui s'accumulaient au fil des expériences entreprises.

Quelles furent donc ces expériences ? Elles se rattachèrent dès le départ à des observations faites sur des adultes au sujet des contre-réactions de l'audition sur la phonation. Dès 1947, la boucle audio-vocale me parut de plus en plus définie et de mieux en mieux réglée, au sens cybernétique du terme. Étendant ces résultats aux adolescents puis aux enfants de plus en plus jeunes, je fus conduit à découvrir chez le nourrisson une étonnante maturation de l'ensemble cochléo-vestibulaire et du jeu des contre-réactions précitées. Si bien que je fus tout naturellement amené à songer que de tels processus étaient peut-être largement amorcés avant la naissance.

Une seconde voie d'accès me conduisait vers les mêmes hypothèses, plus par réflexion que par déduction d'ordre clinique ou expérimental. En parcourant un livre sur les mécanismes du larynx, écrit par un auteur anglais, Negus, particulièrement renommé pour ces études à l'époque où je faisais mes débuts dans l'univers de la médecine, je lus avec intérêt dans ce pavé de plusieurs centaines de pages un passage très court rapportant qu'une transmission informative, éducative en somme, était possible *in ovo* provenant de la mère poule à l'adresse de ses futurs poussins.

Ce passage stipulait entre autres que si des œufs provenant d'oiseaux appartenant à une espèce chantante étaient couvés par des oiseaux démunis de la faculté de chanter, les nouveau-nés risquaient fort dans ces conditions de perdre leur ramage. Par ailleurs il était rapporté que si la même situation était reproduite avec des oiseaux « couveurs » munis d'un chant différent de celui des oiseaux « pondeurs », les poussins risquaient, à la naissance, de moduler leur chant sur celui de leurs « parents » d'adoption.

S'il se pouvait que tant d'informations fussent transmises au travers de la paroi de l'œuf, je me pris à songer que peut-être la paroi utérine était capable d'offrir les mêmes possibilités et je me demandais, chemin faisant, ce qui pouvait bien se passer *in utero* entre le fœtus et sa mère d'une part et entre le fœtus et l'extérieur d'autre part. Il faut avouer que d'emblée je fus plus polarisé sur la relation mère-enfant que sur d'autres possibilités de communication. J'imaginais déjà depuis longtemps le dialogue qui devait s'installer dès les premiers instants sous forme d'échanges métaboliques permettant à l'embryon de grandir à une vitesse que l'on peut aisément qualifier de phénoménale. Cette relation mère-enfant, je la devinais comme tout un chacun, intimement vécue par l'un et l'autre des partenaires de ce couple étroitement engagé dans la même aventure. Je me demandais ce qui pouvait bien se passer dans ce corps naissant, dans ce cœur vibrant aux accents de l'amour maternel. Quel genre de communication s'instaurait-il entre ces deux êtres ? Comment le fœtus percevait-il sa mère, comment l'entendait-il, comment l'écoutait-il ?

Poursuivant cette plongée utérine, je cherchais à déterminer la nature du monde sonore dans lequel baignait la graine d'homme. Il était facile d'évoquer le bruitage que pouvaient constituer les borborygmes intestinaux, le souffle respiratoire, le rythme cardiaque, les mouvements de la mère, etc. Je connaissais le caractère constant, répétitif de ces rythmes physiologiques qui scandaient la vie neuro-végétative de la mère enceinte mais ce qui m'intriguait le plus était de savoir comment le fœtus les percevait. Était-il inondé par ce flot de bruits graves ou parvenait-il à s'en défendre, et de quelle manière ?

Pour essayer de m'avancer dans cette recherche, je m'engageai dans une étude de l'audition fœtale sur le plan de sa genèse et de son évolution structurale. Je n'avais, en fait, aucun point de repère auquel me raccrocher car, à cette époque, les écrits concernant l'audition du fœtus étaient pratiquement inexistants. J'en retrouverai cependant quelques traces plusieurs années après, ce qui me confortera dans mes recherches et m'encouragera à aller plus loin. Mais au moment de cette entreprise menée en solitaire, je m'efforçai donc non seulement de connaître l'ambiance sonore dans laquelle vivait le fœtus mais surtout de savoir comment il réagissait à cet univers. Il ne suffisait pas de déterminer les caractéristiques de l'environnement dans lequel baignait le fœtus mais bien de connaître exactement son vécu sonique. Ne sommes-nous pas nous-mêmes plongés dans un milieu acoustique qui s'étend, nous le savons bien, des infra-sons aux ultra-sons alors que nous restons confinés dans la gamme d'audition qui nous est impartie et qui s'étale de 16 à 16 000 périodes ? De même, ce n'est pas parce que nous baignons dans un flot de lumière de plusieurs octaves que nous voyons nos possibilités aller en deçà de l'infrarouge et au-delà de l'ultraviolet.

Je restais donc sur mes positions à l'égard de certains de mes collègues qui ne manquaient pas de m'attaquer avec véhémence au sujet des hypothèses que j'osais émettre sur la façon dont le fœtus réceptionnait le paquet sonore qui lui parvenait de toutes les directions. Pour eux, leurs préoccupations étaient d'un tout autre ordre. Tandis que certains d'entre eux n'hésitaient pas, non sans danger pour la mère et pour le fœtus, à placer des micro-sondes dans la cavité utérine elle-même, d'autres s'orientaient sur l'étude des modifications du rythme cardiaque en fonction des stimulations auditives. Quelques-uns utilisaient des techniques plus élaborées encore, pour connaître le milieu sonore utérin. Nous en reparlerons plus en détail dans un chapitre consacré aux travaux réalisés autour d'une même recherche.

Quoi qu'il en soit, ces différentes approches ne permettaient pas de savoir comment le fœtus percevait son environnement sonore. Il y a lieu, je le répète, de distinguer clairement deux phénomènes dans le jeu de la perception fœtale : tout d'abord le milieu acoustique dans lequel est plongé le fœtus, ensuite ce qu'il sait décrypter de ce magma sonore. Autrement dit, dans l'ensemble des bruits utérins, son appareil auditif va capter électivement des sons pour lesquels il est, semble-t-il, prédestiné, à savoir ceux qu'il peut coder et décoder. Ainsi, ce que reçoit le fœtus et ce qu'il perçoit sont deux choses totalement distinctes. Il est vrai que la perception s'inscrit dans le spectre acoustique ambiant mais elle ne joue que sur une partie de ce spectre et, de plus, elle conditionne son fonctionnement aux mécanismes physiologiques de l'appareil auditif.

Le propre de l'oreille n'est pas d'entendre mais de savoir quoi entendre. C'est sur cette possibilité de sélection que se fonde toute la physiologie auditive. C'est sur cet appel vers l'écoute humaine que toute la phylogenèse fonde sa démarche évolutive. Il suffit pour s'en rendre compte de voir l'effort déployé au cours de millénaires pour que la cellule du statocyte des méduses — déjà si semblable à la cellule de Corti — devienne cette antenne à l'écoute de l'autre, cet organe autour duquel va se construire la communication interhumaine.

Il me sera donné, au cours des années qui succéderont à celles de ces expériences fondamentales, de préciser que, dans la bande de perception, disons dans la bande passante de l'appareil auditif, tous les sons ne sont pas appréhendés de la même manière. Autrement dit, le phénomène subjectif sensoriel qu'ils déterminent ne se superpose pas nécessairement au processus sonore considéré en ses caractéristiques physiques. Ainsi donc tout message acoustique, c'est-à-dire toute information sonore comprise dans le champ de perception, subira une transformation au sens mathématique du terme, devant en effet s'adapter aux préférences soniques de l'appareil auditif. Cela veut bien signifier qu'un ensemble sonore, connu par ses composantes fréquentielles, leur répartition en hauteurs tonales et leurs intensités relatives, sera intégré par l'oreille humaine non pas tel que pourraient l'indiquer des appareils d'enregistrement aux réponses essentiellement physiques, mais bien en fonction des réactions de l'appareil cochléo-vestibulaire et de ses annexes que forment l'oreille moyenne et l'oreille externe.

Nous devons donc toujours garder en mémoire le fait que, en matière d'acoustique, l'oreille impose sa présence. Son choix s'effectue dans le champ fréquentiel et accorde au passage de chacune des bandes des faveurs à certaines d'entre elles. Ces dernières vont, par leur pouvoir sélectif, modifier le spectre sonore initial et modeler les réponses à la sortie. Sans évoquer pour autant le rôle que jouerait la classique « boîte noire », nous dirons néanmoins que l'oreille intervient selon ses propres critères, modelant en fonction de ses résistances et de ses préférences l'information introduite. Ainsi un bruit connu pour ses caractéristiques physiques est perçu d'une certaine façon qui tient compte d'un ensemble de réactions psycho-physiologiques.

Ce qui m'intriguait donc le plus, c'était de savoir comment le fœtus réagissait aux sons de l'environnement utérin et surtout comment il percevait la voix de sa mère, ses modulations, ses intonations, ses inflexions, tout ce qui exprimait en quelque sorte ses sentiments, son vécu, sa vie affective, son amour maternel. Comment communiquait-il avec elle au travers d'un dialogue que je pressentais mais que je n'avais pas la possibilité de définir ni de démontrer expérimentalement ?

Chemin faisant, tandis que je me posais toutes ces questions et que j'essayais de les résoudre tant bien que mal en récoltant certains résultats cliniques, je me rappelai les expériences d'André Thomas, ce prestigieux neurologue pédiatre que j'avais eu la chance de connaître. Parmi ses travaux, ceux concernant la voix de la mère m'avaient particulièrement frappé. Je restais perplexe devant cette réaction de chaque nouveau-né dès les premières heures de sa vie à l'appel de son prénom prononcé par sa mère, cette mère vers laquelle il se penchait comme pour aller la retrouver, comme pour

29

revivre cette relation sonore unique, exceptionnelle, qu'il avait connue jadis dans l'univers utérin. Il n'y avait qu'à la voix de la mère qu'il était sensible. Le reste ne l'intéressait pas. Quiconque autre que la mère qui prononçait son prénom ne provoquait aucune réaction de sa part. Incontestablement le « signe du prénom » d'André Thomas — qu'on pourrait aussi appeler le « signe de la voix maternelle » — renforçait cette conviction que le fœtus entendait la voix de sa mère.

Mais qu'entend-il donc dès les premiers instants de sa vie fœtale ? Qu'engramme-t-il dans ses neurones naissants ? Comment réagit-il à l'égard de ces masses d'informations qui s'offrent à lui en permanence ? Capte-t-il la totalité et intègre-t-il le tout sans analyse, sans discrimination ? Ou décide-t-il dès le départ de procéder à une sélection qui lui permettra de vivre confortablement dans le ventre de sa mère neuf mois durant et de communiquer avec elle en un dialogue unique, privilégié, qu'il recherchera ensuite pendant toute sa vie, sa vie post-natale s'entend ?

J'en étais là lorsque je décidai d'entreprendre certaines expériences me permettant de récolter quelques réponses à toutes ces questions qui finissaient par me préoccuper. Malgré le peu de moyens dont je disposais, je me lançais dans l'aventure qui devait me permettre de savoir comment le fœtus entendait la voix de sa mère à travers le liquide amniotique. Après un nombre incalculable d'essais dont nous parlerons à la fin de ce chapitre à titre anecdotique, j'aboutis à des modulations très filtrées qui me laissaient supposer qu'il s'agissait d'un matériau sonore auquel le fœtus ne devait pas être étranger. Je les appelai dès lors les « sons filtrés » que je fus amené à reproduire électroniquement et à faire entendre sous Oreille Électronique à certains enfants et à certains adultes qui venaient me voir pour des problèmes d'écoute et de communication.

Je me mis donc à expérimenter les sons filtrés et à consigner les résultats. Il s'agissait, je le rappelle, d'enregistrements de voix maternelles filtrées progressivement — pour éviter l'effet de surprise — jusqu'à 8 000 Hz, limite qui me semblait être celle à atteindre pour retrouver les sensations intra-utérines. Le matériau sonore était introduit dans des filtres passe-haut, c'est-à-dire des filtres qui abrasent les graves suivant une coupure dont on peut faire varier à volonté la pente descendante et dont on peut aussi augmenter l'atténuation des sons graves par rapport aux aigus.

Je n'avais d'autres moyens à l'époque, pour vérifier la validité de mes hypothèses, que de collecter quotidiennement les effets des sons filtrés. La vie neuro-végétative se trouvait modifiée, le sommeil reprenait son rythme, les cauchemars disparaissaient, l'appétence normale remplaçait la boulimie ou l'anorexie ; le comportement tendait à se normaliser, oscillant autour d'un point d'équilibre et allant de l'attitude trop affectueuse à l'agressivité très marquée. Le désir de communiquer s'installait tandis qu'une meilleure écoute se manifestait au niveau d'une attention plus soutenue, d'une présence plus grande au sein de l'environnement.

Dès lors, tandis que l'éveil se réalisait, que la vigilance augmentait, le désir de relation s'allumait de manière frappante avec la mère d'abord puis avec le père et le milieu familial puis social. En même temps, le langage s'élaborait, devenait plus riche, mieux construit, plus fluide, plus logique et la créativité opérait à son tour une ampliation que les résultats de tous ordres révélaient de manière sensible.

Bien que soutenu par ces résultats qui m'étonnaient chaque jour davantage du fait de leur grande efficacité, j'essayais de me demander ce que pourraient donner d'autres filtrages. Ces hésitations étaient largement entretenues par mes collègues qui ne croyaient pas en mes expériences et qui m'affirmaient que le fœtus entendait essentiellement des bruits graves. Seule, à mon sens, l'observation des résultats pouvait offrir des solutions au problème posé concernant la vie sonique du fœtus. J'entrepris donc plusieurs démarches dans le but de surimposer certaines bandes passantes depuis les graves jusqu'aux extrêmes aigus et de collecter les réactions à ces différents matériaux sonores. Je conçois qu'on éprouve le souci d'établir des statistiques comportementales à partir des résultats donnés par la perception renouvelée de tels messages sonores mais je continue de penser qu'à leur côté les « révélations » cliniques ne sont pas dénuées d'intérêt et qu'elles prennent par leurs qualités répétitives rang et valeur d'argument statistique.

Pendant de longs mois au cours desquels j'eus l'impression de traverser le désert — tant les réactions de mes collègues étaient négatives — je m'efforçai donc de consigner les effets que provoquaient ces divers échantillons de bruits. En opérant différents filtrages passe-haut et passe-bas, je constatai que les bandes passantes contenant des fréquences aiguës étaient beaucoup plus dynamisantes que celles contenant des sons graves. Je remarquai également des modifications de comportement en fonction des plages sonores proposées et j'arrivai à certaines conclusions qui me permettaient d'approfondir certains phénomènes d'écoute. Je propose de parcourir brièvement les résultats des tests sonores réalisés au cours de ces différentes expériences :

1° — Les sons graves réimposés au nourrisson, à l'enfant ou à l'adulte ont un effet hypnogène. Cet effet, essentiellement vestibulaire, somatique, provient de la perte de l'image du corps par action spécifique sur les liquides endolymphatiques. Nous pourrons mieux comprendre ces processus lorsque nous aborderons dans cet ouvrage les données neuro-physiologiques. Notons seulement en passant que ces observations laissent à réfléchir au sujet de l'effet des sons graves que certains considèrent comme calmants alors qu'ils sont simplement a-dynamisants. L'individu qui y est soumis — le nourrisson en particulier sur lequel de nombreuses expériences sont en cours actuellement — est dans l'impossibilité de réagir et donne ainsi l'impression d'être apaisé. Cette inaction, cette sidération en quelque sorte, peut être porteuse d'une profonde angoisse et engendrer ultérieurement des troubles profonds de la personnalité.

2° — Les zones fréquentielles médianes, celles réservées plus spécialement au langage et que l'on obtient aisément lorsqu'on suscite l'élimination des graves en même temps que l'on procède à un renforcement d'amplitude des fréquences situées entre 1 000 et 2 000 Hz, entraînent des réactions très vives chez le sujet. Tout se passe comme si leur perception provoquait un choc dû à la difficulté de la rencontre avec le langage et de la symbolique qu'il représente, c'est-à-dire l'image du père.

3° — Au-delà de 2 000 Hz, nous assistons à des phénomènes étranges qui débouchent sur des résultats parfois étonnants par leur effet dynamisant qui entraîne une joie de vivre non moins surprenante. Au-delà de 8 000 Hz, d'autres phénomènes se passent qu'il est plus difficile d'analyser. Toutefois, grâce à une observation très poussée, nous pouvons apprécier ce que l'embryon a dû engrammer en ce qui concerne la cadence spécifique de la langue utilisée par la mère — la véritable langue maternelle, en fait. Par ailleurs nous mesurons la valeur du support vocal propre à la mère et riche en informations empathiques.

Cette modulation filtrée qui accompagne le discours de la mère représente donc soniquement ce qui reste lorsqu'on a supprimé le dire. Elle nous semble être la pré-structure du langage social dans laquelle se situe le symbole maternel. Elle est, à vrai dire, la structure fondamentale qui exsude de l'appareil neuronique envisagé comme support de la fonction parolière, elle-même mobilisée par la fonction langagière.

Peut-être serait-il bon que nous puissions nous expliquer à ce sujet. En effet, tout nous conduit à penser que le langage humain que nous dénommons volontiers la « fonction parolière » découle d'une fonction de plus haut niveau, la « fonction langagière » et ce au travers d'un instrument approprié, mis en forme, réellement in-formé. Cet instrument n'est autre que l'arbre nerveux qui se présente dès lors comme un système adapté sur et à une fonction de haut niveau, la fonction langagière que nous pouvons rattacher symboliquement au Logos afin de ne pas nous engager ici dans un développement qui dépasserait le cadre de cette étude.

Ainsi la fonction langagière s'approprie le système nerveux au moyen d'une porte d'entrée particulièrement adaptée : l'oreille. Celle-ci opère à son adresse par deux voies que nous aurons l'occasion de reprendre en détails au cours des chapitres suivants :

1° — La première, vestibulaire, se trouve être la plus précocement engagée dans le processus ontogénétique. Elle concerne surtout l'embryon. Le vestibule opère tout à la fois comme organe de relation spatiale et comme centrale énergétique par le jeu des stimulations et grâce aux réponses antigravifiques. De ces réponses va découler la mise en activité de différentes fonctions qui ne tardent pas à devenir opérationnelles et qui vont régir tout à la fois la statique et la motricité.

2° — La seconde voie fait intervenir la cochlée dont la mise en place s'accompagne d'un processus intervenant directement sur l'aire corticale. Elle concerne surtout le fœtus. Toute information incorporéisée, vestibulaire, prend une forme verbale d'autant mieux identifiée que le corps se situe dans un espace organisé au moyen de l'appareil visuel. Celui-ci se trouve lui-même régi, de manière de plus en plus contrôlée, par les faisceaux vestibulo-mésencéphaliques émanant des noyaux vestibulaires.

Ces deux processus qui utilisent l'oreille pour préparer la communication verbalisée s'installent donc pendant la vie fœtale suivant des mécanismes neuro-physiologiques que nous aurons l'occasion de détailler ultérieurement. Il reste néanmoins à chercher à quels moments, au cours du cheminement intra-utérin, ils risquent de se structurer. C'est une des questions que je me posais tandis que je poursuivais les diverses expérimentations.

En effet, lorsque la preuve fut faite que le fœtus entendait — ce qui ne fut pas chose facile — lorsque des écrits de plus en plus nombreux vinrent confirmer nos dires, lorsque des expériences réalisées par des chercheurs de divers pays et diverses origines professionnelles mirent un point final aux doutes qui planaient concernant la présence d'une perception auditive fœtale, il restait à déterminer à partir de quel âge le fœtus commençait à entendre.

Les approches anatomo-physiologiques nous indiquaient alors que dès le quatrième mois et demi de la vie intra-utérine le fœtus était capable de réagir aux sons qui lui étaient adressés. Précisons qu'à cet âge son oreille est normalement constituée. Elle est terminée sur le plan anatomique en ce qui concerne l'oreille interne et les osselets. L'appareil labyrinthique a atteint une taille adulte. Myélinisé le premier, le nerf auditif entre en fonction, passant ainsi à la phase active, celle qui se manifeste dès que l'embryon se met à bouger et devient fœtus, c'est-à-dire à quatre mois et demi de la vie utérine.

Mais, à notre avis, le vestibule fonctionne déjà depuis longtemps. Même si la perception ne paraît pas encore intégrée au sens où nous l'entendons généralement, c'est-à-dire sous forme immédiate, il existe déjà une réponse destinée à prouver la mise en marche des arcs métamériques réflexes se soumettant au contrôle vestibulaire. Auparavant l'incitation sonique peut très bien avoir entraîné une réponse essentiellement cutanée sans pour autant avoir nécessité l'intervention des processus nerveux de diffusion et de contrôle, activités qui s'organisent plus tardivement, on le verra, en fonction notamment des phénomènes de myélinisation. Ces derniers offrent par la suite, lors de leur installation, la certitude d'une mise en activité fonctionnelle.

Ainsi donc, tandis que le cerveau se développe, s'organise, se myélinise, le vestibule, lui, accumule mille informations mémorisées, engrangées, engrammées, qu'il saura ensuite distribuer en d'autres lieux. Tout se passe comme s'il y avait intégration totale, globale, et comme s'il s'opérait par la suite des détélescopages avec mise à profit de l'acquis global premier.

Ce mécanisme vestibulaire qui existe donc déjà chez l'embryon devient rapidement agissant, même s'il semble œuvrer de manière passive. En un dialogue premier, basal, profond, automatique mais non inconscient, il introduit une ébauche de cristallisation de la notion du corps vis-à-vis d'un extérieur, d'un milieu. Il se prépare, il engramme, il s'apprête à passer à la phase active avec réponses musculaires.

Cette conception personnelle qui prétend que la perception auditive débute bien avant le quatrième mois et demi de la vie fœtale et se trouve de la sorte être embryonnaire, c'est-à-dire vécue par l'embryon, n'a pas manqué de soulever de nombreuses controverses. Je continue cependant de penser — nous aurons l'occasion de développer ce point de vue dans le chapitre traitant de la neurologie — qu'elle se trouve d'une part *in situ* dans les noyaux vestibulaires, véritables cerveaux primitifs prêts à diffuser corporellement l'information reçue, et d'autre part dans les noyaux cochléaires additifs, plus tardifs, qui inonderont ultérieurement l'aire corticale en y adjoignant leur contre-réaction corporelle.

Remarquons que, dans les cas rapportés au commencement de ce livre et en particulier dans celui de la petite Isabelle, tout nous révèle que l'engrammation a eu lieu au

35

stade embryonnaire donc antérieurement au stade fœtal. C'est en cela que l'aventure est à la fois attrayante et déconcertante car elle nous met d'emblée dans une situation ambiguë. Tout nous signifie en effet qu'il s'est passé quelque chose — et comment ne pas le croire — tandis que notre scepticisme rationnel fondé sur la science du moment nous dit que ce n'est pas possible.

Le rôle du vestibule semble donc plus important que celui qu'on a l'habitude de lui accorder. On a cru longtemps qu'il avait pour mission essentielle d'assurer l'équilibre et de contrôler la posture. À notre avis, sa tâche est beaucoup plus étendue. Rien ne nous empêche de penser, en fonction de certains résultats cliniques, qu'il n'est pas indifférent aux *paquets sonores* qui lui parviennent en même temps qu'à la cochlée. C'est en effet des paquets de sons, au sens le plus réel du terme, que l'oreille reçoit. Et elle doit, face à ce complexe sonore, réagir. C'est alors tout l'appareil cochléo-vestibulaire qui entre en action et non pas, comme on le pense habituellement, seulement l'appareil cochléaire. Il est impossible de concevoir que la vésicule osseuse labyrinthique qui collecte l'ensemble des vibrations transmises par la boîte crânienne dans sa totalité puisse sélectionner les phénomènes vibratoires et les distribuer soit à la cochlée, soit au vestibule. Ce dernier reçoit tout autant que la cochlée le paquet sonore provenant de l'extérieur mais il le traite différemment.

Une étude plus détaillée du système nerveux auditif réalisée dans un des prochains chapitres nous permettra de comprendre comment se comporte le vestibule vis-à-vis du paquet sonore qu'il reçoit. On sait que tout mouvement du corps se caractérise par des mobilisations du liquide vestibulaire tandis que, dans une réaction inverse, les rythmes acoustiques mobilisent ce même liquide au niveau de l'utricule et des canaux semi-circulaires ainsi que du saccule. Ils aboutissent de ce fait à la reproduction des mouvements intégrés ou à leur mémorisation évocatrice. Plus tard, le labyrinthe vestibulaire parviendra à un certain degré d'analyse fréquentielle. Et tout nous conduit à penser que cet organe atteint une capacité de discrimination allant vraisemblablement jusqu'à 800 Hz, voire 1 000 Hz. Au-delà de cette bande passante, la perception est massive et ressentie comme une information impulsionnelle. Il est certain que la fonction première du vestibule, sur le plan acoustique s'entend, reste centrée sur les rythmes. Par l'intermédiaire de ces derniers, une certaine image du corps s'institue, et ce par le jeu d'une prise en masse somatique.

Ainsi l'oreille peut recevoir des sons et les réceptionner comme des « paquets » sans grand souci d'analyse dans le but essentiel d'en récolter les éléments rythmiques par exemple, ou encore d'en décrypter les différents tronçons verbaux dans une information linguistique. Puis, dans un second temps, elle procède si elle le désire — son éducation étant faite bien entendu — à l'analyse fréquentielle de ces paquets. C'est un tout autre mode de perception qu'elle sait introduire alors. Rien ne l'empêche d'ailleurs de conjuguer à son gré ces deux mécanismes.

Cela revient à dire que dans la première période elle réagit aux pulsations transmises par ces paquets, par ces masses d'énergie qui lui arrivent et dont elle n'a que l'analyse quantitative à faire : en rythmes, en séquences de temps, en intensités relatives. Par contre, dans la seconde démarche s'institue une tout autre dimension qui est celle de l'analyse fréquentielle opérant sur la modification interne, physique, provoquée par ces paquets d'énergie introduits dans la vésicule labyrinthique.

Dans le premier mécanisme, la notion de discontinuité rythmique va de 0 période jusqu'à 16 périodes, voire 32 périodes. C'est alors le vestibule qui intervient. Tandis que par la suite un continuum s'installe, de 16 périodes ou 32 périodes selon les oreilles jusqu'à 16 000, voire 20 000 périodes, pour disparaître ensuite dans une zone de non-audibilité. Il est, en effet, nécessaire de préciser qu'au-delà de 16 périodes le rythme prend une allure de continuité qui lui confère la qualité de son. Pour cette seconde opération, c'est la cochlée qui entre en action.

Ainsi donc, dans la réception de ces paquets sonores, plusieurs facteurs sont à distinguer dont deux principaux :

1° — Une perception d'un premier niveau qui se fait par « paquets », sorte de quantification à valeur rythmique et à participation corporelle totale, par le jeu du vestibule.

37

2° — Une perception de second niveau qui s'attribue le rôle d'analyser qualitativement l'information reçue. Ce montage qui vient en complément de la perception de premier niveau fait intervenir plus spécialement la cochlée.

Ce qui est particulièrement difficile à déterminer, c'est à quel moment l'appareil cochléaire prend le relais du vestibule. Je m'explique. Il est évident que toute action sur les liquides endolymphathiques a un retentissement sur la totalité de l'appareil vestibulo-cochléaire. Cela permet, soit dit en passant, de penser que les sourds savent dans une certaine mesure utiliser leur vestibule, c'est-à-dire l'utricule et le saccule, comme appareil de perception et même de perception différentielle avec analyse fréquentielle possible.

Notons que la cochlée entre, elle aussi, en action pour tous les sons allant des graves vers les aigus, si bien que la courbe de réponse de l'oreille est le résultat de plusieurs mécanismes enregistreurs. Personnellement nous pensons qu'il existe une bande de 0 à 800 Hz réservée au vestibule dans laquelle les réponses prennent une forme discontinue de 0 à 16 périodes et revêtent une allure continue au-delà de 16 périodes. Un relais est assuré à partir de 800 Hz jusqu'à 8 000 Hz avec toutefois un point critique à 3 000 Hz. Enfin, au-delà de 8 000 Hz une tout autre perception se crée, très différente des deux autres, difficile à expliquer et qui semble se moduler sur le mouvement moléculaire des liquides endolymphatiques. Au-delà de 8 000 Hz donc, il persiste une perception modulée simple n'obligeant pas à recourir à des moyens de régulations tout au moins spontanés et automatiques comme c'est le cas pour les bandes passantes sous-jacentes.

De la sorte, trois modes d'audition pourraient être individualisés. Sans doute ne sont-ils pas les seuls mais déjà permettent-ils de mieux comprendre les résultats que nous offre l'expérience quotidienne. Ainsi, selon nos conceptions, l'appareil auditif répondrait :

— à une excitation permanente, infraliminaire, provoquée par les mouvements propres de l'oreille et dont dépend, entre autres, l'audition du « bruit de vie » ;

— à une modulation surajoutée sur le mouvement premier et détectée cochléairement ;

— et enfin à une modulation plus quantitative et vestibulairement décryptée.

Il va sans dire que j'étais surtout intrigué par la première de ces démarches sensorielles qui me permettait d'atteindre le plan de ce que je considérais être la perception fœtale et que j'avais découvert par hasard au fil de mes nombreux essais en laboratoire. Je dis « par hasard » car les diverses expériences auxquelles je me livrais m'avaient mis en présence d'impressions sonores qui constituaient, à mon sens, le résultat du passage du son à travers le liquide amniotique lequel, à mon avis, jouait le rôle d'un filtre passe-haut. Ainsi les « sons filtrés » dont les effets ne cessaient de m'étonner étaient, toujours selon moi, l'aboutissement d'un processus logique expérimental alors que, nous le verrons plus loin, ils étaient tout simplement le fruit d'une erreur d'appareillage, l'analyseur que j'avais utilisé au départ ayant joué comme filtre.

Mais avant d'en arriver là, j'avais d'abord essayé de récolter les bruits utérins qui constituaient, semble-t-il, l'univers sonore du fœtus. Grâce aux instruments en pratique à l'époque, c'est-à-dire dans les années 50, je tentais d'enregistrer ces bruits au travers de la paroi abdominale de femmes parturientes, en appliquant des microphones sur la surface externe de cette paroi. J'essayais comme je le pouvais de dissocier les informations qui émanaient de l'univers neuro-végétatif maternel, tels les bruits viscéraux, abdominaux, cardiaques et pulmonaires, de ceux plus spécifiques attribués au langage de la mère et surtout à sa voix (Fig. 1).

Enfin je m'évertuais, et le terme n'est pas trop fort, à enregistrer puis à analyser ce qui résultait de l'envoi de sons réalisé en direction de l'utérus par l'intermédiaire de petits haut-parleurs placés sur le ventre de la mère (Fig. 2).

Ce n'était pas chose facile, on s'en doute. Aujourd'hui, grâce aux perfectionnements techniques, de nombreux spécialistes ont pu engager plus aisément des recherches dans cette même direction. Quoi qu'il en soit, les conditions d'analyse du moment, moins élaborées donc que celles d'aujourd'hui, permettaient déjà d'obtenir des informations sonores riches de signification. Elles ne donnaient cependant pas la possibilité de déterminer les modifications apportées par les rythmes physiologiques

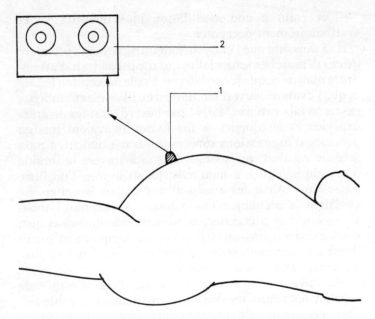

FIG. 1. — 1. Microphone ; 2. Magnétophone enregistreur.

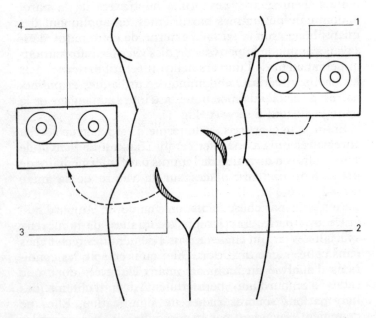

FIG. 2. — 1. Magnétophone émetteur ; 2. Haut-parleur ; 3. Microphone ; 4. Magnétophone enregistreur.

de la mère, que ce soit au niveau des pulsations cardiaques qu'en ce qui concerne le flux et le reflux respiratoires. Enfin elles me laissaient dans la plus grande incertitude quant à l'hypothèse d'une perception de l'environnement sonore extérieur à l'univers maternel. Mais d'ores et déjà je pouvais constater combien le fœtus participait à ce genre d'intervention. Il manifestait sa présence par des réactions motrices qui se révélaient être incontestablement des réponses aux émissions sonores qui lui étaient adressées. La corrélation était certaine.

Toutefois, devant les nombreuses incertitudes qui se dégageaient de ces divers essais, je fus amené à penser que je n'étais pas assez bien équipé pour poursuivre de telles recherches et que je devais procéder d'une autre manière. C'est pourquoi je crus bon de ne plus m'adresser à l'expérimentation directe, craignant que les mesures fussent faussées. Je fus alors conduit à penser qu'il n'était pas exclu que les stress vécus par la mère, si minimes soient-ils comme ceux liés à la mise en route de l'expérimentation elle-même, pouvaient entraîner non seulement des décharges hormonales mais aussi des modifications du milieu acoustique utérin. On pouvait par exemple songer à des changements sensibles des structures informationnelles à l'adresse du fœtus, par contraction de la paroi abdominale ou bien de celle de l'utérus, voire des deux entrant en action de façon simultanée.

Ainsi, voyant que mes premières investigations répondaient à une orientation que je présumais être sans issue du fait de la faiblesse des moyens dont je disposais, je m'engageai alors dans la tentative de reproduire le bain utérin et décidai de plonger des microphones et des haut-parleurs dans un milieu liquidien. L'ensemble était entouré de membranes de caoutchouc pour isoler émetteur et récepteur. D'emblée des difficultés sans nombre surgirent. Il était certes facile de mettre en immersion et le haut-parleur et le microphone mais les volumes exigés étaient fortement disproportionnés par rapport aux dimensions utérines. De plus et surtout, nous ne pouvions isoler les bruits qui passaient par voie aérienne au-delà des embouchures des membranes d'isolement. Il suffisait bien entendu d'obturer les deux sacs protecteurs et, qui mieux est, de les obturer au-dessous du niveau du milieu liquidien. Un autre écueil survenait alors, plus important celui-là, qui entraînait le risque de créer une poche d'air autour du haut-parleur et du microphone. Si bien que le souci qui prédominait alors sur le plan de l'expérimentation était de réaliser un montage ayant pour but d'empêcher d'une part la création d'une bourse aérienne trop importante et d'éviter d'autre part que cette dernière soit en hypo- ou hyper-pression, cela afin de ne pas perturber la dynamique du jeu des membranes des appareils émetteurs et récepteurs. Assuré que ceux-ci fonctionnaient normalement en vérifiant manométriquement l'état des pressions et compte tenu bien sûr d'un coefficient d'assourdissement lié à l'enveloppe de protection, je tentai de mesurer l'atténuation et de calculer en même temps la chute relative fréquentielle de cette atténuation. Mesurant l'effet d'amortissement au moyen d'une étude de spectres fréquentiels comparés, je procédai à la correction par l'intermédiaire de filtres adaptés. Il était normal de supposer que les distorsions introduites par l'émetteur n'étaient pas reproduites de manière identique sur le récepteur. Cela était d'autant plus concevable que j'avais pris dès le départ un haut-parleur réel et un microphone. Pour remédier à cet inconvénient, je décidai rapidement d'utiliser des pastilles émettrices et réceptrices identiques en vue d'éviter des causes d'erreur à ce niveau particulier. Du même coup, je pus réduire considérablement le volume du champ expérimental, ce qui me permit de me rapprocher des dimensions plus conformes à la physiologie humaine.

Compte tenu de ces corrections minimales, je commençai les premiers essais en laboratoire. Muni d'un matériel de type aquatique réalisé avec une cuve d'eau en verre du volume d'un utérus de parturiente, je gardais en mémoire plusieurs paramètres susceptibles de modifications, à savoir :

— la distance entre l'émetteur et le récepteur ;

— l'intensité ;

— le spectre contrôlé en fonction de ces deux paramètres.

Pour le premier point, après plusieurs essais, nous avons adopté en définitive un espace moyen entre les deux membranes isolantes de 1 à 1,5 cm environ. Quant à l'intensité, elle était également à notre choix bien entendu. Nous avons décidé d'assurer à l'entrée de la pastille réceptrice une valeur moyenne de 40-60 décibels, pensant ainsi rester dans les normes répondant à la dynamique de l'oreille. Cela nous a obligé à fournir sur la pastille émettrice une valeur de 80 décibels au minimum et même souvent 100 décibels, le pouvoir absorbant de notre montage étant considérable.

En ce qui concerne la question du spectre, j'utilisai en premier lieu des sons issus d'un générateur de fréquences afin de pouvoir mieux évaluer le taux d'atténuation qui résultait du passage à travers les divers obstacles rencontrés, c'est-à-dire l'air contenu dans l'enveloppe isolante, la paroi de la première membrane puis la couche d'eau intermédiaire entre cette paroi et celle de la deuxième membrane, l'air contenu dans la deuxième poche et enfin l'ensemble récepteur.

Il fallait, on s'en souvient, surmonter l'inconvénient provoqué par le fait que les pastilles émettrices et réceptrices travaillaient en porte-à-faux ou en tout cas dans des conditions gênantes, étant donné qu'elles risquaient d'être enserrées dans une atmosphère d'hypo- ou d'hyperpression. Pour pallier cet inconvénient, nous avons décidé d'introduire une tubulure en verre coudée par deux fois et contenant de l'eau dans le fond de la courbure à convexité inférieure. Nous connaissions, grâce à ce manomètre facile à réaliser, la pression des poches d'air à l'intérieur des membranes.

Nous avons pris le souci de nous procurer ce qui nous paraissait être le mieux à l'époque comme émetteur et comme récepteur. L'idéal aurait été, du moins à première vue, d'obtenir des haut-parleurs et des microphones aquatiques. C'était impossible à notre échelle. Un tel matériel était pratiquement introuvable en France. Seuls les Anglais semblaient être capables de le fournir. De surcroît, la masse et le volume des deux appareils étaient tels que toutes les données de l'expérimentation auraient été faussées. Une baignoire n'aurait pas suffi ; peut-être une piscine aurait-elle convenu ! On le voit, nous étions loin des dimensions de l'utérus.

Si bien que je me contentai de prélever les deux pastilles des écouteurs fabriqués par Lublinski qui, à l'époque, offrait du matériel professionnel. Ces écouteurs permettaient d'obtenir une courbe linéaire de 0 à près de 20 000 Hz, ce qui était remarquable. Compte tenu de la qualité de ces émetteurs récepteurs, il fallait chercher à assurer bien entendu une qualité équivalente pour toute la chaîne de montage. Nous nous sommes alors orientés vers des appareils d'enregistrements de Garreau. Pour ceux des spécialistes qui vécurent cette époque, je suis persuadé qu'ils conservent encore en mémoire la haute qualité de ces enregistreurs et qu'ils déplorent, comme moi, le fait que la fabrication d'un tel matériel n'ait pu se poursuivre. Mais les chercheurs en matière d'enregistrement travaillaient à ce moment-là à un niveau purement artisanal. Il aurait fallu un véritable bond en avant pour atteindre la dimension semi-industrielle. Les Garreau disparurent ainsi que les Sgubbi. On sait que, de ce groupe de pionniers de haute envergure, un seul semble avoir gravi, et à quel prix, les échelons en conservant et en améliorant la qualité. Il s'agit, on l'a deviné, de Kurzinski avec son « Nagra ».

Toujours est-il que nous avions en main des éléments qui nous permettaient de prétendre être bien équipé. Pour compléter ce montage, j'utilisai alors un analyseur avec lequel je pouvais décrypter les fréquences contenues dans l'émission ou la réception suivant que je recevais par commutation l'information à analyser soit au niveau de l'entrée, soit au niveau de la sortie.

Par ailleurs, au moyen de deux amplificateurs, nous pouvions avec l'un d'eux distribuer en diverses directions les informations émanant du générateur ou du magnéto-phone et alimenter un haut-parleur de contrôle ainsi que l'analyseur branché sur l'émission de départ. Le second nous permettait de propager l'information vers le magné-tophone d'enregistrement et de contrôle, le haut-parleur de contrôle et l'analyseur lorsque nous décidions de le braquer sur la sortie afin de déceler les différences avec l'analyse d'entrée (Fig. 3).

Ce montage, artisanal j'en conviens, à l'échelle du chirurgien que j'étais et qui se préoccupait de ses recher-ches pendant ses heures de loisir, c'est-à-dire durant la nuit, n'était pas sans offrir le flanc à la critique. Tout d'abord le liquide n'était pas du liquide amniotique. Il eût fallu prendre un équivalent. Je suis persuadé que cela n'aurait pas changé grand-chose. D'ailleurs l'utilisation de sérum physiologique n'apportait pas de modifications sensibles. De plus, notre bocal aurait dû être fermé en

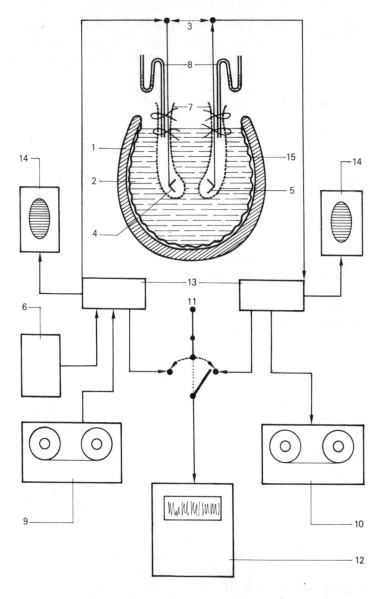

Fig. 3. — 1. Cuve ; 2. Eau ; 3. Distance variable ; 4. Émetteur ; 5. Récepteur ; 6. Générateur de fréquences ; 7. Enveloppes isolantes ; 8. Manomètres ; 9. Magnétophone d'émission ; 10. Magnétophone d'enregistrement ; 11. Commutateur ; 12. Analyseur de fréquences ; 13. Amplificateurs ; 14. Haut-parleurs de contrôle ; 15. Tissu.

partie haute pour reproduire le volume clos utérin. Mais il eût fallu en trouver un ! Ce ne fut pas à l'époque dans nos possibilités. Enfin, la paroi était réverbérante. Les tentatives de pose de tissu sur les parois internes semblaient éviter ce phénomène. Nous avons alors effectué ce montage pour être plus proche de la réalité de la paroi utérine.

Nous avons certes réalisé toutes ces expériences avec les moyens du bord qui se sont révélés cependant très efficaces, bien que peu sophistiqués. C'est souvent ainsi que cela se passe dans ce genre de recherches. Tout se met en place de façon parfois anarchique, mal élaborée mais cela se met tout de même en place, et c'est le principal.

Je devais me servir de cet ensemble instrumental pendant plusieurs années, spécialement pour étudier les sons utérins. Et bien m'en a pris ! En effet, les résultats délivrés sur le tube cathodique de mon analyseur, chaque fois identiques à eux-mêmes, prirent signification d'authenticité. J'en tirai parti de plusieurs manières. Je pus également effectuer des déductions qui me permirent de mettre en évidence la présence de sons filtrés, auxquels nous avons fait allusion quelques pages auparavant.

De ce montage, l'analyseur était un des éléments essentiels puisque de lui dépendait la lecture des résultats. On pourrait en dire deux mots car, grâce à lui, je m'engageai dans une aventure qui dut son issue favorable à la bonne fortune qui présidait à nos recherches. En effet, sans son intervention, je n'aurais sûrement pas été dirigé sur les sons filtrés ou tout au moins pas avec autant de facilité.

Dès 1946-1947, j'avais donc entrepris avec les moyens du bord la fabrication d'appareils de mesures. Je désirais alors analyser les voix des chanteurs et procéder au dépouillement des fréquences contenues dans le spectre vocal. Aidé d'un ingénieur de chez Philips, lui-même passionné par ce projet, je me lançai dans cette construction. L'appareil me sembla parfaitement réussi. Il fonctionnait à merveille. Il était manuel, on s'en doute. Plus tard, bien plus tard, je devais me rendre compte que ce modèle était vraiment unique en son genre quant à ses réponses ! Il n'était pas aligné sur les normes. Il ne le pouvait guère, je pense. Ses défauts constitutionnels devaient, ainsi que je l'ai indiqué plus haut, me rendre des services extraordinaires puisqu'ils me permirent d'extrapoler rapidement dans des domaines où je serais resté sans doute confiné sans obtenir les résultats espérés. Cela fait partie des joies de la recherche qui contient toujours une part d'aventure. Le hasard, peut-on dire, fait bien les choses... Il est vrai que je ne crois pas au hasard...

Dès nos premiers essais, toute émission passait avec une certaine transformation de l'information qui ajoutait un caractère liquidien à l'ensemble sonore. Celui-ci ne cesse, en fait, de surprendre car il ne ressemble en rien, contrairement à ce que l'on croit, à ce qui se passe lorsqu'on met la tête sous l'eau mais bien plutôt à ce que l'on perçoit lorsqu'on entend de l'eau couler. Effectivement lorsque la tête est plongée dans l'eau, le jeu des pressions sur les membranes tympaniques compromet la dynamique vibratoire de l'oreille externe et de l'oreille moyenne qui sont, rappelons-le, appelées à fonctionner essentiellement dans une ambiance aérienne. C'est pourquoi, faisant couler à grand jet de l'eau dans un bassin ou dans une baignoire, je tentai plus tard d'enregistrer le spectre des sons qui en ressortaient, prétendant capter dans une certaine limite, une sensation liquidienne. Je connaissais dès lors, grâce à ce procédé, la courbe d'enveloppe dans laquelle s'inscrivait le spectre d'un tel bruitage, toujours projeté sur mon analyseur.

Il reste à préciser que nous nous situons, au moment de ces premières expériences, dans la période des années 1950-1955. Je signale ce détail non pas pour jouer sur l'échelle du temps mais seulement pour rappeler qu'à cette époque l'électronique était bien loin d'offrir les avantages qu'elle procure actuellement à ceux qui l'utilisent. On comprend dès lors les difficultés de réalisation que pouvait soulever un tel montage, compte tenu donc de la faiblesse des moyens techniques dont nous disposions.

Au cours de nos premiers essais exécutés, on se souvient, directement sur la paroi abdominale, nous avons récolté une forte masse de bruits dans lesquels nous avons retrouvé « liquidiennement » les bruits reflétant les sons viscéraux. Afin d'analyser plus profondément ce qui se passait, je décidai alors, au moyen de divers filtrages, d'écumer les uns après les autres ces bruits complexes dont les effets laissaient, me semblait-il, une impression désagréable (Fig. 4).

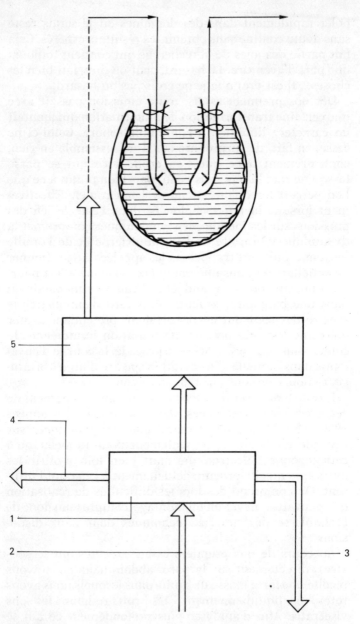

Fig. 4. — 1. Amplificateur ; 2. Voie venant du magnétophone ; 3. Voie conduisant à l'analyseur d'émission ; 4. Voie conduisant au haut-parleur de contrôle d'émission ; 5. Filtre variable.

Il s'agissait donc d'éliminer ou tout au moins d'atténuer le gargouillement des borborygmes, le roulement sourd, asymétriquement rythmé de la séquence systole-diastole cardiaque et le souffle plus vibrant du flux et du reflux respiratoires. Il nous semblait à l'écoute que ces différents bruits étaient porteurs de bouffées d'anxiété.

En augmentant l'énergie d'émission par l'intermédiaire d'un amplificateur tout en éliminant les graves par l'utilisation d'un filtre passe-haut, je parvins à supprimer cet ensemble sonore et à faire apparaître le langage de la mère. Celui-ci fut à son tour éliminé par filtrage. Les premiers formants situés dans la zone des fréquences graves furent tout d'abord atténués puis effacés. Puis ce fut le tour des suivants jusqu'à ce qu'il ne restât plus que des modulations à peine perceptibles qui étaient réellement tout autre chose. Cette « autre chose » nous intéressait au plus haut point. Sans doute était-il difficile de la définir, plus encore de la décrire.

Nous fûmes ainsi affrontés d'emblée aux sons filtrés. Nous devions nous attarder sur leur étude pendant plusieurs années, les réalisant à partir de différentes sources, la voix maternelle constituant un matériau de choix aux réponses spécifiques. En effet, la voix de chaque mère agit électivement à l'égard du traitement de l'enfant et ne peut être en conséquence interchangeable avec la voix d'une autre mère. Par ailleurs, diverses possibilités furent recherchées, notamment au moyen de certains morceaux de musique, en particulier lorsque la voix de la mère n'avait pu être enregistrée. Ces essais devaient nous conduire à une sélection de ces séquences musicales centrée sur des critères d'efficacité. C'est ainsi qu'après de nombreuses tentatives et sans discussion possible Wolfgang Amadeus Mozart nous donna d'exceptionnels résultats. Je me suis expliqué maintes et maintes fois sur ce sujet, émettant des hypothèses qui nous amenaient à concevoir les raisons de cet effet, raisons qui nous semblaient liées en fait aux conditions de vie qu'avait dû connaître Mozart *in utero*. Tous ceux qui pratiquent les sons filtrés suivant notre méthode, c'est-à-dire sous Oreille Électronique, savent quelle efficacité immédiate revêt un tel matériau sonore et quelles ressources il contient.

Pour opérer plus rapidement et de manière plus satisfaisante, je mis en chantier des filtres répondant à la courbe d'enveloppe relevée sur les « jets d'eau ». Cette courbe, si proche de celles que j'avais obtenues à partir des bruits utérins enregistrés en plaçant directement le microphone sur le ventre de la mère lors des premières expériences, reconstituait pour moi, à ne pas en douter, l'ambiance acoustique utérine. Je prenais le milieu utérin pour un filtre et je fondais toute mon expérimentation sur ce fait. Bien m'en a pris. Seulement tout était faux.

Je me lançai dans l'aventure avec la foi aveugle de celui qui croit à la machine, et à la machine à analyser qui énonce la vérité. Sans doute, comme chaque homme, la machine a-t-elle aussi sa vérité. Toujours est-il que, plein de confiance, je bâtis un filtre passe-haut pour répondre aux deux courbes d'enveloppes récoltées (Fig. 5).

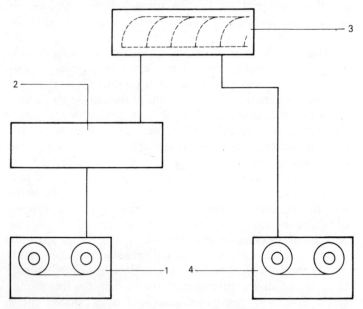

FIG. 5. — 1. Magnétophone lecteur ; 2. Amplificateur ; 3. Filtre passe-haut ; 4. Magnétophone enregistreur.

Je ne fus pas même étonné lorsqu'on m'opposa quinze ans plus tard que cela ne se pouvait pas. L'on mettait ma parole en doute. En matière de recherche, rien de plus normal. Mais j'avais devant moi des années de pratique sur une même épreuve que d'autres avaient d'ailleurs

50

contrôlée à mes côtés avec les mêmes appareillages. Ils avaient obtenu des résultats identiques aux miens. Si bien que, tranquille, sans mettre en cause ce qu'avançaient les autres, je pensais que leurs mesures étaient entachées d'erreurs. Cependant étant donné la qualité des chercheurs qui avançaient des propositions inverses des miennes, je me laissais pénétrer par un doute ; et ce doute lui-même s'affrontait à ce que j'avais cru si bien établi par des années de preuves cliniques concernant les sons filtrés. Cependant je ne pouvais rester indifférent à ce que me rapportaient des chercheurs authentiques tels que Mme Busnel après les investigations qu'elle avait entreprises avec Feijo et d'autres collègues.

De bonne foi, je me mis à reconstruire les montages initiaux, restant aussi fidèle que possible aux données des premières expériences. Seule changeait l'utilisation des instruments d'analyse. Ce fut tout d'abord avec un analyseur de Pimonoff que je réalisais ces essais puis avec un sonagraph. L'analyseur de Pimonoff présentait les zones de balayage suivantes : 0-1 000 Hz, 1 000-10 000 Hz et 10 000-50 000 Hz. L'intérêt de cet appareil consistait dans le fait que d'une part il permettait d'obtenir le spectre sur tube cathodique en même temps que l'intensité globale de ce spectre, et que d'autre part il donnait la possibilité d'enregistrer la valeur relative de chacune des fréquences. Il était facile, grâce à ce dispositif, de connaître le taux d'atténuation globale et d'y associer le taux d'amortissement des fréquences prises isolément.

Je fus amené alors à constater que mon analyseur numéro 1 ne me donnait pas les mêmes résultats. Il est vrai qu'il analysait mais il intervenait en fait comme un filtre ; et les réponses étaient toujours exactes relativement à la courbe de réponse de l'appareil lui-même. En réalité, il agissait comme un passe-haut tronquant fortement les graves et, de ce fait, favorisant considérablement la gerbe des aigus.

Un point dès lors restait à élucider pour moi, à savoir ce qui s'était passé avec ce premier analyseur. Il était construit sur une série de filtres et, par déplacement manuel, l'information passait d'un filtre à l'autre. Le gros travail avait été de supprimer les résonances du secteur : le 50 périodes. Ce problème est classique et subsiste dans tout montage. Aussi pour surmonter cet écueil avions-nous décidé, l'ingénieur et moi-même, de supprimer le 50 périodes. Pour être sûrs de procéder à cette élimination de façon satisfaisante, nous avions conclu que rien ne devait passer au-dessous de 100 Hz. En fait, c'est là où notre appareil commençait à se singulariser. Il est vrai que rien ne passait au-dessous de 100 Hz mais pour être assurés que cette coupure était efficace, nous avions poussé encore plus loin nos exigences. En effet, n'ayant pu réaliser une coupure franche, brutale à ce niveau, nous avions obtenu une pente descendante qui commençait à tronquer fortement les fréquences à partir de 500 Hz. Si bien que de 100 à 500 Hz pratiquement, nous observions un véritable plateau horizontal, image qui prenait une allure tout à fait différente sur l'analyseur de Pimonoff. Cette coupure avait une seconde conséquence, celle de tronquer la plus grande partie de l'énergie. Elle nous permettait ainsi d'amplifier, sans le vouloir, la valeur relative des aigus de l'intégration du spectre résultant. Si bien que nous nous sommes polarisés sur cet étage fréquentiel plutôt que sur les graves (Fig. 6).

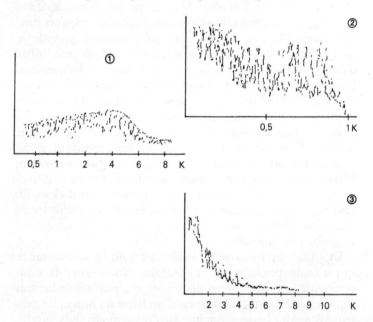

FIG. 6. — COURBES OBTENUES.
1. Avec le premier analyseur ; 2. Avec l'analyseur de Pimonoff :
0-1 000 Hz ; 3. Avec l'analyseur de Pimonoff : 1 000-10 000 Hz.

Puisque j'avais mis le doigt sur un phénomène important, à savoir l'action des aigus, j'étais amené à me demander comment ils intervenaient et ce que faisaient dès lors les sons graves puisque le milieu utérin semblait fonctionner non pas comme un passe-haut mais à la manière d'un passe-bas. Le problème devenait intéressant, d'autant plus que les sons graves ont, par rapport aux aigus, un effet inverse, relaxant. Ils sont hypnotiques si bien que Feijo lui-même pouvait les utiliser dans sa pratique dentaire comme anesthésiant.

Cette dichotomie rendait plus spécifique, plus particulière la question de l'écoute intra-utérine. Elle me révélait que le problème restait entier en ce qui concernait l'audition du fœtus. On savait dans quel milieu sonore il évoluait mais il s'agissait maintenant de déterminer ce qu'il entendait. Puisque le milieu intervenait comme un filtre passe-bas et que le fœtus réagissait si intensément aux sons aigus, n'y avait-il pas lieu de songer que l'oreille interne plongée totalement dans le milieu aquatique ainsi que la trompe d'Eustache également en immersion intervenaient comme un véritable filtre passe-haut ?

Nous en sommes là pour l'instant, et s'il est vrai que l'accord est établi quant à la nature de la transmission du son dans ces liquides, il n'en est pas moins vrai qu'il reste à définir comment le fœtus peut percevoir les sons transmis. L'erreur qui risque de s'introduire à l'heure actuelle est de croire que le fœtus, plongé dans un milieu à réponses graves, détecte mieux les sons situés dans les bandes passantes siégeant dans les quelques premières centaines de Hertz. Sa vie serait sans doute intenable s'il ne filtrait à ce moment tout l'ensemble de ce bruitage. Et tout nous dit en fait que son oreille conduite par l'écoute — et l'écoute orientée vers la fonction parolière — l'amène déjà à se préparer à cet effet de filtrage. Les recherches de nombreux auteurs sont actuellement dirigées dans ce sens. Rita Eisenberg rapporte notamment des éléments très intéressants concernant ce phénomène. Ces résultats ont été recueillis dans son laboratoire de bio-acoustique de Lancaster. Malheureusement tout ce qui a trait aux expériences sur les réponses acoustiques a été exécuté sur des temps d'émission de courtes durées, contrairement à ce que nous pratiquons.

Comme on le voit, il est probable que si mon analyseur

initial avait fonctionné dans des conditions normales, je me serais comme tout un chacun centré sur l'audition des graves. Et l'aventure des sons filtrés aurait peut-être été ignorée ou, en tout cas, n'aurait été entrevue que beaucoup plus tard. C'est en cela que les circonstances aidant, les moyens du bord facilitant notre démarche, favorisant l'induction, l'intuition, nous avons pu entrer d'emblée dans cet étrange univers de la perception fœtale.

Nous continuons de penser que les sons aigus interviennent d'une façon privilégiée pour les raisons suivantes :

1° — De nombreuses expériences démontrent actuellement l'activation, voire l'hyperactivation, provoquée par les sons aigus chez le fœtus ou chez le prématuré dès les premières heures de sa naissance, tandis que les sons graves les endorment. On dirait même qu'ils les apaisent alors que les aigus semblent les exciter et même les stresser. En fait, il existe une technique bien particulière pour manipuler de tels phénomènes. Il faut tenir compte, entre autres, des temps d'émission. Les sons demandent une injection d'une intensité plus grande et d'une durée beaucoup plus longue.

2° — Göran Bredberg, de l'université de Göteborg en Suède, rapporte, dans une étude sur l'organe de Corti publiée en 1968 dans un numéro spécial des *Acta otorhino-laryngologica*, dont le supplémentum 236 est consacré essentiellement à cette publication, des précisions de grande importance concernant la cochlée. Il signale en outre qu'il se rallie aux travaux de H. Alexander (1926), W. Kolmer (1927), T. Bast et B.J. Anson (1949) et F. C. Ormerod (1960) relatifs au développement des cellules de Corti sur l'organe de l'audition. C'est à la base de la cochlée, c'est-à-dire dans la zone réservée aux aigus, que ce processus commence. C'est au troisième mois de la vie intra-utérine qu'il s'installe et c'est à la quinzième semaine que l'organisation de l'ensemble de l'appareil se réalise, également à la base. Elle se propage vers l'apex par la suite. Cela en substance nous permet de comprendre que la base est la première fonctionnelle. D'ailleurs Bredberg rapporte que bien antérieurement G. Retzius en 1884 signalait les mêmes faits, de même que O. Van der Stricht en 1919 et 1920 ainsi que T. Wada en 1923.

Au cours de la même étude il nous est indiqué que

O. Larsell et L. McCrady et J. F. Larsell ont trouvé en 1944 que, chez l'opossum, une même distribution initiale des cellules de Corti se soldait par une réponse aux sons élevés et médium. De son côté, G. Anggärd en 1965 nous fait part des résultats obtenus chez le lapin. Ils confirment les dires antérieurs et révèlent que les réponses aux stimulations se trouvent être entre 2 et 5 kilocycles. Mêmes résultats chez le rat signalés par D. E. Crowley et M. C. Hepp-Reymond en 1966, et chez la souris par D. Mikaellian et R. J. Ruben en 1965.

Cela nous conduit à penser que l'activité fonctionnelle commence par les cellules de la base ou de la proximité de celle-ci, c'est-à-dire par une activité spécialement centrée sur les fréquences aiguës. Peut-être est-ce là qu'il faut considérer l'introduction de l'affinité pour les fréquences élevées, sorte de choix d'où résulterait cette possibilité pour la cochlée de se présenter comme un filtre passe-haut, déterminant de ce fait un mode de perception spéciale.

Il est évident que nous sommes là dans des domaines où nous ne pouvons pour l'instant qu'émettre des hypothèses. Celles-ci nous sont bien entendu suscitées par l'interrogation qu'impose l'action des sons filtrés qui interviennent forcément d'une certaine façon.

Il va sans dire que nous sommes ainsi tenus en haleine par l'idée que l'ensemble de ces structures s'élabore pour que le langage fasse son introduction dans les zones qu'il se réserve par la suite. On sait qu'il existe une aire corticale élective spécialement attribuée à cette fonction et dont nous avons pu démontrer des modes d'utilisation différents qui seront spécifiques de chaque langue en fonction des facteurs d'adaptation.

Devant toutes ces preuves, il me restait à poursuivre ce que j'avais entrepris en solitaire plusieurs années auparavant. J'étais de plus en plus réconforté par l'intérêt que l'on portait désormais à l'audition fœtale. De nombreux spécialistes orientaient leurs recherches dans cette même direction. L'un d'entre eux marqua pour moi une étape importante. Ce fut L. Salk, psychiatre nord-américain qui, en 1960, présenta au Canada une étude sur les effets du battement cardiaque maternel sur le nouveau-né. Il y notait de surcroît les influences de ces battements sur l'état mental du nourrisson. Cette première publication concernant ce sujet particulier se compléta par deux autres communications du même genre.

L'une fut présentée en 1961 au cours du IIIe Congrès mondial de psychiatrie et permit à Salk de développer son point de vue sur les conséquences d'une perception par le fœtus du cœur de la mère aux rythmes cardiaques anormalement perturbés par les stress de sa vie sociale. Mesurant les retentissements psychologiques qui pouvaient en découler, Salk ne manquait pas d'insister sur les possibilités de voir l'enfant s'enliser dans un univers psychiatrique sous l'influence de la perception de tels orages qui modifiaient de manière fâcheuse la cadence cardiaque paisible et normale à laquelle tout fœtus devrait être soumis.

L'autre communication, présentée en 1962, était un prolongement de la précédente. Salk signalait qu'il se servait des battements du cœur de la mère pour parer à la détresse qui pouvait se manifester dans le comportement du nouveau-né et plus spécialement dans celui du prématuré. En lisant cette publication, je me remémorais les tentatives que j'avais faites pour faire entendre aux enfants prématurés la voix filtrée de leur mère. Les résultats avaient été spectaculaires mais hélas je ne trouvai aucun service hospitalier assez ouvert pour mettre à ma disposition un service de prématurés en vue d'une expérimentation plus large.

Cela dit, les recherches de Salk m'apportèrent un grand réconfort. J'avais enfin l'impression de n'être plus seul, de ne plus marcher dans le désert. Bien que j'eusse, quelques années auparavant, eu l'occasion d'expérimenter les effets des bruits du cœur de la mère notamment en couveuse, ma recherche restait néanmoins fort éloignée de ce que faisait Salk. Elle était en tout cas beaucoup moins bien structurée quant à la mesure des résultats.

Les travaux de ce chercheur américain me redonnèrent l'espoir de voir un jour se concrétiser certaines expériences tendant à renforcer la relation mère-enfant lors des naissances difficiles, par l'écoute soit des battements cardiaques de la mère, soit de sa respiration lente et tranquille, soit surtout de sa voix.

Les expériences de Salk me furent communiquées lors d'un congrès européen. La nouveauté avait d'autant plus de poids, on s'en doute, qu'elle venait d'Amérique du

Nord. Elle nous parvenait d'« ailleurs ». Si bien que mes hypothèses — pour ne pas dire mes élucubrations — si mal vécues par mes collègues français trouvèrent un meilleur accueil. Elles revêtaient un certain aspect de fiabilité du fait que, sous d'autres cieux, des observations fort proches des miennes avaient pu être recueillies.

Il me fallut cependant attendre encore longtemps pour voir les arguments que l'on opposait à mes dires tomber les uns après les autres. Les résultats que j'obtenais avec les sons filtrés maternels m'invitaient à poursuivre sans relâche ce qui avait été entrepris. Je continuais de penser qu'il se passait quelque chose qui échappait tout aussi bien à mes investigations qu'à celles de certains spécialistes qui ne manquaient pas de me rétorquer que l'oreille, loin d'être achevée, ne pouvait fonctionner — la preuve en était, pensaient-ils, qu'il fallait attendre longtemps après la naissance pour qu'elle voie son activité se manifester. D'autres me signalaient qu'aucun message ne pouvait aboutir au cerveau ni même aux noyaux des nerfs auditifs puisque les connexions au niveau des transmissions des nerfs ou synapses n'étaient pas arrivées à maturation, etc. Devant de tels arguments je n'avais rien à dire d'autant plus que je ne les ignorais pas et que je me les opposais à moi-même lorsque je me référais à mes connaissances dites traditionnelles.

Mais en matière de recherche, ce sont justement nos propres assises scientifiques que nous devons remettre en cause quotidiennement. Je me savais dans une impasse théorique et cependant l'expérience clinique m'assurait chaque jour qu'il fallait persister et découvrir d'autres explications. Je pensais quant à moi que la peau pouvait jouer un rôle dans la perception sonique du fœtus. Je me heurtais aux mêmes incompatibilités de transmission neuronique. J'en conclus toutefois qu'une cellule senso-rielle mise en activité pouvait seule, par et en elle-même, déjà opérer et conserver *in situ* l'information avant de la diffuser. Rien n'infirmait cette hypothèse.

Je continuais de chercher dans toutes les directions sans trouver de solides appuis mais j'eus le plaisir de voir converger, dès 1963, un nombre important de documents qui m'apportaient autant d'éléments que je pouvais en désirer. Le tout avait été d'être patient. Je collectais au fur et à mesure ces informations. Elles nous parvenaient de tous les points du globe comme si soudainement un intérêt s'était cristallisé autour d'un même sujet, celui de l'audition fœtale. Ce qui est étonnant à observer ici — mais c'est la règle dans toute recherche — c'est que le terme d'« audition fœtale » sembla focaliser de manière concomitante l'attention de chercheurs venant de tous bords : otologistes, physiciens, acousticiens, radiologues, gynécologues, embryologistes, etc.

Est-il besoin d'ajouter qu'une recherche qui nous a accaparé avec une telle force pendant de si longues années continue de nous préoccuper du fait des nombreuses inconnues qui subsistent ? Il reste, en effet, pour accéder à une meilleure compréhension du comportement de l'embryon et du fœtus, à collecter au maximum les événements les plus variés qui répondent à cette période de la vie. Une synthèse permettra alors d'atteindre un nouveau stade. En réalité les éléments foisonnent. Il suffit de les rechercher. On peut par exemple explorer la vie affective du nouveau-né à venir en essayant de dénombrer tous les événements qui ont jalonné la grossesse : l'état de santé de la mère durant cette période, le vécu au sein de la famille et l'acceptation de cet événement par les différents membres constituant l'environnement immédiat de la mère — le père de l'enfant en premier, son attitude, le degré de sa coopération, son soutien tout au long de la grossesse, sa participation pour aider la mère à traverser les différentes étapes de sa maternité. On peut noter également le comportement des autres enfants s'il y en a, l'attitude des parents de la mère et du père, leurs réactions devant la possibilité d'une nouvelle naissance.

Il est évident que la chose la plus importante consiste à suivre « pas à pas » tout ce que la mère a pu vivre durant ces neuf mois, les problèmes qu'elle a rencontrés, les difficultés d'ordre psychologique qu'elle a connues. Bien entendu, il faut savoir au cours de l'anamnèse, écouter tout ce qui se dit derrière un « tout s'est bien passé » ou encore « il n'y a rien à signaler », ou bien « je ne me souviens de rien ». Ce qui est également à noter est l'état potentiel de la mère lors de la grossesse, son attitude psychologique face à cette aventure dans laquelle elle est engagée non seulement de tout son corps mais aussi de tout son être.

Il existe ainsi des temps forts au cours de la grossesse de

la mère. À nous de les découvrir au long de son discours. Ils sont à décrypter car ils sont également des temps forts ressentis par l'embryon et perçus par le fœtus dont les systèmes d'intégration commencent à se mettre en place non seulement sur le plan anatomique mais encore sur le plan de leur activité fonctionnelle. L'oreille est de ce fait introduite en tout premier lieu au moyen de ces divers dispositifs. Aussi est-il nécessaire d'en connaître les mécanismes afin de mieux comprendre les liens d'interpénétration qui relient la mère et l'enfant. Leur imbrication, véritable symbiose, s'étend à tous les niveaux d'échange. S'il est vrai que ceux qui sont directement rattachés au métabolisme s'avèrent nécessaires et substantiels, il n'en est pas moins vrai que ceux qui se situent sur le plan affectif se révèlent de plus en plus indispensables et essentiels. Ces derniers sont au niveau de l'âme, de la psyché, ce que les premiers représentent au niveau du corps.

Pour peu que l'on soit en mesure de pressentir ce clivage, on devine l'importance des chapitres qui vont suivre dans lesquels nous tenterons de déceler ce qui se passe dans l'univers utérin sur le plan de la communication sonique existant entre la mère et le fœtus. Nous pourrons ainsi mieux cerner la relation primordiale sur laquelle s'établit la fusion de la mère et de son enfant, si différente de celle qui s'institue entre la femme et la progéniture qu'elle porte.

Nous allons être, on s'en doute, conduits à détecter comment se construit puis se prend à fonctionner l'oreille. Elle est l'élément de première importance dans cette activité relationnelle. Il est nécessaire de savoir comment elle capte les sons, comment elle les sélectionne. Nous saurons dès lors comment la mère est perçue et quel mode de communication s'établit entre elle et l'être qu'elle héberge. De cette intimité naîtront et la mère et l'enfant. On prévoit bien sûr ce que toute dysharmonie qui s'insinue dans l'établissement de cette exceptionnelle relation peut entraîner comme conséquences fâcheuses susceptibles de compromettre les rencontres ultérieures.

Il est évident que la charge affective qui passe de la mère à l'enfant qui l'habite fuse de toutes parts, et la voix maternelle en est assurément le vecteur principal. Aussi l'oreille fœtale devra-t-elle se mettre à l'écoute au plus tôt.

Tendre l'oreille sera le premier geste perceptif. C'est ce que nous allons voir. Pour comprendre avec plus d'aisance la réalisation de cette activité, il nous a semblé utile d'examiner comment cet organe, si sélectionné en quelque sorte, s'est vu conduit au cours des temps à devenir ce qu'il est. Aussi un historique de sa progression au cours des millénaires nous montrera les étapes structurales de son cursus, de sa phylogenèse donc. Nous saurons ainsi mieux discerner les différents stades de sa croissance dans l'utérus, c'est-à-dire au cours de son aventure ontogénétique. Dès lors nous verrons comment cet organe appelé à et par l'écoute saura par sa présence susciter et introduire la fonction linguistique.

3

Naissance de l'oreille

Pour introduire une réalité directive dans ce que nous désirons présenter ici, à savoir la vie sonique du fœtus plongé dans son bain utérin, il n'est pas inutile de rechercher, dans la mesure de nos moyens, quel est le conducteur ou mieux encore l'inducteur capable d'entraîner vers l'homme cette germination initiale émanant d'un ovule enrichi du corps du spermatozoïde électivement désigné.

On sait qu'il est habituel de limiter les interrogations à ce niveau en évoquant le mécanisme générateur qualifié d'« organisateur » ou en voulant tout expliquer par le jeu d'inductions complexes chimiquement guidées. On peut aussi suggérer la possibilité d'une programmation de haut niveau dont on ignore la finalité mais qui reste maîtresse de tout le déroulement des multiplications cellulaires et des complexifications organiques. Enfin, pour le chercheur dénué de sens poétique, le hasard s'érigera en seigneur et maître de la matière, elle-même investie de sa toute-puissance et potentiellement capable de se prendre en charge.

Puisque aucune de ces propositions ne semble être entièrement satisfaisante, il ne nous paraît pas indécent de présenter notre point de vue qui n'aura d'ailleurs d'autre mérite que de servir de fil d'Ariane pour le déroulement des différentes études que nous serons amenés à faire concernant l'oreille humaine. En aucune manière, nous ne serons contradictoires face aux autres approches. Peut-être même notre propos englobera-t-il une partie des hypothèses scientifiques actuellement en cours. Est-il possible, à vrai dire, d'englober un champ quelconque d'investigations ? Mieux serait sans doute de prétendre l'examiner d'un point de vue plus général, plus universel.

Voici le schéma que nous proposons : toute la phylogenèse, que l'ontogenèse humaine reproduit en un stupéfiant raccourci, est sous-tendue par l'écoute en quête du Langage, que nous inscrivons avec un « L » majuscule pour mieux indiquer la coloration que prendrait le terme originel le concernant : le Logos. Mais nous aurons à y revenir de multiples fois et nous serons vite familiarisés avec cette dimension. Autrement dit, l'évolution nous paraît orientée vers une seule et même polarité : l'écoute du langage, pour aboutir à sa traduction la plus langagière, en sa forme la plus verbalisée.

Sous-tendu et soutenu, comme supporté par l'écoute, elle-même impalpable en soi, le mobile générateur paraît être le langage. Bien qu'il se présente comme l'entité première, il est appelé à s'appuyer en tous lieux et en tous points, dans son « activité vivante », sur le réseau pré-informationnel qu'est l'écoute, et l'écoute vivante, c'est-à-dire attentive. D'ailleurs, par définition, toute écoute est vivante et par conséquent elle ne saurait être autrement que mise en tension.

La première matérialisation de cette trame relationnelle que constitue l'écoute est donc le langage. Aussi celui-ci aura-t-il le bénéfice de paraître modeler la matière et harmoniser la répartition judicieuse des particules qui vont préparer l'organicité. Du même coup, il semblera régler les programmes jusqu'à sculpter en une chair vivante le « Verbe » qui s'incarne.

C'est pour accéder à ce but qu'un complexe se trouve en voie de cristallisation afin de collecter l'information et de la révéler en forme parolière sous-tendue par l'écoute, cette écoute à laquelle nous nous référons en permanence et qui dirige tout l'univers de la communication en demeurant l'inducteur premier.

Ce complexe n'est autre que l'oreille mais une oreille qui ne saurait se limiter à l'organe que nous connaissons habituellement. Son champ d'action est beaucoup plus étendu que nous le pensons, et même si nous décidons d'aller plus loin que l'oreille interne en lui adjoignant le nerf auditif avec ses noyaux, ses branches descendantes et ascendantes, nous n'aurons pas atteint le plan où nous voulons réellement situer l'oreille.

Par la présence de sa fonction, elle s'étend à tout le système nerveux. Cette fonction est celle de l'écoute qui, prise au sens le plus large du terme, englobe la totalité des éléments mis en jeu pour assurer une communion, une communication du tout intérieur avec le tout extérieur et réciproquement.

Phylogenèse et ontogenèse de l'oreille vont ainsi nous permettre d'assister à la naissance de cet organe auquel nous portons ici une attention toute particulière. Tandis que le déroulement dans le temps, au cours des millénaires, nous révélera la mise en place des différentes structures considérées de la sorte sur le plan phylogénétique, nous pourrons suivre par ailleurs le développement embryologique qui s'institue pendant la grossesse de la mère, suivant un processus ontogénétique.

Ces deux approches auront le mérite de mettre en exergue un fait des plus remarquables qui est le suivant : que l'on plonge dans la nuit des temps ou que l'on s'applique à observer les espèces les plus actuelles, on est amené à constater qu'une cellule se perpétue, identique à elle-même malgré les diverses tribulations qu'elle est appelée à connaître. Cette cellule n'est autre que la *cellule de Corti*. En conservant ce même aspect, elle donne ainsi à l'étude entreprise sur l'oreille une unité à laquelle nous nous référerons en permanence.

Aussi, avant de nous engager à effectuer un survol concernant la phylogenèse puis l'ontogenèse de l'oreille, proposons-nous de nous attarder sur la cellule de Corti qui joue un rôle primordial dans chacun de ces processus.

La cellule de Corti

Cette cellule si spécifique nous intéresse tout particulièrement du fait qu'elle lie en elle une bonne part des réponses relatives au problème que pose l'oreille dans ses mécanismes physiologiques, en même temps qu'elle nous révèle comment, au cours de millénaires, une cellule a pu se trouver engagée dans un processus évolutif qui lui a permis de devenir une véritable antenne détectrice.

Elle est avant tout une cellule et, en tant que telle, elle présente des caractéristiques que nous allons évoquer brièvement. Toute cellule est une unité vivante plongée dans un milieu dont elle est séparée par une *membrane*. À l'intérieur, un *noyau* baigne dans un milieu dénommé *cytoplasme*. Dans ce milieu apparaissent souvent des inclusions qui portent le nom de *mitochondries* (Fig. 1).

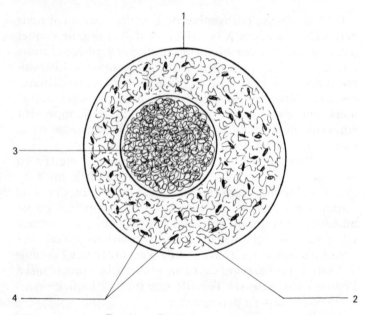

FIG. 1. — SCHÉMA D'UNE CELLULE.
1. Membrane ; 2. Cytoplasme ; 3. Noyau ; 4. Mitochondries.

Elle se comporte comme une entité métabolique, sorte d'unité dans laquelle fonctionne, grâce à différents modes d'échanges, toute une « usine » physico-chimique. Ces échanges s'effectuent sous diverses formes soit par diffusion des particules ioniques, molécules en suspension, soit par filtration au travers de membranes. La sélection des échanges est rendue possible par le jeu des parois cellulaires qui agissent en tant que membranes osmotiques, c'est-à-dire capables de laisser passer dans un sens les produits nécessaires à la cellule comme l'eau et les sels minéraux et d'assurer de ce fait des métabolismes d'énergie ou, au contraire, d'éliminer en direction inverse des éléments de destruction. On dit alors qu'il y a, dans le sens positif de construction, une activité dénommée *anabolisme*. Dans le sens inverse, celui de la réduction par élimination et destruction est appelé *catabolisme*.

Son individualité se conservant conduit à l'organisation élaborée du *protozoaire*. Ce qui est vrai pour cette structure unicellulaire l'est aussi pour les conglomérats plus complexes qui seront à l'origine des *métazoaires*. Mais là déjà d'autres préoccupations vont diriger les cellules composantes vers des activités variables : les unes, internes, auront à assumer leurs relations intercellulaires tandis que celles de l'extérieur vont devenir objet de communication avec l'environnement. Elles vont s'affirmer, s'adapter aux différents modes relationnels.

L'une des grandes spécialisations organisées au cours des temps, lors de l'évolution phylogénétique, aboutit à la formation de cellules hautement différenciées, consacrées essentiellement à la relation avec l'extérieur, habilitées à transcrire en « langage » ou en information physico-chimique tout ce qui sera rapporté dans la communication par le mouvement, par la vibration d'ordre mécanique. C'est alors que l'ancêtre de la cellule de Corti fait son apparition. Cette dernière a été décrite par Corti en 1851 comme étant la cellule sensible de la *papilla* sensorielle de Huschka devenue depuis cette époque l'*organe de Corti*. Celui-ci n'est autre que l'organe de l'audition.

Elle semble évoluer électivement comme un élément individuel, spécialisé, implanté où il est besoin qu'il soit en tant que transducteur. En effet son pouvoir récepteur lui permet de jouer le rôle de trait d'union entre d'une part l'extérieur auquel elle appartient et d'autre part le système nerveux périphérique. Sa mission va consister à transformer ce qu'elle reçoit mécaniquement en des informations physico-chimiques qui susciteront un certain dialogue avec les filets nerveux périphériques du nerf auditif. Autrement dit la cellule de Corti se comporte comme une cellule individuelle, étrangère, rapportée, dont l'exceptionnelle puissance d'adaptation permet de traduire, au sens réel du terme, une information perçue d'une certaine manière afin de la transmettre sous une autre forme.

Il peut sembler curieux de soutenir que la cellule de Corti est une cellule individuelle et qu'elle apparaît comme un « corps étranger » implanté. Cependant son histoire est révélatrice car elle nous rappelle que, avant sa spécialisation, elle n'est qu'une cellule. Mais toute cellule vivante, osons-nous prétendre, est une oreille... En effet, elle ausculte le milieu dans lequel elle vit. Elle s'informe, communique avec lui en permanence. Elle s'en nourrit. Elle assure son mode d'existence avec cet environnement, s'adapte à ses réponses, à son contenu. Elle réagit en fonction de sa perception à l'égard du contenant dans lequel elle navigue. Dans son lieu d'élection, elle est tout ouïe.

Cette communication est très forte : elle est métabolique, énergétique ; elle procède à des réponses sous forme d'échanges. Il existe tout un processus d'actions, de réactions et de contre-réactions qui va régler à tout moment les phénomènes toujours mouvants de cette symbiose entre le milieu et l'organique, entre l'inanimé et l'animé, entre les deux modes d'expression de la vie, l'une en sa matérialisation, l'autre en son animation.

L'idée que nous soumettons est que la matière organique qui se met en activité dans un milieu approprié est celle qui éveille le mieux la notion de dialogue, de communication. Et dès l'instant où cette relation s'opère, l'organe vibrant de vie est celui qui sait percevoir, qui sait entendre, qui sait ausculter, qui sait écouter. Celui qui ne vibre pas à l'échelle de l'organicité entre dans le règne de l'inanimé. Nous savons bien sûr que la matière la plus inanimée ne l'est qu'en apparence. Elle est un champ moléculaire actif mais dont les lois internes obéissent à des processus de communication qui n'ont rien de semblable avec ceux observés dans les complexes organiques. Ces derniers se font sur le mode de l'échange et de l'adaptabilité tandis que l'inanimé doit son apparente fixité à la tension relationnelle des particules qui en constituent la structure atomique.

Les complexes organiques bénéficient des rapports énergétiques qui leur sont offerts pour manifester leur présence d'une manière active jusqu'à modifier le milieu dans lequel ils sont établis. Du fait de ces échanges, ils dirigent les possibilités d'accroissement, ajoutant au pouvoir de croître celui de se multiplier. Ainsi par ces processus métaboliques, l'organicité intègre progressivement en sa structure la matière inanimée. C'est le premier cheminement entrepris vers la conscience à l'appel de l'écoute.

La cellule de Corti se présente comme toutes les autres cellules avec une membrane, un cytoplasme, un noyau et des mitochondries. Quelques traits lui valent une morphologie spéciale : la forme est allongée, oblongue ; le noyau est situé à l'un des pôles appelé *base* parce que plus

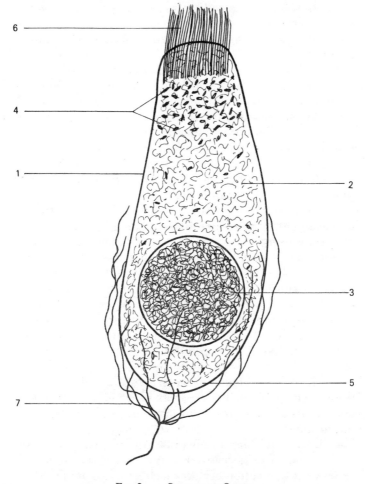

Fig. 2. — Cellule de Corti.
1. Membrane ; 2. Cytoplasme ; 3. Noyau ; 4. Mitochondries ; 5. Base ; 6. Cils ; 7. Fibres nerveuses périphériques.

large. À l'autre pôle, les mitochondries, plus abondantes que dans les cellules ordinaires, voient émerger vers l'extérieur un bouquet de *cils* qui sont au nombre de 50 à 100. Ils réalisent l'extrémité ciliée (Fig. 2).

Elle se révèle être, sur le plan phylogénétique, l'une des plus archaïques dans l'individualité cellulaire, l'une des premières spécialisées et, de surcroît, l'une des plus stables sur le plan de l'architecture cytologique. Il n'est pas trop important d'en rappeler les grandes caractéristiques, tant son rôle nous semble capital :

— elle vit dans un milieu liquidien depuis toujours ;

— elle est indépendante ;

— elle est allongée, oblongue, munie d'un noyau basal ;

— son cytoplasme est riche en mitochondries ;

— elle est munie, en la surface externe de son pôle supérieur, de cils réunis en un pinceau plus ou moins touffu puisque pouvant comprendre de 50 à 100 poils ;

— enfin, elle repose sur un lit dentritique fait de ramifications périphériques de fibres neuro-sensibles.

Il nous semble intéressant de nous attarder quelque peu sur l'effet des cils de la cellule de Corti. Ils interviennent, à mon sens, de deux manières :

— L'une par action sur l'ensemble, déterminant un déplacement du pinceau ciliaire. L'angle d'inclinaison de ce dernier permet de connaître tout à la fois l'amplitude et le sens du déplacement. On sait que seules sont analysées les différences angulaires qui indiquent de ce fait les variations correspondant aux accélérations et aux décélérations. C'est grâce à ces réponses sensorielles aux résonances nerveuses que l'on s'aperçoit que les notions de statique et de cinétique sont intégrées au niveau corporel. C'est ce que sait faire la cellule ciliée avant même qu'elle soit « cochléaire », c'est-à-dire incluse dans l'organe de Corti. Identique donc dans sa structure depuis le départ, implantée sur un « lit » de filets nerveux périphériques, elle traduira en informations nerveuses des informations mécaniques.

— L'autre par action plus fine sur les cils, action trop infime pour être décryptée en tant que mouvement. Et cependant une action certaine s'effectue par réponse aux excitations sonores. Elle ne provoque pas de déviations en masses visibles des pinceaux ciliaires mais une mise en activité jouant sur des déplacements d'ordre infinitésimal dont les amplitudes sont à l'échelle de l'atome ou de la molécule. L'importance de cette seconde activité ciliaire est capitale. C'est d'elle que dépend la charge que les sons peuvent apporter sur l'ensemble de l'appareil auditif. Cette charge est fondamentale. Elle introduit la notion d'énergie.

Nous connaissons toute l'ambiguïté qui s'insère dans le terme d'énergie. Il ne s'agit pas dans le cas présent d'une énergie dont on connaît la nature et dont on peut mesurer les paramètres, encore que l'on parvienne aisément à en déterminer certains effets qui témoignent de sa manifestation et par là de sa présence. Il s'agit d'une énergie seconde, d'ordre « neuronique », manifestée par une énergie intrinsèque, potentielle, sur laquelle s'établit l'influx nerveux. Cette énergie permet d'assurer les fonctions de tous ordres et notamment celles destinées à établir la dynamique de la pensée.

En fait, il apparaît qu'il existe deux sortes d'énergie à considérer. L'une essentiellement métabolique peut être comparée, dans un montage électronique, à ce que l'on appelle l'alimentation fournie par le secteur sortant d'un transformateur et qui assure la mise en tension ou la chauffe de l'ensemble des appareils. Une seconde alimentation procède, au travers d'un autre transformateur, à la mise en action d'un courant électronique, celui qui donne naissance aux bombardements cathodiques dans les lampes chauffées.

Ces deux modes sont reproduits de la même façon dans le système nerveux. D'une part, une première alimentation assure la maintenance neuro-végétative située essentiellement sur un plan métabolique. D'autre part, une seconde alimentation assure la dynamique du corps et celle de la pensée qui vont d'ailleurs de pair puisque le langage, support de la pensée, ne peut s'élaborer qu'à partir d'un instrument-corps qui a besoin de ses références posturales pour s'exprimer. Cette dernière énergie provient des stimulations des organes sensoriels.

La cellule de Corti — utriculaire, ampullaire, sacculaire et cochléaire — sait organiser ces deux fonctions, posturale et dynamisante, de deux façons. L'une connue est facile à faire accepter. L'autre plus subtile demande à être vérifiée mais a pour moi valeur de certitude. J'admets volontiers que ce n'est pas suffisant. Aussi est-il bon que l'on mette cette proposition à l'épreuve afin de la confirmer ou de l'infirmer. Elle demandera cependant une analyse longue, délicate. Pour notre part, nous l'aborderons dans le chapitre consacré au bruit de vie.

Après cette incursion dans le monde de la cellule de Corti, incursion que nous prolongerons lorsque nous aborderons l'univers des engrammations, nous allons maintenant nous diriger vers l'histoire phylogénétique de l'oreille. Elle a été largement évoquée dans un de mes ouvrages traitant de l'écoute humaine, sous la forme d'une étude du processus évolutif. Nous proposons d'en rapporter ici les étapes essentielles.

PROGRESSION PHYLOGÉNÉTIQUE

Comment l'oreille est-elle parvenue, au cours des espèces, à devenir ce qu'elle est ? Comment peut-on entrevoir phylogénétiquement son évolution ?

Il semble indispensable de rappeler que l'oreille est dotée d'un appareil qui, depuis des temps immémoriaux, fonctionne dans un milieu liquidien, liquide marin puis sérum physiologique aux caractéristiques bien définies certes mais liquide en tout cas. On sait en outre, ou du moins on l'apprend vite pour peu que l'on plonge dans un livre de zoologie ou de paléontologie, que le labyrinthe auditif connaît une évolution absolument remarquable. Il apparaît, selon nous, comme un organe central autour duquel tout se constitue, tout se rassemble. Ses fonctions primordiales en font l'organisateur ordinateur de tout le système nerveux.

C'est peut-être courir un danger que de vouloir prétendre exposer aussi directement mes idées sur la question. Et cependant j'en suis si convaincu qu'il me semble inutile de biaiser sous prétexte de ne pas heurter les préjugés de ceux qui continuent de considérer l'oreille sous un autre angle. Il s'agit certes d'une révision totale des connaissances acquises, mais l'amoncellement des résultats expérimentaux et cliniques qui ont été obtenus au cours des trois dernières décennies ainsi que les réflexions qui en ont découlé comme d'évidentes déductions, nous obligent à entreprendre cette remise en question des concepts communément acceptés.

Au cours de ce cheminement phylogénétique, nous

aurons à suivre la progression de l'appareil labyrinthique depuis la ligne latérale des poissons inférieurs jusqu'à la structure très élaborée de l'oreille humaine. Nous verrons que tout s'installe pour assurer l'écoute, la communication, le langage. Nous ne perdrons jamais de vue la fonction dynamisante qui est à la base de toute cette progression. Nous courrons bien sûr le risque classique d'oublier cette fonction première à mesure que nous serons conduits à envisager les mécanismes de l'équilibration puis ceux de l'audition. Pourtant ceux-ci ne sont en rien contradictoires vis-à-vis de cette fonction primordiale. À vrai dire, ces diverses attributions qui se superposent constituent les différentes facettes d'un processus que l'on peut aisément rapprocher du dialogue. En effet, être un centre d'énergie signifie recevoir des stimulations et les transformer en influx nerveux. C'est accepter ce qui vient de l'extérieur, c'est donner une réponse par un tonus plus efficace, véritable éveil musculaire infraconscient qui constitue une première ébauche de réponse à la stimulation. Quant au phénomène d'équilibre, il institue également un dialogue avec le milieu environnant, à la fois par un échange postural notamment antigravifique et par un mécanisme de localisation spatiale. Comme on le voit, de ces « va-et-vient », une communication s'établit, évoluant sur des paramètres tout à fait différents de ceux auxquels on est habitué en matière de langage lorsqu'on se réfère essentiellement à la forme verbalisée et par là auditive. Celle-ci reste bien entendu la voie préférentielle de l'écoute, donc du dialogue.

La vésicule labyrinthique commence à se manifester très tôt et s'apprête à devenir cette centrale énergétique si caractéristique donc de l'appareil auditif. Nous la retrouverons déjà chez la méduse « Obélia » sous forme de *nerf latéral* parsemé de *statocystes*. Collecteur unique de l'énergie recueillie, le nerf latéral permet à l'animal de se mouvoir, de dialoguer avec son milieu aquatique, de se localiser dans l'espace, de faire le point vis-à-vis de cet environnement, notamment sur le plan de l'horizontalité (Fig. 3).

Puis une ébauche de centralisation s'opère afin d'augmenter les performances de ce collecteur et d'assurer une meilleure coordination. Le long du canal qui fait suite au nerf latéral et qui prend la forme de la *ligne latérale* chez

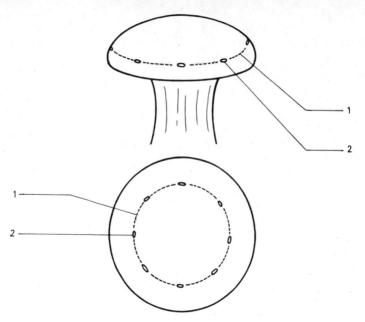

FIG. 3. — LA MÉDUSE « OBÉLIA ».
1. Nerf latéral ; 2. Statocyte.

certains poissons, un sens est donné au flux nerveux pour relier, sur le plan de la perception, les différents étages métamériques, instituant ainsi la mise en place d'une ébauche d'image du corps. Munie d'une ou plusieurs ouvertures, la ligne latérale permet au poisson d'entrer en relation avec son milieu. De plus, il est bon de noter que chaque tube flanqué sur le côté de l'animal contient des cellules sensibles qui sont les ancêtres de la cellule de Corti. Elles collectent les stimuli de contact et de pression de l'eau environnante et les transforme en énergie. Cette dernière est utilisée par le poisson pour se déplacer et assurer sa dynamique posturale. Les cellules ciliées qui tapissent la ligne latérale vont, grâce à l'angulation de leurs cils, pouvoir mesurer les phénomènes d'accélération et de décélération dont nous avons parlé antérieurement, créant également l'amorce d'un mouvement rotatoire qui va permettre à l'animal d'explorer davantage son milieu environnant.

Tandis que les points d'appel aux stimulations se multiplient pour augmenter l'énergie, une ébauche de centralisation nerveuse de ces informations se réalise en avant du corps, au-dessus de la nageoire latérale (Fig. 4) :

73

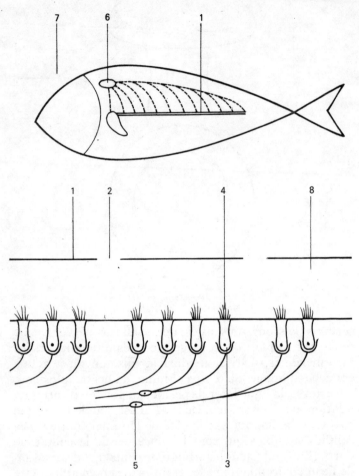

Fig. 4. — 1. Ligne latérale ; 2. Ouverture ; 3. Cellules ciliées isolées ; 4. Cils ; 5. Cellule nerveuse ; 6. Ébauche de cerveau ; 7. Nageoire ; 8. Liquide.

Peu à peu, dans une perspective de meilleur rendement, une centralisation des éléments de la ligne latérale s'effectue sous forme d'une *vésicule otolithique* qui constitue une ébauche de la vésicule labyrinthique (Fig. 5).

Toutes les techniques mises en place par les structures antérieures sont conservées et améliorées, à savoir : contact avec le milieu environnant, sensation de linéarité, conscience des mouvements relatifs, agencement de postures maximales et bien entendu collecte et centralisation de l'énergie.

74

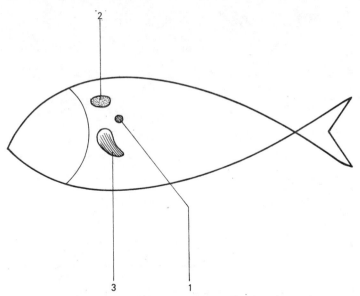

Fig. 5. — 1. Vésicule otolithique ; 2. Centralisation du système nerveux ; 3. Nageoire.

Les cellules ciliées qui se trouvaient sur la ligne latérale se regroupent alors dans la vésicule otolithique. Elles s'enferment peu à peu. La cavité otolithique reste cependant longtemps ouverte et demeure, de ce fait, en communication avec le milieu ambiant. Ce n'est que progressivement que les cellules vont se retrouver dans un endroit clos et améliorer leur organisation à l'intérieur de cette cavité. Elles garderont toutes leurs propriétés, celles que nous avons énoncées en étudiant la cellule de Corti.

Des aménagements devront être faits pour que l'ensemble des informations soit recueilli sur une surface moindre mais avec le même bénéfice pour l'animal. Les variations de déplacements relatifs liquidiens seront alors rendues sensibles par l'adjonction d'une concrétion minérale calcaire ou autre appelée *otolithe* que l'animal ira chercher dans le milieu environnant sous forme d'un minuscule caillou qu'il recueillera par l'ouverture de la vésicule otolithique. Plus tard, lorsque, au niveau de l'évolution des espèces cette dernière sera complètement refermée, l'animal sera amené à sécréter lui-même le matériau calcaire nécessaire à la « sensibilisation » spatiale (Fig. 6).

75

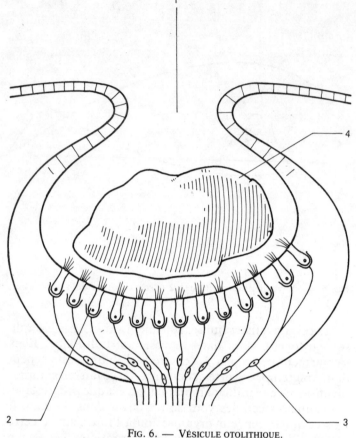

Fig. 6. — Vésicule otolithique.
1. Liquide ; 2. Cellules ciliées ; 3. Cellules nerveuses ; 4. Otolithe.

Parallèlement à ces multiples modifications, l'encéphale se trouve entraîné dans une transformation incessante. Il devra suivre fidèlement toutes les consignes qui découleront de l'activité de plus en plus grande de la vésicule pré-labyrinthique qui deviendra l'*otosac*. Ce nouvel élément multiplie ses connexions avec le futur cerveau par l'intermédiaire de l'*archéo-cerebellum*, véritable collecteur d'informations provenant de l'otosac.

Et tandis que l'appareil central se complexifie, les techniques permettant d'augmenter le tonus, source de vitalité, s'intensifient. De nouveaux modes de distribution par des circuits mieux intégrés laissent à l'animal la possibilité de s'adapter à son nouveau mode de vie

76

lorsqu'il sort de l'eau pour vivre sur la terre. La lutte antigravifique devient son problème majeur. Une politique locale s'institue pour faire face aux besoins d'énergie que suscite cette modification sensible des conditions de vie.

En effet, dès l'âge le plus reculé, bien des problèmes se sont posés à tout animal devant s'adapter à la vie terrestre et cela de façon primordiale. Ce besoin d'adaptation va jouer sur la communication certes mais surtout, on s'en souvient, sur l'énergétisation. C'est classiquement aux premiers Amphibiens que l'on attribue le mérite d'avoir dépassé ce stade et notamment celui permettant d'assurer la mise en forme de l'appareil créateur d'énergie, par réception des stimulations. A. Tumarkin choisit l'un d'entre eux, l'*Eogyrinus*, pour signaler les premières modifications liées à l'occlusion de la première fente branchiale par une membrane tympanique. Cet auteur, ancien directeur du Département d'oto-rhino-laryngologie de Liverpool, devait en effet dans une communication donnée en 1968 lors d'un symposium centré sur les mécanismes de l'audition chez les Vertébrés, révéler le jeu des suppléances qui allaient se mettre en place pour pallier le défaut de fonctionnement de l'oreille interne du fait du nouveau mode de vie. Il est évident que, à cette époque, tout être animé dut pour survivre résoudre un problème grave que nous dénommons aujourd'hui sous une forme savante « adaptation d'impédances ». On entend par là la mise en place d'un système adaptatif pour que l'appareil fabriqué pour certains usages puisse être remanié afin d'assurer ses fonctions au mieux des nouvelles circonstances.

La recherche de verticalité à laquelle est intimement lié cet appel vers l'écoute que nous avons évoqué à plusieurs reprises, va modifier toute la structure interne de l'otosac. Les repères dans l'espace seront institués grâce à l'intervention de deux petits sacs inclus dans la vésicule otolithique : l'*utricule* et le *saccule*. Ils contiennent eux aussi des éléments ciliés vivant bien entendu dans un milieu aquatique. Des corpuscules calcaires aux formes variables selon les espèces contribuent à améliorer les mesures de déplacement dans l'espace.

L'utricule opère sur le plan horizontal tandis que le saccule introduit déjà chez les reptiles l'amorce de la course vers la verticalité en permettant à l'axe « tête-cou » de rompre avec l'horizontalité antérieure. Son intervention devient plus efficace lorsqu'il s'adjoint la *lagaena* qui sera en quelque sorte le prédécesseur de la cochlée. On note alors un redressement de la partie antérieure du corps.

La lagaena est surtout efficiente chez les oiseaux. Elle institue une certaine verticalité tout au moins sur la colonne cervicale. Cette verticalité s'affirme au fur et à mesure que la cochlée apparaît. Elle est transitoire chez les grands anthropoïdes et devient permanente et défini-

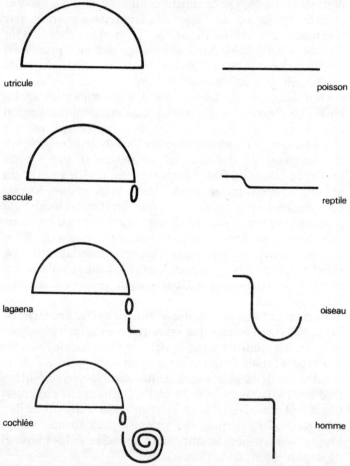

FIG. 7 — STADES UTRICULE, SACCULE, LAGAENA, COCHLÉE
(d'après A.A.T., *Vers l'écoute humaine*, t. I.)

tive chez les hominidés. Il n'en reste pas moins que cette acquisition se montre fragile, et la position verticale chez l'homme demeurera un problème constant. Appelé par l'écoute et le langage qui exigent cette verticalité, il devra se battre en permanence pour maintenir cette essentielle posture (Fig. 7).

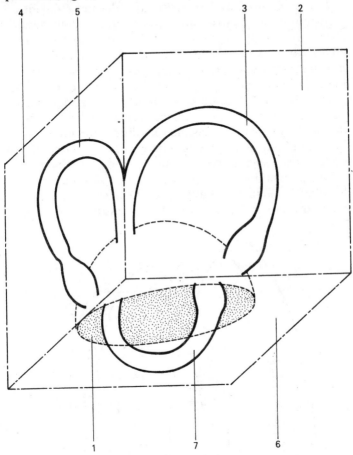

FIG. 8. — CANAUX SEMI-CIRCULAIRES.
1. Utricule ; 2. Plan vertical antérieur ; 3. Canal supérieur ; 4. Plan vertical postérieur ; 5. Canal postérieur ; 6. Plan horizontal ; 7. Canal horizontal.

La lutte antigravifique sera renforcée par la mise en place sur l'utricule de *canaux semi-circulaires* qui permettront à l'appareil utriculo-sacculaire de jouer son rôle de sextant gyroscopique à maintien postural. Au nombre de trois chez l'homme, les canaux semi-circulaires s'inscrivent sur deux plans : l'un vertical (canal supérieur et canal postérieur) et l'autre horizontal (canal extérieur). Leur action conjuguée va augmenter considérablement les possibilités d'analyse des mouvements dans l'espace (Fig. 8).

Il va sans dire que l'apparition du dernier élément de cette fabuleuse construction va jouer un rôle déterminant chez l'homme. Il s'agit, on l'a deviné, de la *cochlée*. Autre émanation de l'archaïque ligne latérale, elle améliorera la posture corporelle tandis qu'elle permettra l'analyse des informations reçues par la vésicule labyrinthique. Une perception plus grande des stimulations apportera un surcroît d'énergie qui sera dirigée vers le cortex afin de lui donner la possibilité d'assumer les différentes charges qui lui incombent, notamment celle concernant l'expression de la pensée sous forme de langage et de créativité.

La construction de la cochlée est l'un des phénomènes les plus étonnants de l'aventure phylogénétique. Afin de pouvoir analyser finement les vibrations de faible ampli-

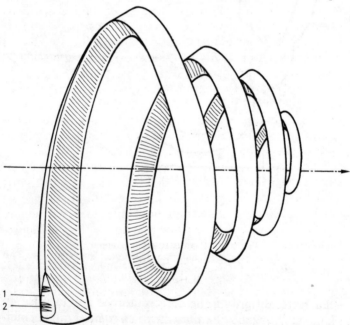

FIG. 9. — COCHLÉE.
1. Organe de Corti ; 2. Cellules de Corti.

tude qui engendrent les phénomènes sonores, le tube cochléaire va prendre une forme hélicoïdale particulièrement élaborée (Fig. 9).

L'analyse se fera de façon magistrale et quasiment instantanée suivant des processus que nous avons décrits longuement dans d'autres ouvrages. La cochlée, tout en assurant cette analyse, se chargera également d'augmenter l'apport énergétique d'une façon considérable au moyen des réponses des appareils sensoriels périphériques de la « lignée de Corti » pourrait-on dire, et dont nous parlerons dans le chapitre consacré aux engrammations. Ainsi donc la cochlée se préoccupe de regrouper les apports d'énergie en direction du cortex et de renforcer les postures corporelles en vue d'une meilleure communication avec l'environnement, notamment au travers du langage.

Il est intéressant de noter au passage les démarches qu'effectue le système nerveux parallèlement aux transformations de la vésicule labyrinthique. Depuis les méduses jusqu'aux mammifères supérieurs, l'on assiste en effet à une évolution progressive de l'un et l'autre des deux organes : oreille et système nerveux. Tout se passe comme si une précession offrait à l'oreille le rôle qui consiste à déclencher l'ampliation ultérieure du système nerveux.

La cochlée, avons-nous dit, demeure avant tout un appareil de communication avec l'extérieur. Pour y parvenir, elle devra procéder à diverses opérations dont la principale consistera à jouer le rôle de filtre vis-à-vis des bruits parasitaires parmi lesquels les bruits internes de l'animal occupent une grande place.

Enfermée dans une coque qui va progressivement s'ossifier et protéger l'ensemble de la vésicule labyrinthique sous forme de *labyrinthe osseux* (Fig. 10), la cochlée va devoir se défendre en permanence contre le monde sonore qui accompagne une grande partie de la vie neuro-végétative : bruits de mastication, de déglutition, de digestion, de respiration, de circulation, etc., une véritable usine en marche dont il va falloir juguler les manifestations sonores pour pouvoir communiquer avec l'extérieur. Mais il faudra aussi se protéger de cet extérieur qui risque d'inonder d'informations le labyrinthe membraneux et de l'empêcher d'effectuer en toute sécurité les fonctions qui lui sont attribuées.

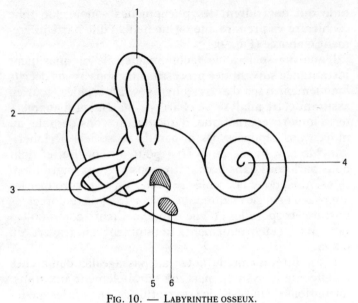

FIG. 10. — LABYRINTHE OSSEUX.
1. Canal semi-circulaire supérieur ; 2. Canal semi-circulaire posté-rieur ; 3. Canal semi-circulaire horizontal ; 4. Cochlée ; 5. Fenêtre ovale ; 6. Fenêtre ronde.

La structure de la coque osseuse jouera un rôle très important au niveau de cette communication entre le tout intérieur et le tout extérieur. Par d'habiles aménage-ments, des soupapes de sécurité vont être mises en place afin que la vésicule membraneuse puisse, derrière sa carapace, continuer de bénéficier des acquisitions anté-rieures, c'est-à-dire demeurer un « organe tactile », main-tenir sa fonction dynamisante ainsi que celle permettant de structurer l'image métamérique du corps, et enfin augmenter l'action des forces réflexo-tonifiantes et en particulier l'effet des stimulations acoustiques.

L'effet vestibulaire, conjugué à l'intervention cochléai-re, potentialisera le rendement énergétisant en assurant une meilleure réponse antigravifique. L'ensemble des cellules sensorielles périphériques musculaires, osseuses, articulaires puis cutanées nous apparaissent dès lors comme étant les cousines germaines de nos cellules ciliées. Nous aurons à les retrouver au cours des grands bouleversements qui rendent obligatoires les processus d'adaptation lors du passage de la vie aquatique à la vie terrestre. L'une de ses options, on l'a vu, a consisté à s'enfermer en milieu liquidien dans une coque cartilagineuse puis osseuse de consistance particulièrement dense. L'autre option a eu pour but d'accéder à une tout autre morphologie afin de constituer un corps de cellules spécialisées destinées à effectuer des analyses sensitives proprio- et extero-ceptives. Nous saisirons mieux le rôle de ces dernières lorsque nous aurons abordé quelques notions du systèmes nerveux en quête d'écoute.

Toujours est-il que pour continuer à élaborer tout ce montage qui va consister à construire des barrages contre les bruits internes et certains bruits externes en vue de communiquer avec l'environnement, le labyrinthe enfermé dans sa coque dure comme de l'ivoire va s'ingénier à bâtir des systèmes de régulation à l'intérieur et à l'extérieur de la forteresse. Celle-ci enfouie dans la *pyramide pétreuse* entend conserver son autonomie et sa liberté de contrôle tout en procédant à des montages de défense et de discrimination.

Dans la perspective de décrypter, de sélectionner et d'analyser les informations qui lui sont adressées, l'oreille interne va exiger de travailler en régime constant. À cet effet, un système de correction de pressions à l'intérieur du labyrinthe s'instituera au moyen de la *fenêtre ronde* à laquelle s'adjoindra plus tard la *fenêtre ovale*.

En même temps que les systèmes de régulation de pression s'instaurent à l'intérieur de la vésicule, d'autres montages se construisent à l'extérieur dans le but d'améliorer la vie de relation. Un morceau ectodermique de même émanation que la vésicule labyrinthique va former la *membrane tympanique* qui se sertit dans un contour osseux s'insérant sur le pourtour osseux extérieur au labyrinthe. Cette membrane va servir à transmettre à celui-ci par voie crânienne le flot de stimulations provenant de l'environnement, du moins telle est notre opinion.

Mais il va falloir réaliser un montage capable de corriger les excès et de permettre ainsi à la vésicule interne d'assurer ses fonctions d'analyse. Dans ce but, un piston osseux est lancé en pont depuis la fenêtre ovale jusqu'à la partie centrale de la membrane tympanique. Cet os appelé *columelle* atteindra sa perfection chez les oiseaux (Fig. 11).

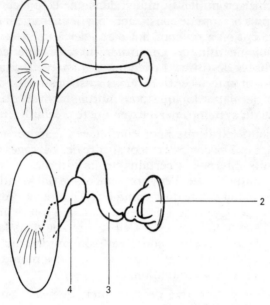

FIG. 11. — COLUMELLE ET CHAÎNE OSSICULAIRE.
1. Columelle ; 2. Étrier ; 3. Enclume ; 4. Marteau.

Il est l'ancêtre de la *chaîne ossiculaire* de l'*oreille moyenne*. Celle-ci extérieure à la vésicule labyrinthique mais en relation constante avec elle servira de régulateur pour que la cochlée et le vestibule puissent fonctionner dans des conditions optimales. La préoccupation de l'oreille moyenne ne sera pas de transmettre le son à l'oreille interne — car à notre avis ce n'est pas cette voie que le son emprunte pour atteindre le labyrinthe — mais bien de constituer un appareil de défense et de régulation. Grâce à la mise en place chez l'homme d'un système adaptatif de haut niveau, l'oreille moyenne joue un rôle très important par la mobilisation contrôlée de l'*étrier*, de l'*enclume* et du *marteau*.

La *trompe d'Eustache*, tube rempli d'air, sera également mise à contribution pour régler les bruits internes de la déglutition et de la respiration. En relation constante avec la fenêtre ronde dont elle se servira comme soupape, elle assurera un jeu de protection et d'adaptation très élaboré.

Et pour terminer ce survol, nous parlerons de l'*oreille*

externe, dernière venue dans la poussée phylogénétique. Son rôle consistera à aller cueillir les sons provenant de l'extérieur, à les amplifier et aussi à les trier avant même qu'ils atteignent la membrane tympanique. Émanant de bourgeons ectoblastiques, le *conduit auditif externe* apparaît et s'adjoint plus tard un amplificateur qui formera le *pavillon*, véritable cornet acoustique qui procédera à la cueillette des sons et les dirigera vers le conduit auditif, lequel procédera au filtrage des informations avant de les transmettre à la vésicule labyrinthique par l'intermédiaire de la membrane tympanique (Fig. 12).

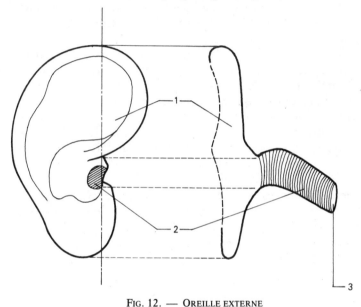

FIG. 12. — OREILLE EXTERNE
Vue extérieure et coupe ·
1. Pavillon ; 2. Conduit auditif externe ; 3. Membrane du tympan.

Voyage fabuleux, en vérité, que cette incursion dans l'univers phylogénétique. Tout nous dit que, dans son cheminement depuis les temps les plus reculés, l'oreille témoigne de cet appel vers l'écoute, manifestation évidente de la présence de l'« inducteur premier ».

On aura vu ainsi s'installer les divers étages de l'oreille et ceux du système nerveux. Ce défilé dans le temps permet de constater comment chaque élément procède à sa mise en place, étape par étape. Un tel développement qui prend le temps comme axe des abcisses verra s'adjoindre un axe de coordonnées lors du déroulement du vécu humain ; là, le temps se raccourcit considérablement. Et d'une étendue temporelle à l'échelle de l'éternité elle-même, nous passerons d'abord aux dimensions des espaces parcourus au cours de nos vies au fil des années, des jours et des heures. Puis nous aborderons le domaine de l'ontogenèse où tous les organes semblent à première vue commencer leur course simultanément ou presque. Cependant, il en serait autrement si l'on pouvait agrandir « microscopiquement » le temps afin d'examiner le défilé de croissance. Celui-ci d'ailleurs marque une différenciation sensible vis-à-vis de la mise en place de différents organes au fur et à mesure de leur finition, de leur maturation.

En abordant l'étude de l'oreille du fœtus, nous retrouverons le cheminement phylogénétique sous de nombreux aspects. Nous pourrons reconnaître au passage certaines étapes qui ont marqué cette évolution, étapes que l'oreille devra franchir rapidement pour devenir opérationnelle dès le quatrième mois et demi de la vie intra-utérine. Admirable raccourci, en fait, qui évoque l'étonnante précocité de cet appareil sensoriel et qui nous montre avec quel empressement le fœtus va chercher à perfectionner sa vie de relation sonique avec sa mère.

PROFIL ONTOGÉNÉTIQUE

Tout se met en place suivant un ordre que l'embryologie sait nous faire découvrir. Tout s'organise suivant une programmation dont le temps est soigneusement minuté. Les connaissances actuelles de plus en plus précises concernant chacune des étapes qui marquent l'évolution du fœtus nous orientent vers la certitude de la présence d'inducteurs. Ceux-ci semblent diriger, au sens strict du terme, la progression de chacun des organes avec une rigueur et une précision souvent déconcertantes.

Sous cette impulsion donc, les appareils sensoriels s'installent. Il est bien évident qu'une finalité fonctionnelle préside à l'évolution de l'embryon. Les concepts classiques, nous l'avons vu, permettent d'affirmer que c'est pour et par elle que le système nerveux s'adjoint des accessoires sensitivo-sensoriels. Notre point de vue, on le sait maintenant, s'éloigne sur ce sujet bien précis des théories habituellement admises. En effet, il nous apparaît que l'oreille, suivant une démarche totalement inverse, s'octroie le système nerveux pour accomplir la fonction qui lui est réservée, celle se rapportant à l'écoute et par là au langage. L'oreille se voit donc attribuer le système nerveux dans le but de pouvoir introduire la fonction parolière.

Le processus qui conduit l'oreille à devenir ce qu'elle est commence très tôt dans la vie intra-utérine. C'est à l'extrémité céphalique que s'organise son implantation. D'ailleurs, de manière conjuguée, les zones réservées à l'olfaction et à la vision font également leur apparition.

C'est au niveau de plages privilégiées dénommées *placodes* que se manifestent ces focalisations qui semblent résulter de l'épaississement du futur revêtement cutané encore appelé à ce stade l'*ectoblaste* avant de devenir l'ectoderme. Ce qui est remarquable, en fait, est le jeu qui conduit cette mise en place et qui s'opère à un niveau tissulaire ectoblastique qui donnera tout à la fois la peau et le système nerveux. Aussi n'est-il pas étonnant que l'on puisse, par cette même origine, retrouver des résonances nerveuses dans les problèmes qui touchent à la peau. Et il n'est pas trop de dire, comme le fit avec tant d'acuité Paul Valéry, que ce qu'il y a de plus profond dans l'homme est la peau.

Mais s'il existe un ectoblaste, sans doute y a-t-il également d'autres éléments qui méritent d'être présentés ici. Ils sont peu nombreux et, dans un livre comme celui-ci qui prétend parler de la genèse de l'enveloppe d'un être humain, il nous semble que quelques détails s'avèrent indispensables. On sait que l'œuf logé dans l'ovaire attend son tour pour bénéficier du lancement lors de l'éclatement du follicule. Dans sa plongée dans l'espace pelvien environnant, il sera comme happé par le pavillon de la trompe utérine avoisinante et de là conduit dans la cavité utérine où tout est apprêté pour le recevoir et lui offrir le lit nuptial. Si le mariage a lieu avec l'heureux élu, l'œuf va s'implanter dans la paroi utérine. Il tire parti des remaniements muqueux qui s'effectuent en sa faveur et s'accroche fortement aux villosités qui parsèment la paroi muqueuse de l'utérus spécialement vascularisée à son intention. Il va profiter de cette fixation pour trouver le moyen de puiser les éléments nutritionnels nécessaires à sa croissance et à sa multiplication cellulaire. Rapidement, une spécialisation des cellules se réalise en vue de la construction des futurs organes.

L'œuf accouplé avec le spermatozoïde donne rapidement deux cellules, fruit de leur union ; deux cellules désormais soudées par les liens d'un réel mariage, indélébile, irréversible en ce sens que l'on ne pourra plus retourner en arrière. La multiplication cellulaire ne connaît que la progression, jamais le divorce. Ainsi l'œuf s'accroît tandis que ses cellules se multiplient (Fig. 13).

Son aspect extérieur change et parce qu'il va ressembler à un fruit rappelant l'aspect des mûres, on le

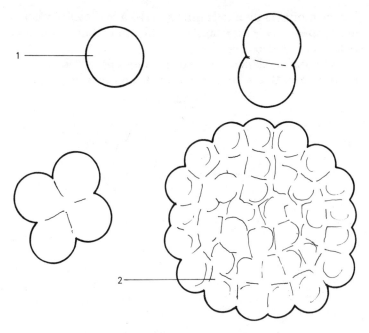

FIG. 13. — ÉVOLUTION ONTOGÉNÉTIQUE.
1. Œuf fécondé ; 2. Morula.

nommera *morula*. Très rapidement après, la morula s'engage vers le stade suivant grâce à une amplifaction importante. Elle « s'enfle » et reçoit dès lors le nom de *blastula*. Elle se gonfle d'autant plus qu'à l'intérieur se crée une cavité qui transforme la structure jusque-là sphérique en un ensemble asymétrique. La cavité emplie de liquide siège dans l'une des parties de la sphère. Elle se tapisse d'une couche cellulaire, l'ectoblaste, celle qui, comme nous l'avons vu tout à l'heure, sera plus tard à l'extérieur et qui formera la future enveloppe, c'est-à-dire la peau. Mais en parallèle elle donnera le système nerveux par l'intermédiaire d'un processus tout particulier qui s'effectuera dans la partie médiane de la surface plane de l'ectoblaste. En effet, grâce à une prolifération importante, une plage est appelée à former un tube qui n'est autre que le *tube neural* à partir duquel le système nerveux trouvera ses éléments constitutionnels. La partie céphalique de ce tube neural se voit entraîner dans une étonnante évolution, celle qui va permettre de construire rapidement le système nerveux céphalique, c'est-à-dire le bulbe qui surmonte la moelle épinière, et de là le mésencéphale, le cervelet puis le cerveau, ensemble qu'il convient d'appeler l'encéphale (Fig. 14).

C'est sur les côtés de cette partie céphalique que la placode auditive s'installe en un lieu situé à la jonction

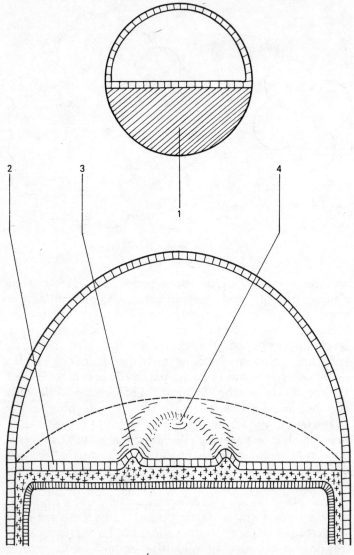

FIG. 14. — ÉVOLUTION ONTOGÉNÉTIQUE.
1. Blastula ; 2. Ectoblaste ; 3. Extrémité céphalique ; 4. Tube neural en préparation.

des premier et second *arcs branchiaux*. On appelle arcs branchiaux — qui sont au nombre de cinq — les éléments sur lesquels se greffent les branchies des poissons mais qui chez l'homme s'orientent vers une tout autre destinée. De branchies, il ne restera que le nom. La placode auditive s'installe donc rapidement et s'invagine, créant la *fosse otique* tandis que le tube neural se constitue et se ferme progressivement. Ainsi apparaît la vésicule dite *ganglion neuroblastique* dans laquelle l'oreille interne va se construire (Fig. 15).

À côté de l'ectoblaste se trouve l'*endoblaste* dont la destinée, comme son nom l'indique, sera de former l'intérieur du corps et notamment le tube digestif. Enfin entre l'ectoblaste et l'endoblaste, le *mésoblaste* s'inscrit pour construire en particulier le système osseux.

Les couches endoblastique et mésoblastique principalement serviront de base à la construction de l'oreille fœtale. Le cursus ontogénétique nous révèle combien l'organisation de cet appareil risque de paraître très complexe, semblant à première vue être réalisée à partir de pièces et de morceaux non reliés entre eux. C'est ainsi que la cavité de l'oreille moyenne est d'origine endoblastique comme le tube digestif tandis que les éléments osseux — la chaîne ossiculaire et l'enveloppe ossifiée de l'oreille interne — proviennent du mésoblaste. La membrane tympanique et celles qui obturent la fenêtre ovale et la fenêtre ronde de l'oreille interne y trouvent également leur origine. Quant au pavillon de l'oreille externe, il nous paraît logique qu'il provienne de l'ectoderme.

L'ontogenèse qui, elle, n'oublie pas son « inducteur » auquel elle obéit de manière aussi proche que possible de l'absolu, nous permet de ne pas nous fourvoyer dans des descriptions embryologiques trop focalisées qui risqueraient de présenter l'ensemble comme une construction bien disparate. L'oreille, on s'en souvient, est destinée à l'écoute car cette fonction a jeté son dévolu sur elle depuis le commencement des temps. Aussi tout va-t-il s'organiser pour qu'elle soit l'instrument de l'écoute et pour qu'à travers cette fonction qui la façonne, la réponse soit en harmonie avec le but souhaité par l'« organisateur inducteur ».

Ainsi, comme nous l'indiquions au début de ce chapitre, la placode auditive s'installe rapidement à l'angle de

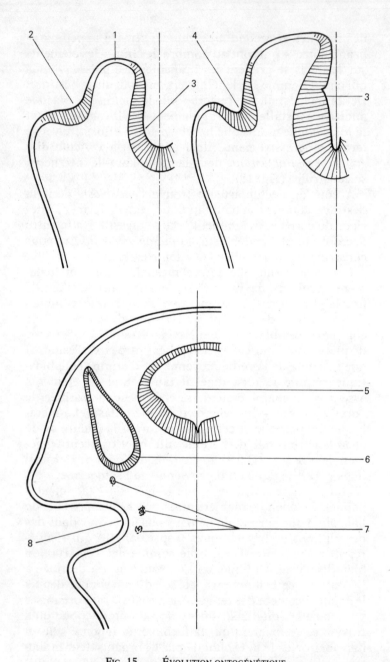

FIG. 15. — ÉVOLUTION ONTOGÉNÉTIQUE
1. Ectoblaste ; 2. Placode ; 3. Extrémité céphalique ; 4. Fosse otique ;
5. Tube neural ; 6. Ganglion neuroblastique ; 7. Chaîne ossiculaire ;
8. Oreille externe.

jonction des premier et second arcs branchiaux. C'est entre le quinzième et dix-huitième jour que s'effectue cette mise en place. Dès le vingt-septième jour, soit la quatrième semaine, la vésicule labyrinthique s'apprête à constituer le labyrinthe membraneux. La partie vestibulaire s'installe dès la cinquième semaine. Les canaux semi-circulaires prennent leur forme définitive à la huitième semaine. C'est entre la septième semaine et la huitième semaine que le labyrinthe membraneux est terminé quant à la différenciation des organes principaux qui le constituent, à savoir l'utricule, le saccule et la cochlée.

C'est donc très rapidement que les récepteurs sensitifs et sensoriels prennent leur place. Les premiers se préparent à établir la jonction avec leurs correspondants musculaires tandis que les seconds s'apprêtent, au niveau des placodes, à devenir des capteurs très spécialisés. C'est à partir de ces plaques initiales que les organes des sens se construisent. Elles siègent, on l'a vu, au niveau de l'extrémité céphalique pour l'odorat, le goût, la vision et l'audition. Quant au sens du toucher, la répartition est plus difficile à établir, avec cependant un lieu de prédilection : la face antéro-latérale du corps et certains points particuliers comme l'extrémité des membres et le visage. Un rapprochement avec l'emplacement de la ligne latérale permet de mieux comprendre cette distribution.

Il nous intéresse de rapporter un fait qui, nous semble-t-il, vaut la peine d'être consigné. Il nous permet de retrouver la présence de l'inducteur qui conduit, au-delà de toute attente, l'oreille vers sa fonction d'écoute attirant avec elle la fonction langagière. Non seulement ce programmateur induit l'anatomie sur laquelle se plaque le mécanisme souhaité mais encore il assure les relais insoupçonnés qui constituent un réseau cybernétique admirablement contrôlé.

C'est au niveau du second arc branchial que prend rapidement naissance l'*étrier*, ossicule qui sera solidaire par sa base dite *platine* de la vésicule labyrinthique émanant de la placode auditive. Dès que l'embryon atteint 7 mm, l'étrier apparaît. Il semble se construire contre un cartilage qui siège dans cet arc branchial et qui est dénommé le *cartilage de Reichert*. La croissance de l'étrier est rapide. Il est fortement irrigué. Lorsque l'embryon atteint 19,8 mm, un muscle est attribué à cet osselet et est dénommé le *muscle de l'étrier*.

Dans ce second arc branchial, naissance est également donnée à de nombreux éléments dont certains sont pour nous à retenir dans la perspective qui nous mène à rechercher les corrélations existant entre l'écoute et le langage, c'est-à-dire entre l'oreille et le larynx, la bouche et la face. C'est ainsi que la partie haute du larynx et l'os qui le tient en suspension appelé *os hyoïde* apparaissent, de même que deux muscles et trois ligaments constituant le *bouquet de Riolan* et qui partent de cet os hyoïde pour le suspendre à la base du crâne en l'accrochant dans l'*apophyse styloïde*, elle-même enfoncée dans l'*os temporal*. Ce sont, notons-le au passage, des éléments dont le rôle ultérieur est considérable dans le jeu de la phonation. En effet, la partie haute du larynx sera impliquée dans la phonation ainsi que tout l'appareil hyoïdien chargé de tenir le larynx dans l'espace.

Ensuite, toujours dans le second arc branchial, s'observe le ventre antérieur du *muscle digastrique*, muscle ainsi dénommé parce qu'il possède deux ventres : l'un tendu d'avant en arrière et allant du bord inférieur de la mâchoire inférieure vers l'arrière et l'autre s'élevant, prenant le relais en quelque sorte, pour s'orienter en haut et en arrière et s'insérer à la partie médiane et profonde de la mastoïde. Ce muscle servira à ouvrir la bouche.

Toujours émanant du second arc branchial, se distinguent les muscles de la face à l'exception d'un seul : le releveur de la paupière. On voit ici combien il est intéressant de noter que l'étrier auquel nous faisions allusion plus haut appartient à un ensemble de manifestations embryologiques qui s'opèrent dans le second arc branchial et qui se trouvent d'emblée impliquées non seulement dans les mécanismes de l'écoute mais aussi dans ceux de la phonation. D'ailleurs la coordination fonctionnelle s'institue d'autant mieux que tout cet ensemble est, sur le plan moteur, sous la dépendance d'un même règne neuronique : la VIIᵉ paire crânienne ou *nerf facial*. En effet, ce dernier non seulement inerve les muscles de la face (toujours à l'exception du releveur de la paupière) mais aussi le ventre antérieur du digastrique et bien entendu le muscle de l'étrier. Nul doute qu'à partir de cette liaison de contrôle s'installent des mécanismes

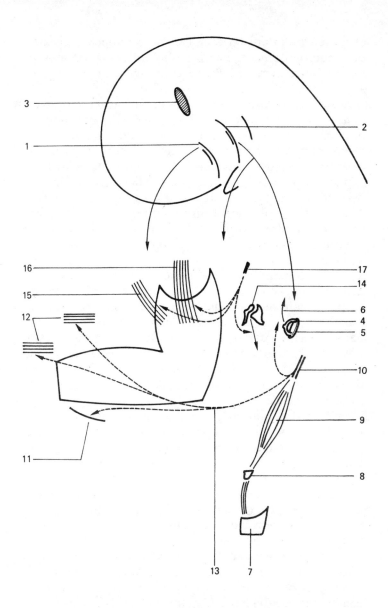

FIG. 16. — ÉVOLUTION ONTOGÉNÉTIQUE.
1. Premier arc branchial (cartilage de Meckel) ; 2. Deuxième arc branchial (cartilage de Reichert) ; 3. Placode auditive ; 4. Étrier ; 5. Platine ; 6. Muscle de l'Étrier ; 7. Larynx ; 8. Os hyoïde ; 9. Bouquet de Riolan ; 10. Apophyse styloïde ; 11. Ventre antérieur du muscle digastrique ; 12. Muscles de la face ; 13. Nerf facial ; 14. Enclume et marteau et muscle du marteau ; 15. Masseter ; 16. Temporal ; 17. Cinquième Paire crânienne.

cybernétiques dont on imagine toute l'importance lorsque, ultérieurement, l'oreille s'apprêtera à écouter et qu'elle entraînera dans cette démarche le langage à sa suite.

Enfin, pendant que toute cette organisation se prépare dans le second arc branchial, on voit apparaître dans le premier arc branchial une lame cartilagineuse dite *cartilage de Meckel*. À son contact se construisent curieusement des structures osseuses que l'on est tenté de considérer comme disparates. En effet, en la partie antéro-inférieure de cette lame et occupant à peu près les neuf dixièmes antérieurs, une plaque osseuse commence à prendre corps et formera ultérieurement la branche horizontale du maxillaire inférieur. Elle s'incurvera par la suite en dedans en sa partie antérieure tandis que la branche ascendante semblera se dessiner indépendamment de cette élaboration — peut-on oser prétendre que dans un corps humain quelque chose puisse être indépendant du tout ? La construction de deux autres ossicules s'effectue dans la partie postérieure et haute du cartilage de Meckel. Ces deux ossicules sont les plus extérieurs de la chaîne ossiculaire. Il s'agit, de dedans en dehors, de l'*enclume* et du *marteau*. N'est-il pas étonnant de voir que cet ensemble se développe de manière concomitante avec la branche inférieure du maxillaire inférieur dont la mobilité ultérieure joue un si grand rôle dans le langage ? Le jeu qui s'instaure entre la bouche et l'oreille sera, lui aussi, d'autant plus coordonné que d'une même inervation dépendront les muscles qui vont actionner la mâchoire inférieure, c'est-à-dire le *masseter* et le *temporal* et par ailleurs le muscle qui actionne l'osselet le plus extérieur, c'est-à-dire le marteau. Ce nerf est la Ve paire crânienne en sa branche motrice (Fig. 16).

Enfin, pour terminer cet aperçu embryologique disons que l'oreille externe provient de l'ectoblaste et résulte de la soudure de plusieurs bourgeons de croissance. Elle est également terminée dès le quatrième mois et demi de la vie intra-utérine et son pavillon semble prêt à recevoir, à amplifier et à modeler les messages sonores que tout l'environnement bruyant et vivant adresse au fœtus.

Les choses sont maintenant en place, l'évolution obéissant à des structures sous-jacentes dont seul l'inducteur détient le secret. L'étude anatomo-physiologique va maintenant nous permettre de situer topographiquement chacun des organes en même temps qu'elle nous révèle les détails de leur fonctionnement.

L'oreille en elle-même sera rapidement décrite puisque la plupart des éléments qui la constituent ont été entrevus au cours des deux approches précédentes. Nous nous contenterons également d'un survol concernant l'aspect fonctionnel. Par contre nous développerons plus longuement le système nerveux que nous attribuons spécialement à l'oreille. L'accent que nous y mettons est en effet inaccoutumé. Il nous semble cependant offrir bien des clefs au problème du fonctionnement de l'oreille et du système nerveux lui-même, sans compter l'éclairage nouveau qu'il apporte au domaine de la psychologie et à celui de la psycholinguistique. Aussi ne résistons-nous pas au désir d'insérer ce point de vue, bien que très spécialisé il est vrai.

APPROCHE ANATOMO-PHYSIOLOGIQUE

Les différents aspects de l'oreille que nous venons d'aborder au sujet de sa progression nous permettent de constater que cet organe se construit à partir de l'oreille interne qui s'adjoint par la suite l'oreille moyenne puis l'oreille externe.

C'est donc dans cet ordre que nous les étudierons, sous forme de résumé anatomique regroupant les données que nous avons rencontrées tant dans la partie consacrée à la phylogenèse que dans celle relatant le cheminement embryologique.

Armés de ce minimum nécessaire, nous effectuerons un survol des activités de l'appareil auditif, survol qui nous donnera la possibilité de savoir comment l'oreille fonctionne, tout au moins selon notre point de vue. Nous pourrons alors accéder à l'étude neurologique sur laquelle nous fixerons tout particulièrement notre attention afin de mieux saisir les divers mécanismes qui s'instituent durant la vie intra-utérine pour permettre au fœtus de communiquer avec son environnement.

Nous allons donc étudier successivement et brièvement l'oreille interne, l'oreille moyenne et l'oreille externe.

1° — L'*oreille interne* est donc le premier des trois éléments qui se met en place. En elle, se distingue une partie archaïque : le *vestibule*. Il comprend d'une part un sac, l'*utricule*, surmonté de trois *canaux semi-circulaires* et d'autre part un deuxième sac, le *saccule*, dont l'axe vertical est perpendiculaire au précédent, celui-ci étant horizontal au niveau de sa base. Une partie plus récente, la *cochlée*, se joint au vestibule et complète ce qu'il est convenu d'appeler le *labyrinthe membraneux*. Une coque ossifiée d'une manière particulièrement dense, identique à celle de l'ivoire, constitue le *labyrinthe osseux*. Ce dernier est enchâssé et tenu en suspension grâce à des trabécules osseux finement sculptés dans un cadre dénommé *rocher* (étant donné sa dureté), ou *pyramide pétreuse* (en fonction de sa forme). Le labyrinthe osseux occupe la base de cette pyramide dont le sommet est dirigé vers l'intérieur et en avant (Fig. 17).

Fig. 17. — Oreille interne.

A. Utricule.
B. Canaux semi-circulaires.
C. Saccule. } labyrinthe
D. Cochlée. membraneux
E. Labyrinthe osseux.

99

2° — L'*oreille moyenne,* placée à l'extérieur par rapport à l'oreille interne, constitue, au niveau de la face externe de cette dernière, la *caisse du tympan,* cavité limitée en dehors par le *cadre tympanique* et la *membrane du tympan.* Elle communique en arrière avec la *mastoïde,* en avant avec le pharynx par l'intermédiaire de la *trompe d'Eustache* qui se dirige d'une façon oblique en bas, en avant et en dedans, et débouche au-dessus des *amygdales,* à proximité du rideau adénoïdien dénommé aussi les *végétations* (Fig. 18).

À l'intérieur de la caisse, on dénombre trois osselets qui sont de dedans en dehors : l'*étrier ;* l'*enclume* et le *marteau.* Au niveau de sa base, ou *platine,* l'étrier est solidairement

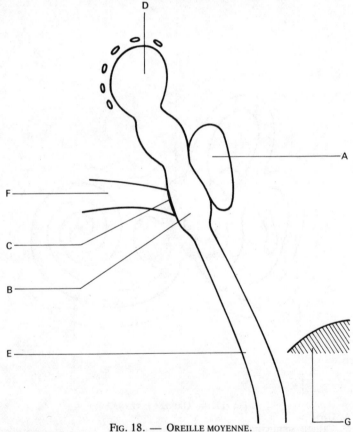

FIG. 18. — OREILLE MOYENNE.
A. Oreille interne ; B. Caisse du tympan ; C. Membrane tympanique ;
D. Mastoïde ; E. Trompe d'Eustache ; F. Conduit auditif externe ;
G. Végétations.

attaché par une membrane à un orifice de la paroi externe de l'oreille interne appelé la *fenêtre ovale*. Un second orifice de cette paroi du labyrinthe osseux, situé à un endroit plus antérieur et plus bas que le précédent, se présente comme une gueule de four obstruée par un opercule membraneux et portant le nom de *fenêtre ronde*. L'enclume tenue en suspension par des ligaments occupe une position médiane ; il est des trois osselets le plus volumineux ; il s'articule avec la tête de l'étrier tandis qu'il est solidaire du marteau auquel il est relié par une même origine embryologique (Fig. 19).

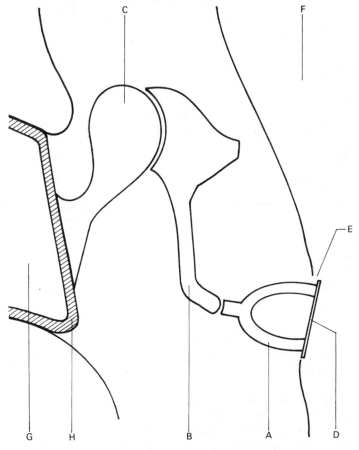

FIG. 19. — INTÉRIEUR DE LA CAISSE DU TYMPAN.
A. Étrier ;   B. Enclume ;   C. Marteau ;   D. Platine ;   E. Fenêtre ovale ; F. Oreille interne ; G. Conduit auditif externe ; H. Membrane tympanique.

101

Le marteau est par son *manche* introduit dans l'épaisseur de la membrane tympanique, laquelle est fortement amarrée en arrière, en bas et en avant en sa périphérie dans le *sillon du tympan* ; en partie haute de la membrane tympanique, une partie moins tendue, non vibrante reçoit le nom de *pars flacida* par opposition à la *pars densa* sous-jacente au manche du marteau dont l'extrémité inférieure marque la partie centrale de la membrane tympanique : l'*ombilic* (Fig. 20).

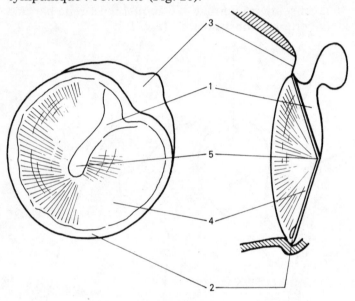

FIG. 20. — MEMBRANE DU TYMPAN.
1. Manche du marteau ; 2. Sillon du tympan ; 3. Pars flacida ; 4. Pars densa ; 5. Ombilic.

3° — L'*oreille externe* enfin, la plus accessible, comprend le *conduit auditif externe* qui s'épanouit et s'étale en un *pavillon* aux contours bien connus.

Après cette description sommaire de l'oreille, nous pouvons donner un aperçu physiologique de cet organe. Le vestibule labyrinthique, le premier venu dans la lignée phylogénétique, joue le rôle d'antenne destinée à détecter les mouvements du corps. Par lui, l'équilibration sera progressivement intégrée et introduite dans toutes les parties du corps jusqu'à préparer la verticalité, trait caractéristique de l'espèce humaine. C'est au labyrinthe vestibulaire qu'il revient de détecter tout ce qui a trait à la mobilité, aussi bien les mouvements que les rythmes et les cadences. Il reçoit les sons par paquets et en l'occurrence par paquets rythmiques. C'est pour procéder à l'analyse du contenu de ces paquets si riches en informations que la cochlée semble lui être adjointe.

On conçoit que tous les mouvements imprimés au corps font que le labyrinthe membraneux, solidement amarré au labyrinthe osseux en sa partie interne, se trouve entraîné solidairement. Les liquides dits *endolymphati-*

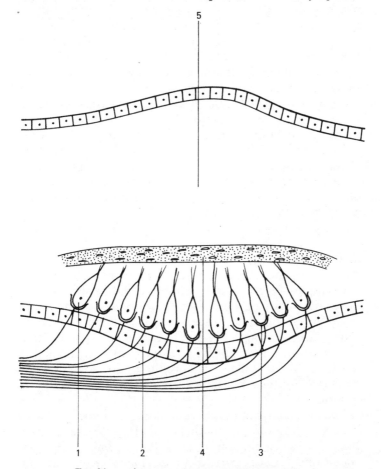

FIG. 21. — AMPOULE D'UN CANAL SEMI-CIRCULAIRE.
1. Cellules ciliées ; 2. Cellules de soutien ; 3. Filets nerveux ; 4. Otolithe ; 5. Liquide endolymphatique.

ques compris dans les organes membraneux suivent mais avec un temps de latence lié à leur inertie. Ce décalage détermine un déplacement relatif des liquides par rapport aux parois si bien qu'un jeu s'organise au niveau des cellules sensorielles munies de cils et implantées sur l'*ampoule* située à l'entrée des canaux semi-circulaires et sur la base des sacs utriculaires et sacculaires. Ainsi sont détectés les effets d'accélération et de décélération autour desquels se constitue donc la notion de déplacement et d'arrêt, c'est-à-dire de cinétique et de statique, l'ensemble introduisant la notion d'équilibre. Cet appareil ne peut y parvenir que grâce à l'adjonction d'un ensemble neuronique que nous retrouverons par la suite. Tout déplacement des liquides provoqué par une activité rythmique acoustique aura l'effet d'accélération et de décélération inverse du précédent et éveillera le souvenir des mouvements intégrés antérieurement (Fig. 21).

Ce qu'il importe de relever au passage, dans le contexte de cette étude sur l'écoute, c'est que le vestibule commence de fonctionner très rapidement. Non seulement il se met en place dès le début de la vie embryonnaire mais encore il commence à s'activer pendant cette période.

La cochlée est une adjonction du vestibule, sorte d'accessoire devenu indispensable pour effectuer l'analyse des sons. Par sa forme qui lui vaut aussi le nom de *limaçon*, elle s'inscrit dans un paraboloïde de révolution. Elle procède vis-à-vis des sons qui l'inondent comme un analyseur de Fourier, c'est-à-dire qu'elle sait dénombrer, dans les phénomènes complexes que sont les messages acoustiques, les périodicités simples, analysables. Pour ce faire, elle opère à un niveau de pression constante. Cette dernière est obtenue grâce au jeu de l'étrier et de sa musculature qui agit à la manière d'un amortisseur. Une sorte de régulation s'établit pour que l'intensité recueillie au niveau de la vésicule de l'oreille interne soit endiguée dans des limites acceptables permettant une analyse de qualité.

Les sons analysés s'inscrivent alors sur la cochlée, de la base vers le sommet, en allant des aigus vers les graves. Puis ils s'acheminent par l'intermédiaire du *nerf cochléaire* vers la corticalité de l'aire temporale, en conservant la répartition fréquentielle acquise sur l'*organe de Corti*, appareil sensoriel distribué sur la *mem-*

brane basilaire de la cochlée membraneuse (Fig. 22).

Quant aux sons arrivant de l'extérieur, ils sont collectés par le pavillon qui les dirige vers la membrane tympanique, lequel se met à vibrer et règle sa tension à tout moment grâce au manche du marteau mû par un muscle qui lui est destiné. De là, la vibration atteint la vésicule labyrinthique. Classiquement, il est admis que la chaîne ossiculaire offre par sa présence un moyen de passage aux phénomènes vibratoires. Personnellement, je prétends qu'il ne peut pas en être ainsi et je continue de penser que l'ensemble ossiculaire est essentiellement un appareil

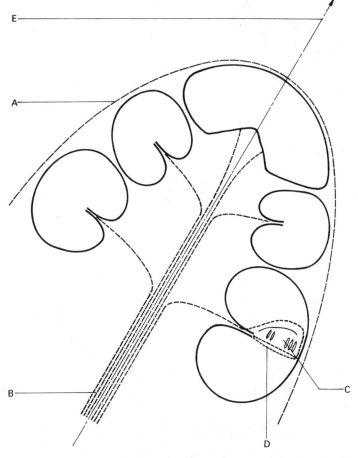

FIG. 22. — COCHLÉE OU LIMAÇON.
A. Paraboloïde de révolution ; B. Nerf cochléaire ; C. Organe de Corti ;
D. Membrane basilaire ; E. Axe externe et en avant.

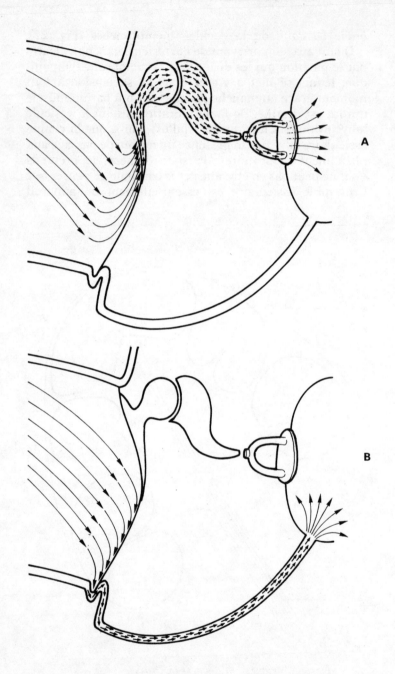

FIG. 23. — PASSAGE DES SONS VERS L'OREILLE INTERNE.
A. Conception classique ; B. Notre conception.

d'adaptation grâce auquel le tympan peut ajuster sa tension afin de vibrer en fonction des impédances, c'est-à-dire des résistances minimales de l'os du pourtour tympanique. Ce dernier, par voie osseuse crânienne, transporte vers la vésicule labyrinthique l'ébranlement acoustique transmis par le tympan qui joue à la manière d'un diapason. Au niveau du labyrinthe osseux, l'analyse est rendue possible par la présence d'une régulation des pressions intra-labyrinthiques réalisée par l'étrier et son muscle, comme nous l'avons signalé auparavant (Fig. 23).

Ainsi l'appareil auditif, constitué de ses trois plans : interne, moyen et externe, s'offre comme un ensemble aux fonctions multiples. Les unes, les plus archaïques, sont celles qui sont attribuées à la statique et à la cinétique. Les autres, plus récentes, sont destinées à l'audition proprement dite et plus spécialement à l'écoute. C'est au vestibule labyrinthique qu'il convient d'attribuer les premières tandis que c'est à la cochlée et à ses annexes, l'oreille moyenne et l'oreille externe, qu'il faut accorder les secondes.

L'ensemble réalise un organe qui constitue une unité fonctionnelle malgré l'aspect quelque peu disparate qui semble s'en emparer. Si l'on accepte comme inducteur de fond l'écoute qui sous-tend comme une finalité la réalisation de cet organe dans sa totalité, on conçoit aisément le caractère globalisant d'une telle structure.

Notre propos n'est évidemment pas d'étudier en profondeur l'oreille sous son aspect anatomique ni même physiologique mais bien de rappeler que cet appareil est tout à fait surprenant par la précocité de son installation structurale et fonctionnelle. Premier organe mis en place, et cela tout autant en ce qui concerne le profil ontogénétique qu'en ce qui concerne le déroulement de l'historicité phylogénétique, l'oreille précède notamment sous ce dernier aspect l'installation du système nerveux. Il n'y a plus qu'un pas à faire pour songer qu'elle l'induit, qu'elle en suscite l'apparition. Il va sans dire que ce pas, on le sait maintenant, nous le franchissons et cela d'autant plus et d'autant mieux qu'il permet d'envisager une approche tout à fait nouvelle concernant le système nerveux. Il aide non seulement à en comprendre les mécanismes mais aussi à connaître plus aisément les raisons qui président à l'établissement de telles structures.

ÉTUDE NEUROLOGIQUE

Nous voilà maintenant prêts à aborder l'aspect neurologique des mécanismes de l'oreille. Il est certain que l'on
peut considérer une telle étude comme accessoire, comme
une annexe à l'adresse des spécialistes. Elle constitue
cependant les bases de nos travaux, ceux concernant les
processus de mise en place de l'écoute avant la naissance.

Toutefois, si l'on ne veut pas s'encombrer de technicité,
on peut aisément survoler ce passage, quitte à y revenir
plus tard en deuxième ou en troisième lecture. Il y a
beaucoup de choses à assumer dans cet ouvrage, il faut
bien l'admettre, ne serait-ce que le fait d'être obligé de
changer de point de vue conceptuel. C'est plus qu'un
savoir qu'il s'agit d'acquérir ; c'est une remise en cause
qu'il y a lieu d'opérer. Et une remise en cause de nos
connaissances universitaires tout autant que de nous-
mêmes.

Les preuves que le fœtus vit une vie auditive sont
multiples et désormais vérifiées. Cela dit, il nous apparaît
souhaitable de retracer en quelques pages comment le
système nerveux s'élabore, passant d'une architecture à
une autre plus complexe pour atteindre celle que nous
connaissons chez l'homme. Il peut être comparé à une
société faite de cellules initialement identiques et qui se
différencient fonctionnellement par la suite jusqu'à n'être
plus semblables que par certains de leurs éléments consti-
tutifs. On se souvient que, d'une part, la cellule nerveuse
apparaît lorsque le protozoaire quitte son statut de cellule

108

unique pour acquérir une architecture polycellulaire et que, d'autre part, des attributions fonctionnelles se réalisent immédiatement au sein de cette association. L'essentiel est évidemment de faire passer l'information entre chacun des éléments cellulaires afin d'assurer l'unité fonctionnelle de ces différents composants, unité focalisée autour de l'échange, de la communication, et donc autour de l'écoute.

Ainsi, chemin faisant, une structure première s'établit rapidement et parvient, pour accélérer les étapes, à donner une information de proche en proche. Des cellules minuscules, enchevêtrées, à trame particulièrement serrée, forment alors un réseau dense constituant un système qui recevra plus tard le nom de *système réticulé.*

Celui-ci précède tout autre organisation. Il préside à l'installation du réseau nerveux qui doit opérer par la suite. Il assure le passage de l'information de proche en proche. Il en dose les moyens soit par accélération et amplification, soit par décélération et réduction jusqu'à l'inhibition. Il est un réseau adaptatif jouant sur tout le clavier de l'échelle d'accommodation en fonction des nécessités.

Cette approche qui est nôtre, fait de la *réticulée* la trame même du système nerveux et permet de mieux saisir le rôle de ce réseau, en même temps qu'elle nous convie à mieux comprendre l'existence en tout lieu d'une telle structure. Car il est vrai qu'on la retrouve partout. Elle est préexistante à tout autre structure nerveuse. Et les adjonctions qui se réalisent par la suite servent à assurer la mise en place, dans ce tissu premier, de faisceaux dont les fonctions iront en se complexifiant pour répondre aux besoins.

Par ce système premier, le système réticulé donc, l'ensemble des informations se diffuse à tous les niveaux, en un temps plus ou moins long, avec des accélérations ou des freinages. Mais la diffusion est du type global. Dans l'architecture ultérieure et pour assurer diverses fonctions, notamment celles requises pour la motricité et la statique, des informations de *segment* à *segment* vont se manifester de plusieurs manières soit de proche en proche, soit à plus grandes distances afin de garantir une certaine harmonie au niveau de toute l'activité *segmentaire, métamérique.*

Ces organisations s'instaurent progressivement avec un choix de *fibres ascendantes* et de *fibres descendantes*. Elles sont limitées par rapport à la diffusion du système réticulé qui, de toute façon, continue son information globale. Ces systèmes sont *unisegmentaires* ou *polysegmentaires*, agissant de proche en proche pour rendre plus efficace et plus harmonieux chacun des mouvements. En même temps, une information *intrasegmentaire* s'institue afin de rendre synchrone en un premier temps le mouvement des deux côtés et de préparer par la suite la composante opposée, sorte de balancement qui introduit la bilatéralisation exigée par la motricité.

Dans ces éléments de nécessité première, si je puis dire, s'inscrivent des faisceaux collecteurs dont le but est d'assurer tout d'abord la centralisation et en second lieu la diffusion de l'acte délibéré né d'une organisation d'un plus haut niveau. Cette sorte de tropisme plus élaboré aboutit à ce qu'il convient d'appeler l'acte volontaire. Ce dernier n'est en fait le plus souvent que l'exécution d'une activité fondamentale dont on a perdu la signification par l'introduction de la notion du libre arbitre. Ces exigences se trouvent ainsi enrobées d'éléments plus complexes sur lesquels vont se bâtir de multiples réactions psychologiques.

Les faisceaux qui s'infiltrent les premiers dans le système réticulé sont ceux liés à la statique et aux mouvements, c'est-à-dire ceux centralisés au niveau *des noyaux vestibulaires* (Fig. 24).

Ces derniers appendices du vestibule labyrinthique constituent le *cerveau primitif* tandis que le vestibule devient la partie périphérique sensorielle afférente : ils opèrent comme *noyaux moteurs*. Ils seront *extrapyramidaux* par essence, le *faisceau pyramidal* étant encore bien loin d'être ébauché. Ce cerveau primitif coordonne son activité en agissant de manière *homolatérale* par les *noyaux* naissants de *Deiters, Schwalbe* et *Betcherew,* et de façon *hétérolales* par le *noyau de Roller.* Ces *voies motrices, vestibulo-spinales homo et hétérolatérales* s'infiltrent dans le système préexistant, réticulé donc, lequel est doublé (Fig. 25) :

— d'une part de faisceaux d'information à courtes distances intersegmentaires, origine du *faisceau fonda-*

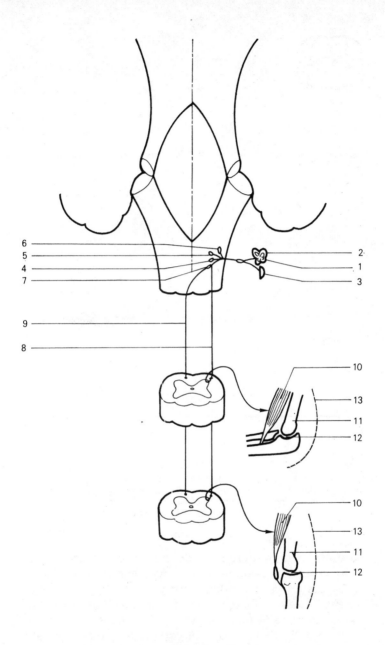

FIG. 24. — « CERVEAU » VESTIBULAIRE.
1. Utricule ; 2. Canaux semi-circulaires ; 3. Saccule ; 4. Noyau de Deiters ; 5. Noyau de Schwalbe ; 6. Noyau de Betcherew ; 7. Noyau de
Roller ; 8. F. vestibulo-spinal homo-latéral ; 9. F. vestibulo-spinal
hétéro-latéral ; 10. Muscle ; 11. Os ; 12. Articulations ; 13. Peau.

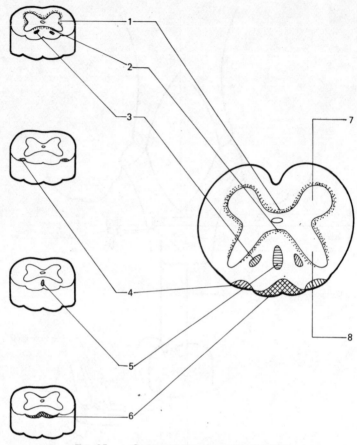

FIG. 25. — COMMUNICATION POLY-SEGMENTAIRE.
1. F. fondamental ; 2. Zone cornu-commissurale ; 3. F. en virgule ;
4. Bandelette périphérique ; 5. Centre ovale ; 6. F. triangulaire ;
7. Corne antérieure ; 8. Corne postérieure.

mental qui siégera plus tard à la périphérie antéro-latérale de la matière grise de la moelle épinière ;

— d'autre part de faisceaux intersegmentaires de longues distances ascendants, origine de la *zone cornu-commissurale* de Pierre Marie destinée à siéger sur la face postérieure de la matière grise de la moelle ;

— et enfin de faisceaux de longues distances interseg-mentaires et descendants, origine :

— des filets nerveux qui forment le *faisceau en virgule de Schultze* au niveau de la moelle cervi-co-dorsale,

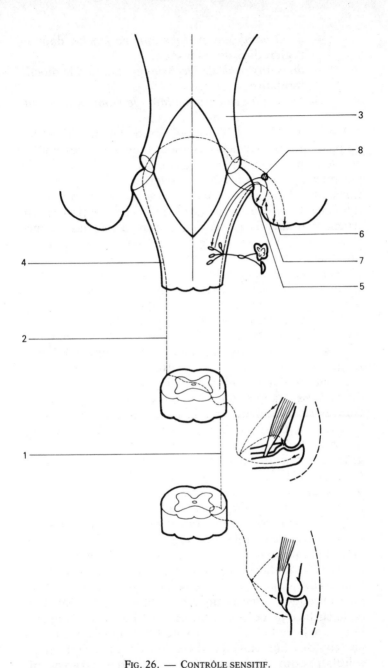

FIG. 26. — CONTRÔLE SENSITIF.
1. F. de Flechsig ; 2. F. de Gowers ; 3. Pédoncule cérébelleux supérieur ;
4. Pédoncule cérébelleux inférieur ; 5. Archéo-cerebellum ; 6. Paléo-
cerebellum ; 7. Cellules de Purkinje ; 8. Noyau du toit.

113

— *de la bandelette périphérique de Hoche,* dans la région dorsale inférieure,

— *du centre ovale de Flechsig* répondant à la moelle lombaire,

— et *du faisceau triangulaire de Gombault et Philippe* dans la moelle sacrée.

Ainsi, au cours de l'évolution, l'animal peut se déplacer de plus en plus harmonieusement dans ses mouvements et mieux appréhender son activité d'autant plus que de la périphérie, c'est-à-dire des muscles, des os, des articulations, des ligaments, partent des faisceaux qui iront informer le *labyrinthe vestibulaire* de leur action par le truchement du *faisceau de Flechsig* en partie basse, homolatéral, et du *faisceau de Gowers* en partie haute — attribué aux membres supérieurs — deux fois croisé, d'une part au niveau spinal et d'autre part en partie haute au niveau du *pédoncule cérébelleux supérieur* pour être donc en fin de course également homolatéral (Fig. 26).

Une organisation servira de connexion à ces deux faisceaux ascendants avec les *noyaux vestibulaires* que nous avons introduits comme cerveau premier. En effet les noyaux vestibulaires se projettent sur le relais cérébelleux en la partie archaïque du cervelet dite *archéo-cérébelleuse,* tandis que les faisceaux de Flechsig et Gowers se terminent dans la partie médiane dite *paléo-cérébelleuse.* C'est par la couche superficielle du cervelet que passent les informations dans l'une et l'autre partie, grâce au réseau particulièrement dense des *cellules de Purkinje.* De l'archéo-cerebellum s'établit en même temps un retour avec le noyau vestibulaire par un circuit qui passe par le *noyau du toit cérébelleux.*

À ce mode de communication céphalique qui permet au vestibule d'être en relation avec toute stimulation parvenant de la périphérie et d'y répondre sur le plan moteur par la voie des faisceaux vestibulo-spinaux homo et hétérolatéraux, s'ajoute un système de formation nouvelle et par conséquent hiérarchiquement plus récente. En effet, de la surface de l'écorce cérébelleuse, paléo-cérébelleuse, là où s'achèvent les faisceaux de Flechsig et de Gowers, partent des faisceaux en direction de deux collections cellulaires qui s'avèrent être deux centres extrapyramidaux, donc moteurs, et dont le but est de créer une ligne de connexion avec les éléments vestibulaires périphériques, au niveau des racines antérieures de la moelle. C'est à ce niveau que les faisceaux vestibulo-spinaux s'articulent avec l'ensemble des connexions qui auront pour mission de régler les réponses musculaires relatives au tonus, à la statique et à la cinétique. Deux faisceaux partent donc de l'*écorce paléo-cérébelleuse* et s'enfoncent dans l'épaisseur du tissu cérébelleux pour se collecter dans deux noyaux : l'un dénommé *embolus*, l'autre *globulus*. De l'embolus, des fibres s'acheminent vers la partie centrale du *noyau rouge* dite *paléo-rubrique* siégeant sur le côté opposé de l'arbre nerveux en sa partie *mésencéphalique*. De ce noyau part le *faisceau rubro-spinal* qui croise lui aussi la ligne médiane pour descendre parallèlement au faisceau vestibulo-spinal homolatéral jusqu'à son émergence dans les *racines antérieures,* là même où il rejoint la terminaison médullaire des faisceaux vestibulo-spinaux. Du globulus, se détachent des fibres qui vont se projeter dans l'*olive bulbaire* opposée par rapport à la ligne médiane d'où naît le *faisceau olivo-spinal* qui lui aussi s'engage dans la moelle, flanqué sur ses deux côtés des faisceaux vestibulo-spinaux, l'homolatéral sur le côté externe, l'hétérolatéral sur le côté interne. Sa destination est aussi d'aller rejoindre le faisceau vestibulo-spinal hétérolatéral dans les racines antérieures. Grâce à cet ensemble qui crée un véritable double circuit, sorte de duplication plus élaborée, un deuxième étage s'institue, sorte de *cerveau second,* que nous proposons d'appeler *olivo-rubrique* et venant chronologiquement après celui que nous avons dénommé *cerveau vestibulaire* (Fig. 27).

Par l'ensemble de ces liaisons déjà fort complexes seront assurés de manière plus détaillée et plus fine la statique, la cinétique et les mouvements de chacune des parties du corps avec appréciation systématique des valeurs relatives de ces mouvements par rapport au corps pris dans sa totalité. Nous avons introduit le terme d'« *intégrateur vestibulaire ou somatique* » pour désigner ce territoire neuro-sensori-moteur (Fig. 28).

Il est évident que, muni d'un tel ensemble locomoteur mis à sa disposition, l'animal pourra satisfaire ses besoins, ceux inhérents à sa quête alimentaire et ceux qu'exige sa vie disons éco-sociale.

En même temps que cet ensemble deux fonctions s'installent : l'*olfaction* et la *vision*. Quant au toucher, il

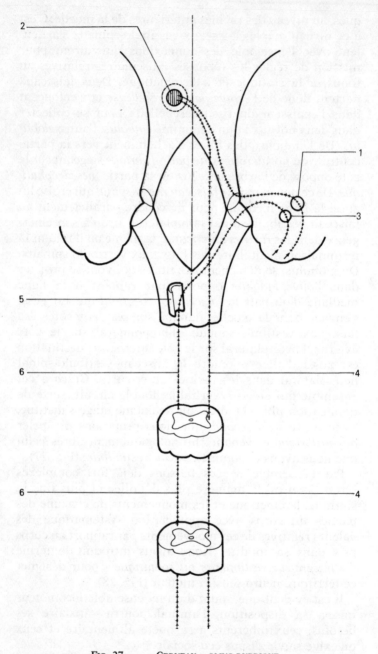

FIG. 27. — « CERVEAU » OLIVO-RUBRIQUE.
1. Embolus ; 2. Noyau rouge (partie paléo-rubrique) ; 3. Globulus ;
4. F. rubro-spinal ; 5. Olive bulbaire ; 6. F. olivo-spinal.

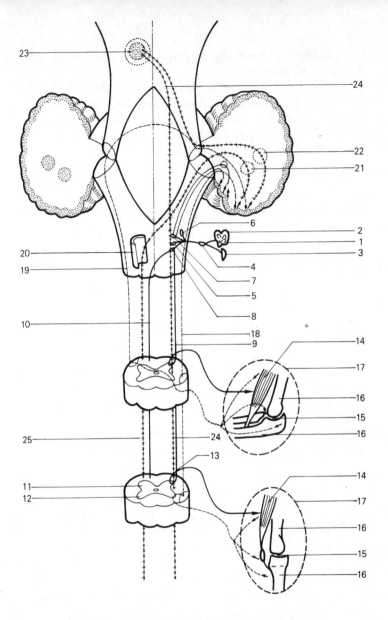

FIG. 28. — INTÉGRATEUR VESTIBULAIRE OU SOMATIQUE.
1. Utricule ; 2. Canaux semi-circulaires ; 3. Saccule ; 4. Ganglion de
Scarpa ; 5. Noyau de Deiters ; 6. Noyau de Beitcherew ; 7. Noyau de
Schwalbe ; 8. Noyau de Roller ; 9. F. vestibulo-spinal homo-latéral ;
10. F. vestibulo-spinal hétéro-latéral ; 11. Corne antérieure ; 12. Corne
postérieure ; 13. Racine antérieure ; 14. Muscles ; 15. Articulations ;
16. Os ; 17. Peau ; 18. F. de Flechsig ; 19. F. de Gowers ; 20. Olive
bulbaire ; 21. Globulus ; 22. Embolus ; 23. Noyau rouge ; 24. F. rubro-
spinal ; 25. F. olivo-spinal.

117

s'organisera autour du système initial labyrinthique. Nous y reviendrons.

L'olfaction résulte de la mise en œuvre d'un moyen de détection des odeurs. On connaît toute la complexité de la transmission des substances par le jeu des diffusions moléculaires, et cela souvent à des doses infinitésimales qui dépassent tout ce que l'on peut imaginer. Autour de l'antenne olfactive se constitue une centrale de connexion qui s'avérera dominante pour un temps, le long de l'évolution de l'espèce, constituant la partie première, centrale, de ce que nous appellerons communément le

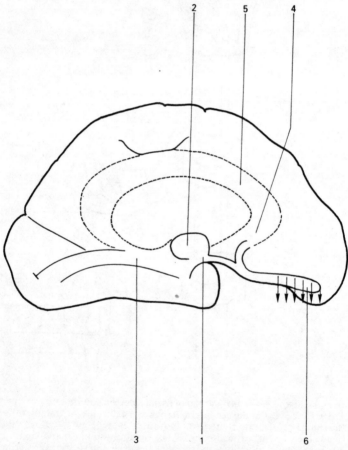

FIG. 29. — RHINENCÉPHALE.
1. Aire entorhinale ; 2. Uncus ; 3. Circonvolution de l'Hippocampe (cinquième circonvolution temporale) ; 4. Aire septale ; 5. Circonvolution du corps calleux ; 6. Nerf olfactif.

cerveau. Cette partie profonde, le *rhinencéphale* ou *limbe* ou encore *lobe limbique* est, du moins chez l'homme, constituée d'éléments vestigiaux pour la plupart (Fig. 29).

Restent des connexions directes avec l'arborescence des cellules olfactives qui s'agglutinent dans les régions anté-rieures du lobe limbique en deux aires, l'une principale dite *entorhinale* au niveau de l'*uncus* partie antérieure de la circonvolution de l'*hippocampe* ou *5e circonvolution temporale*, l'autre accessoire appelé *septale* siégeant dans la partie antéro-inférieure de la *circonvolution du corps calleux*. Outre cette attribution olfactive, réduite chez l'homme, le reste du corps limbique se voit attribuer des régulations d'ordre élevé concernant la vie végétative. Par ailleurs, des informations sensorielles autres que celles propres à l'olfaction semblent parvenir dans ce lobe sans grande discrimination, tandis que celui-ci parvient, sem-ble-t-il, à être lui-même en relation avec le tronc cérébral. Il est vrai que cette relation est difficile à déceler.

Ainsi, par cette antenne perceptive, par le jeu des *nerfs olfactifs*, l'animal pourra détecter l'odeur et s'aventurer, au moyen du système vestibulaire, là où le conduit son sens olfactif.

De même, un autre mode de détection se met en œuvre grâce à l'*œil*, appendice fabuleux qui se surajoute au précédent, accordant à l'espace sa dimension, créant la distance, établissant les intervalles entre les objets. Cet appareil assurera une liaison relative spatiale entre l'ani-mal et l'environnement et permettra le contrôle de la dynamique cinétique assurée par le labyrinthe vestibu-laire.

Pendant que l'œil installe sa fonction, tout nous laisse croire que la vision devient, après l'olfaction, le lieu de commande essentiel. Il est, en fait, l'élément de stimula-tion prédominant de l'animal dont le corps réalise, grâce au vestibule, les déplacements posturaux destinés à satis-faire les objectifs qu'auront su éveiller tout aussi bien l'olfaction que la vision. Le vaste domaine sensoriel de cette dernière fonction se projette dans le cortex sur l'*aire occipitale*. Chemin faisant, le nerf optique décoche au niveau du corps genouillé externe, le faisceau tecto-spinal destiné aux racines antérieures de la moelle. Là il entre en connexion avec les faisceaux vestibulo-spinaux. Cela permet de la sorte de coordonner la vision et les mouvements corporels. Par analogie avec l'intégrateur vestibulaire, nous avons dénommé *intégrateur visuel ou spatial* le territoire dans lequel l'œil constitue l'élément sensoriel majeur (Fig. 30).

Notons au passage que les noyaux vestibulaires décochent en direction des nerfs moteurs de l'œil : III, IV et VI, un faisceau mésencéphalique, mettant ainsi les muscles

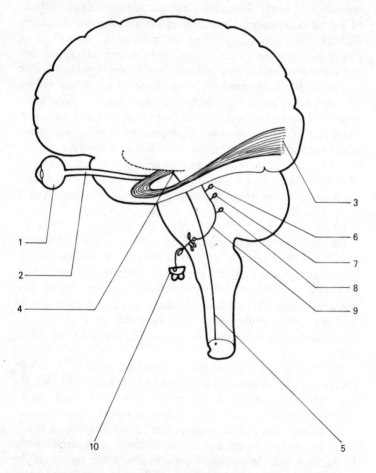

Fig. 30. — Intégrateur visuel ou spatial.
1. Œil ; 2. Nerf optique ; 3. Aire occipitale ; 4. Corps genouillé externe ; 5. F. tecto-spinal ; 6. Noyau de la troisième paire ; 7. Noyau de la quatrième paire ; 8. Noyau de la sixième paire ; 9. F. mésencéphalique ; 10. Vestibule.

oculaires sous le contrôle de régulation du vestibule, comme c'est le cas d'ailleurs pour tous les muscles du corps.

Avant d'aller plus avant dans notre description et pour bien marquer notre façon d'aborder la neuro-physiologie de l'oreille humaine, il nous paraît bon de revoir ce que nous venons d'énoncer et de tirer quelques conclusions relatives aux activités fonctionnelles qui commencent de se révéler dans une perspective d'écoute.

Nous avons vu se profiler nettement un cerveau primitif actif fait de noyaux vestibulaires et d'annexes réflexives sensorielles (faisceaux de Flechsig et Gowers) dont l'ensemble introduit des mécanismes automatiques et non pas inconscients comme on est tenté de le croire très souvent. Ces automatismes, nés d'une conscience d'un niveau rudimentaire, libèrent l'arbre nerveux afin que celui-ci s'empare d'acquisitions plus élevées.

Ce cerveau primitif déjà complexe, on l'a vu, comprend donc les noyaux vestibulaires actifs, moteurs, tenant en leur périphérie leur gyroscope sensoriel : le sac utriculaire avec ses canaux semi-circulaires et le sac sacculaire auquel il convient d'ajouter maintenant le perfectionnement d'un étage plus récent, également actif, moteur lui aussi, constitué par le noyau rouge en sa partie centrale et l'olive bulbaire.

L'organisation du système nerveux se dirige de plus en plus vers une architectonie dont l'élaboration semble s'effectuer dans un but bien déterminé : celui d'analyser les informations recueillies, quand bien même ces dernières auraient été collectées avant que le système soit fonctionnel en totalité. Pour y parvenir, nous verrons que nous assistons à la mise en place des circuits qui nous rappelleront ceux des noyaux rouges et des olives bulbaires avec leurs faisceaux afférents et efférents. En effet, il s'agit à tout moment de voir se multiplier les contrôles, par des étages de contrôle de ces contrôles et ainsi de suite. On peut se demander si la conscience ne prend pas naissance en ces circuits bouclés sur eux-mêmes, répétitifs, afin de décoder puis de recoder et d'engrammer. Il est vrai qu'il y a là une sorte de jeux de miroir et de réflexions

121

qui opèrent par des projections plusieurs fois renouvelées à divers niveaux. C'est ainsi que, si nous poursuivons notre montage, nous allons voir s'ajouter au plan de base, fondation initiale établie par les noyaux vestibulaires déjà réfléchis dans l'archéo-cerebellum, l'étage paléo-cérébelleux avec les noyaux rouges et l'olive bulbaire, ensemble constituant, on se souvient, ce que nous avons désigné sous le nom d'*intégrateur vestibulaire ou somatique.*

À un niveau plus élevé encore, il faudra maintenant réceptionner des myriades d'informations dans les collecteurs spécialisés sensitifs et sensoriels. Ceux-ci apporteront dans les étages nouveaux qui vont s'additionner, la possibilité d'une projection démultipliée mise à plat en quelque sorte, de l'ensemble du corps perçu sous tous ses angles de manière plus ou moins grossière ou plus ou moins fine. En effet, ce sont les faisceaux de la sensibilité profonde, proprioceptive, d'une part, et ceux de la sensibilité superficielle tactile, d'autre part, qui se dirigent vers une centrale trouvant son origine embryologique dans la partie supérieure du cerveau moyen, ou intermédiaire : le *thalamus* (Fig. 31).

Ce dernier collecteur recueillera toutes les informations qui devront être distribuées par la suite à l'*écorce cérébrale.* Seuls échappent à cette loi les faisceaux olfactifs qui, on l'a vu, sont d'emblée en connexion avec leur étage *cérébral limbique.* Il est vrai que ce dernier est archaïque puisque *paléo-cérébral* et donc de même alignement temporel que les *étages thalamiques* et ceux des *corps striés.* Ceux-ci naissent déjà dans les hémisphères, en leurs parties sous-corticales et sont en étroite liaison avec la centrale de recollection qu'est le thalamus. Ils vont être à leur tour les lieux de réponses de coordination motrice de ce dernier. Là encore la boucle se ferme. Ces éléments additionnels sont au thalamus ce que le noyau rouge et l'olive bulbaire sont au paléo-cerebellum. Le corps strié comprend deux parties distinctes : l'une interne, le *noyau caudé*, qui s'enroule suivant le bord externe du thalamus, offrant une *tête* globuleuse en avant et une queue en bas et en arrière. On y rattache le *noyau amygdalien* situé dans

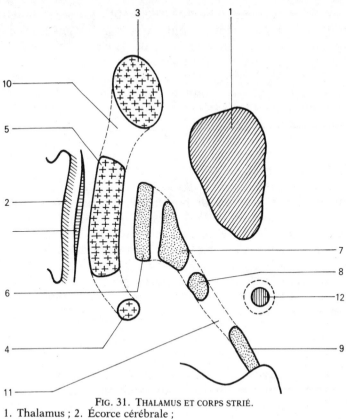

FIG. 31. THALAMUS ET CORPS STRIÉ.

1. Thalamus ; 2. Écorce cérébrale ;
3. Noyau caudé : tête ;
4. Noyau caudé : queue ;
5. Putamen ;
6. Globulus pallidus externe ⎫ noyau ⎫ corps
7. Globulus pallidus interne ⎬ lenticulaire ⎬ strié
8. Corps de Luys
9. Locus Niger ⎭ ⎭
10. Système putamino-caudé ;
11. Système pallido-luysien-nigérique ;
12. Noyau rouge.

l'uncus, partie antérieure de l'hippocampe ; l'autre
externe, le *noyau lenticulaire,* lui-même divisé en deux : à
l'extérieur le *putamen,* à l'intérieur le *globus pallidus*
lui-même scindé en deux parties respectivement *externe* et
interne. Il est de règle d'y adjoindre le *corps de Luys* et le
locus niger qui sont des formations sous-jacentes.

En fait, il y a là deux systèmes apparemment distincts
tant par leur histologie que par la fonction. Ces deux

123

systèmes forment, en effet, deux blocs opérationnels différents ; l'un moteur qui est dû à l'adjonction du putamen et du noyau caudé, on l'appelle le système *putamino-caudé*, et l'autre servant de relais, le *système pallido-luysien-négrique*. En conséquence, le contrôle sensitif thalamique se complète par les centres de motilité automatique du noyau caudé et du noyau lenticulaire en direction du noyau rouge.

Tous les collecteurs sensitifs et sensoriels vont, avons-nous dit, se jeter dans le réservoir thalamique, exception faite du nerf olfactif (Fig. 32).

Ces collecteurs sont d'une part les faisceaux *spino-thalamiques*, vecteurs de la sensibilité *tactile* protopathique ou grossière et de la sensibilité *thermo-analgésique* et d'autre part les faiseaux de *Goll et Burdach* relayés par le *ruban de Reil médian* dès la partie haute de la moelle pour les sensibilités fines et épicritiques. Quant à l'appareil sensoriel visuel, c'est sur la partie postérieure du thalamus dite *pulvinar* que nous le retrouvons au niveau des *corps genouillés externes*.

Ainsi l'étage thalamique s'installe et fonctionne pour lui-même comme un cerveau doublant, amplifiant et affinant ce que les étages sous-jacents avaient déjà élaboré. Le voilà doublé à son tour par l'étage supérieur cortical ; celui-là apparaît comme un véritable éclatement, tout comme le ferait un parasol qui s'ouvre. Toutes les projections sensorielles et sensitives s'épanouissent dans des aires qui semblent leur être attribuées. Elles le sont, en fait, mais leur imbrication fonctionnelle est telle que l'ensemble forme un tout opérationnel. Cependant, ce tout, sous son aspect morphologique et architectonique, se divise en zones distinctes qui sont le *lobe temporal* en bas, le *lobe occipital* en arrière, le *lobe pariétal* en haut et en arrière et le *lobe frontal* en haut et en avant (Fig. 33).

Chacun de ces territoires comprend des circonvolutions limitées par des sillons. Il nous semble utile de préciser ici que ces compartimentations ne doivent pas faire oublier l'unité fonctionnelle de cet ensemble. Pour ne pas tomber dans les pièges des localisations cérébrales et dans les arcanes de l'anatomie des régions qui font perdre la

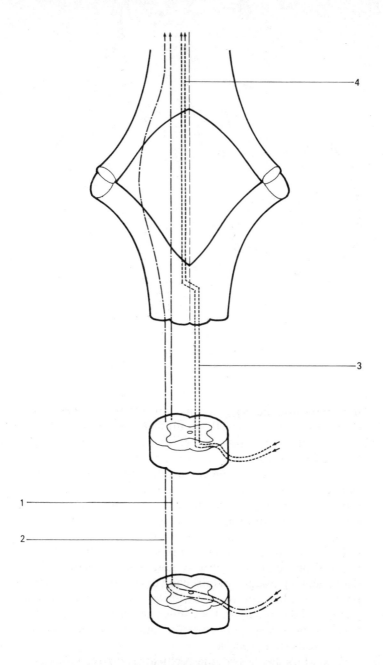

FIG. 32. — COLLECTEURS SENSITIFS ET SENSORIELS.
1. F. spino-thalamique (tactile) ; 2. F. spino-thalamique (thermo-analgésique) ; 3. F. de Goll et Burdach ; 4. Ruban de Reil médian.

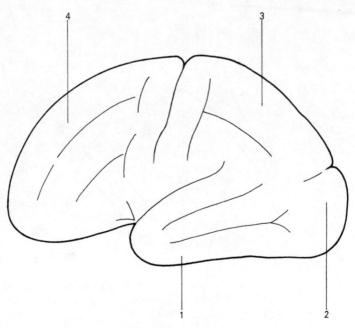

FIG. 33. — CORTEX.
1. Lobe temporal ; 2. Lobe occipital ; 3. Lobe pariétal ;
4. Lobe frontal.

notion d'unité, nous garderons dans l'esprit que ces divers éléments sont les parcelles d'un tout opérationnel.

Sans entrer dans plus de détails, retenons toutefois que chaque projection *thalamo-corticale* sur chacun des lobes s'accompagne de sa zone correspondante *motrice-extrapyramidale.* Après s'être relayée au niveau des noyaux du pont, chacune de ces aires motrices se projette sur l'écorce du néo-cerebellum opposé qui, par retour et par l'intermédiaire du *noyau dentelé* intracérébelleux, détache vers le thalamus après un nouveau passage de la ligne médiane, un faisceau qui sera à nouveau re-corticalisé et décoche, au passage, un faisceau vers le noyau rouge en sa partie périphérique ou *néo-rubrum.* On se souvient que, par ce relais rubrique, les connexions sont établies avec les faisceaux vestibulo-spinaux, au niveau des racines antérieures de la moelle.

C'est alors que le système cochléaire entre en scène et se centralise dans les *noyaux cochléaires dorsal* et *ventral* distincts des noyaux vestibulaires (Fig. 34).

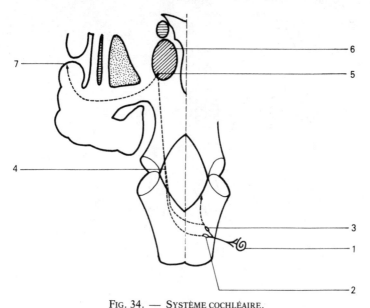

FIG. 34. — SYSTÈME COCHLÉAIRE.
1. Cochlée ; 2. Noyau cochléaire dorsal ; 3. Noyau cochléaire ventral ;
4. Ruban de Reil latéral ; 5. Corps genouillé interne ; 6. Thalamus ;
7. Circonvolution de Heschl.

L'apparition de la cochlée s'accompagne de l'ampliation considérable du cortex. Elle introduit, de par sa présence, ce que nous avons appelé l'« *intégrateur cochléaire ou linguistique* ». Elle se relaie par le *ruban de Reil latéral* au niveau des *corps genouillés internes* et se projette sur la première circonvolution temporale ou *circonvolution de Heschl*. De cette aire uniquement sensorielle, des informations vont passer dans les zones sous-jacentes : l'une adjacente paraît réservée à la reconnaissance auditive ; elle est dite gnosique ; l'autre contiguë à cette dernière mais séparée par elle de la circonvolution de Heschl est attribuée à une aire extrapyramidale, donc motrice. Ce fait est, à notre avis, d'une importance considérable car c'est par lui que l'on peut expliquer largement certains mécanismes de la mémoire.

En effet, de cette zone, le *faisceau de Turk-Meynert,* l'un des faisceaux cortico-pontiques dit aussi *temporo-pontique,* se dirige vers les noyaux du pont situés dans le cerveau moyen ou *mésencéphale* avant de se projeter sur le côté opposé de l'écorce du cervelet en sa partie la plus récente dénommée *néo-cerebellum* (Fig. 35).

127

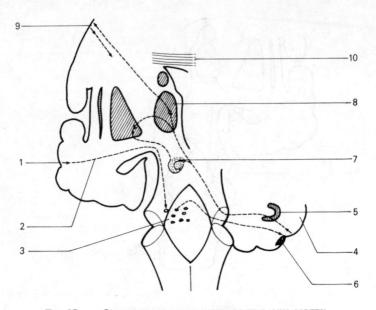

FIG. 35. — CIRCUIT CORTEX-PONT-CERVELET-THALAMUS-CORTEX.
1. Aire 22 (motrice) ; 2. Faisceau de Turck-Meynert ; 3. Noyau du Pont ;
4. Néo-cerebellum ; 5. Noyau dentelé ; 6. Réseau de Purkinje ;
7. Noyau Rouge (néo-rubrique) ; 8. Thalamus ; 9. Projection corticale
et retour vers le pont ; 10. Corps calleux.

Puis, en retour, par le noyau dentelé cérébelleux, les informations se diffusent vers le thalamus qui les projette sur les autres aires corticales extrapyramidales. Ainsi un circuit *cortex-pont-cervelet-thalamus-cortex* s'installe et se boucle, et ce d'autant plus que chaque aire extrapyramidale recommence le même circuit. Notons par ailleurs que, chaque fois, un faisceau s'oriente au passage vers le noyau rouge pour assurer une sortie périphérique en direction des racines antérieures de la moelle et constituer un autre circuit couplé avec le faisceau vestibulaire.

Ainsi, comme on le voit, le thalamus distribue toutes les aires sensorielles sur le cortex pour atteindre des projections de plus en plus élaborées et de plus en plus facilement analysables. De là, après une intégration à ce haut niveau, des réponses motrices extrapyramidales vont s'organiser, ajoutant de la sorte un étage complémentaire aux circuits antérieurs que nous connaissons maintenant. Fort complexe dans son ensemble, ce processus est destiné à projeter le cerveau cortical moteur

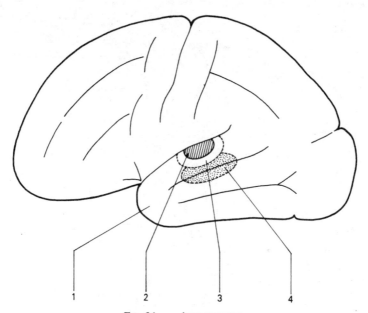

FIG. 36. — AIRE AUDITIVE.
1. Lobe temporal ; 2. Aire 41 (sensorielle) ; 3. Aire 42 (gnosique) ;
4. Aire 22 (motrice).

extrapyramidal sur le plan cérébelleux en son ampliation
néo-cérébelleuse et à instituer grâce au réseau de Purkinje
que nous avons déjà rencontré sur la surface cérébelleuse,
des réponses analogiques différentielles avec l'image du
corps collectée sur le paléo-cerebellum par l'intermédiaire des faisceaux de Flechsig et de Gowers, le tout
étant, on le sait maintenant, sous le contrôle des projections vestibulaires au niveau de l'archéo-cerebellum.

Ce qui nous paraît remarquable dans tout cet ensemble
parfaitement ordonnancé est le jeu de balancement permanent qui s'établit entre la corticalité et la périphérie
vestibulaire, entre l'étage supérieur et l'étage premier,
basal, entre les mécanismes supérieurs et les fonctions
fondamentales, entre l'esprit et le corps, pourrions-nous
ajouter.

Grâce à la mise en place de ces différents circuits, une
information cochléaire par exemple, émise notamment
sous forme de message linguistique, sera réceptionnée sur
la partie de l'aire corticale de la première circonvolution
temporale dite aussi, suivant la topographie de Brod-
mann, *aire 41*, puis distribuée dans l'aire gnosique sous-

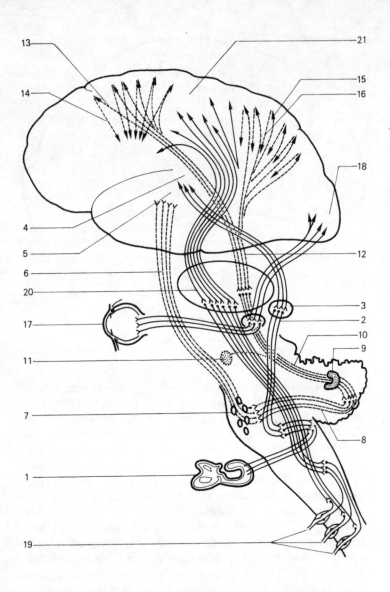

FIG. 37. — ENSEMBLE DES INTÉGRATEURS.

1. Cochlée ; 2. F. de Reil latéral ; 3. Corps genouillé interne ; 4. Aire auditive ; 5. Aire extrapyramidale sous-auditive ; 6. F. temporo-ponti-que de Turk-Meynert ; 7. Noyaux du pont ; 8. F. ponto-cérébelleux ; 9. Noyau dentelé ; 10. F. dentalo-rubro-thalamique ; 11. Noyau rouge ; 12. F. thalamo-corticaux ; 13. F. thalamo-frontal ; 14. F. fronto-ponti-que ; 15. F. thalamo-pariétal ; 16. F. pariéto-pontique ; 17. Œil ; 18. Aire optique ; 19. Fibres sensitives ; 20. F. thalamo-pariétal sensi-tif ; 21. Aire pariétale.

jacente, ou *aire 42*, pour être reconnue puis transcrite dans l'*aire motrice 22*, qui on l'a vu, par l'intermédiaire du faisceau de Turk-Meynert, engramme en injectant l'information à tout l'arbre nerveux par le pont, le cervelet et le retour cortical (fig. 36).

En même temps, une sortie périphérique motrice s'effectue par le noyau rouge. On sait que, de là, l'ensemble moteur aura ses réponses sensorielles, et la boucle se refermera à nouveau. Et ainsi de suite (Fig. 37).

Grâce à ce réseau cybernétique complexe, les empreintes se multiplieront pour constituer la mémoire, laquelle n'est pas essentiellement localisée dans le cerveau, comme on serait tenté de le croire, mais est distribuée dans tout le corps grâce aux différents circuits que nous avons pu dénombrer lors de cette étude. Ainsi la mémoire devient un des éléments de la structure dynamique du système nerveux qui englobe tout à la fois le geste, le mouvement, le regard, le toucher, l'olfaction, autant d'éléments qui s'inscrivent dans le cadre de la communication avec l'environnement dont le sommet est la verbalisation. Le langage introduit une dimension complémen-

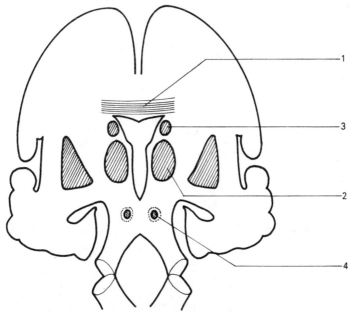

Fig 38. — Corps calleux.
1. Corps calleux ; 2. Thalamus ; 3. Noyau caudé ; 4. Noyau rouge.

taire, celle qui semble naître du dialogue entre les deux hémisphères, l'un pensant, le droit, l'autre exécutant, le gauche, dialectique qui s'établit à plusieurs niveaux de l'arbre nerveux et notamment au niveau du *corps calleux* (Fig. 38).

La description que nous avons faite de ce dernier étage, à savoir celui qui institue l'ampliation corticale, nous permet ainsi de mieux comprendre l'ensemble des mécanismes du jeu sensori-moteur. L'appareil nerveux humain connaît donc, grâce à ces différents circuits de contrôle, des régulations de tous ordres, les étages inférieurs assurant les automatismes de base, tandis que les étages situés au-dessus assument les activités de moins en moins automatiques. À mesure que celles-ci s'élèvent, elles exigent de plus en plus l'intervention de la vigilance, autrement dit de cet éveil que seule la conscience peut offrir.

Enfin, ce dernier étage a un sommet et un sommet important le *faisceau pyramidal* (Fig. 39)

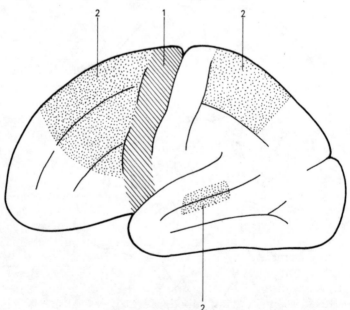

FIG 39. — AIRE PYRAMIDALE.
1. Aire pyramidale ; 2. Aires extra-pyramidales.

Il est le faisceau de commande. Il est celui qui ordonne la réalisation et la coordination des mouvements rendus possibles par l'intervention des centres extrapyramidaux. Il est le conducteur de la machine construite à partir des différents éléments qu'il nous a été donné d'appréhender. Il est celui qui fait de l'acte moteur un acte volontaire. Il en est le pilote et le contrôleur mis en place par la vigilance, se servant à tous moments des composants sous-jacents qui sont à son service, travaillant à l'aide de leurs acquis automatiques.

Il est intéressant de remarquer que les aires pré-frontales, dont le rôle sur les mécanismes de la conscience semble indéniable, sont richement informées par les voies extrapyramidales, qui font partie des circuits que nous avons vus antérieurement et qui sont, nous le rappelons, cortico-cérébelleux et cérébello-corticaux. Ces aires pré-frontales se projettent elles-mêmes sur le néo-cerebellum par le *faisceau d'Arnold* ou *faisceau fronto-pontique*. Tout laisse penser que l'aire motrice pyramidale qui avoisine ces aires extrapyramidales frontales trouve, selon nous, l'une de ses sources de pilotage conscient dans les informations qui peuvent lui être rapportées.

Pour peu que l'on ait bénéficié de quelque enseignement concernant le système nerveux, on aura tôt fait de voir que notre approche se distingue de façon radicale du mode auquel on a l'habitude de se référer pour envisager toute étude neurologique. Sans doute le non-initié accep-tera-t-il avec plus de facilité que ne le ferait le spécialiste, de s'engager dans une conception fonctionnelle du sys-tème nerveux. Il le fera d'autant mieux qu'il ne sera encombré d'aucun *a priori* né d'un enseignement qui se veut traditionnel. Plus ce dernier aura été prolongé, plus il risquera de fixer la connaissance sous forme d'un schéma que l'on pensera conforme à la réalité. Mais quel schéma d'un ensemble aussi complexe peut y prétendre ?

Pourtant celui-là même qui est imbibé de système nerveux jusqu'à le vivre dans sa vie professionnelle, celui-là même sait ou subodore qu'en ces voies, en ces faisceaux qui constituent ce fantastique réseau, « quelque chose » passe, court, se distribue, se diffuse. Quoi qu'en pensent les « antivitalistes » qui parlent à leur manière d'énergie et d'énergie de la matière — peut-être nous apprendront-ils ce qu'ils entendent par là —, l'influx nerveux, l'influx de vie en somme fuse et circule. Mais où, comment et pourquoi ? La réponse semble être donnée avec aisance si l'on décide de la chercher là où, à notre avis, elle semble se situer : dans la fonction.

Cette fonction, chacun peut la découvrir dans le cadre de sa spécialité et chacun peut, sous cet aspect, constituer un montage où le fonctionnel joue un rôle prépondérant. Bien que je risque d'être partial — et j'en accepte la critique — parce que trop imprégné de ce qu'il m'est donné de faire et de vivre quotidiennement, je dirai qu'il n'est possible d'y accéder avec facilité qu'en adoptant le biais de l'écoute pour aboutir au langage lui-même.

C'est pour tendre l'oreille que le corps se verticalise et c'est pour devenir une oreille totale, sorte d'antenne à l'écoute du langage, que l'homme se voit doté d'un système nerveux qui répond à la réalisation de cette fonction.

4

Bruit de vie et voix maternelle

De tout ce qui vient d'être observé sur différents plans, peut-on en conclure que le cheminement tout au long de l'existence ne devrait être qu'une démarche menée dans le but de découvrir la fonction d'écoute ? C'est volontiers que je répondrais « oui », tant il m'apparaît que la trajectoire tracée par la suite des événements marquant le périple existentiel doit passer par les grandes étapes de maturation de cette particulière fonction. Mais on sait qu'il est de mauvais aloi de parler de finalité en cet univers où tout se meut et se transforme de manière permanente. Cependant l'homme paraît, au cours de son évolution, appelé à progresser selon une dimension qui lui est bien spécifique et qui reste cependant ignorée, cette dimension même qui l'éveille à la fonction d'écoute et plus précisément à celle de l'écoute de la vie.

Le but de cet essai est de faire entrevoir ce qu'est l'écoute de la vie au sein même de la cavité utérine. Nous sommes tout à fait conscient des obstacles auxquels nous devons nous affronter tant il est difficile de faire percevoir ce que peut être l'écoute et tant il est encore plus mal aisé de définir ce qu'est la vie.

L'ÉCOUTE DE LA VIE

La difficulté de parler de l'écoute réside dans le fait qu'il s'agit d'introduire une notion concernant une faculté qui est, en réalité, distribuée avec parcimonie et que seuls peuvent percevoir de manière tangible quelques rares

135

élus. Exceptionnelle fonction, elle est innée en l'homme mais elle paraît si profondément enfouie, étouffée, occultée qu'elle demeure ignorée de la plupart des générations qui se succèdent. Il est intéressant de noter que peu nombreux sont ceux qui parviennent à l'acquérir alors même que tous sont appelés à en bénéficier. L'histoire de l'humanité, vue sous cet angle, semble se jouer autour de cette faculté si spécifiquement humaine qui ne demande qu'à s'élaborer tandis que l'homme s'évertue à s'en priver. Et cela pour mille et une raisons. Il n'est pas interdit de se demander ce qu'il adviendrait si tout le monde se prenait à écouter. Qu'on y songe ! N'assisterait-on pas alors à un changement radical du comportement humain ? Tout serait différent de ce qui existe actuellement, au-delà même de ce que l'on peut concevoir en première analyse.

On a maintenant compris que lorsque je parle d'écoute, j'évoque tout autre chose que le fait d'entendre et même d'avoir une bonne audition. C'est bien au-delà de cette fonction propre à l'oreille que nous nous situons lorsque nous parlons d'écoute.

L'écoute est une faculté de haut niveau qui se greffe électivement et en premier lieu sur l'appareil de l'audition. Plus celui-ci sera de bonne qualité, plus nous aurons l'opportunité de voir s'installer une perception du monde sonore proche d'une certaine réalité qui tiendra compte évidemment des potentialités de l'appareil auditif. Si l'audition est excellente, nous dirons dès lors que le sujet est apte à entendre. Ce qui ne veut en rien signifier qu'il veut écouter. Autrement dit l'appareil est là, l'oreille, capable de capter les bruits et les sons qui l'envahissent. Mais rien ne certifie qu'un désir délibéré se manifeste : celui d'appréhender les sons, de les collecter, de les amalgamer, de les mémoriser, de les intégrer. C'est cette dimension qui caractérise la faculté d'écoute dans laquelle la volition prend une importance primordiale. Elle peut de la sorte, par une pression constante, façonner le mode de vie de celui qui s'y adonne dans le but de communiquer avec tout ce qui l'entoure. Une telle démarche consiste à découvrir ce qu'est le monde, à le voir, à le dénommer, à l'englober en une synthèse afin de percevoir, au travers d'un tel édifice, le support où toute manifestation trouve sa source : la vie.

Cette dernière, qu'est-elle ? Nous aurons à y revenir dans un prochain ouvrage où nous aurons l'opportunité de l'aborder à différents niveaux et sous divers aspects, tant elle est impossible à cerner en une seule approche, aussi aiguisée que soit l'analyse à laquelle on se livre. Multiple en ses manifestations, elle apparaît cependant une en sa réalité, comme semble le signifier, au tréfonds de chacun, un écho résonnant à une confuse mais ontologique perception.

Ainsi donc maintenant que nous connaissons nos objectifs, à savoir ceux qui tendent tout aussi bien à faire passer la notion d'écoute qu'à appréhender la notion de vie, nous pouvons espérer déboucher sur l'écoute de celle-ci.

Comme nous avons eu l'occasion de le signifier à plusieurs reprises, écouter est un acte volontaire, actif qui ouvre l'être à tout, aussi bien à l'autre qu'à lui-même. Il lui offre de surcroît la possibilité d'aller bien au-delà, jusqu'à l'effacement de la perception vécue au travers d'une personnalité. Dès lors s'institue une relation élargie à l'extrême avec un tout dans lequel chaque homme peut se percevoir comme une parcelle de cet ensemble, si grand soit-il.

Écouter, c'est justement n'être plus qu'une parcelle mais c'est aussi et avant tout être un de ces riens écoutants. Tandis qu'entendre, c'est exister comme une unité indépendante d'un milieu auquel l'individu peut prétendre participer en fonction du moment, de l'humeur, du choix... bref de ce qui constitue les éléments de la carapace personnalisante.

En fait, écouter est, pourrait-on dire sous forme de paradoxe, presque l'inverse d'entendre. Cette dernière fonction nécessite d'ailleurs une audition excellente tandis que le désir d'écouter s'adresse à ce que l'oreille peut lui offrir. Tant mieux si l'appareil auditif est en bon état. Mais ce n'est toujours pas le cas et ce n'est pas non plus une nécessité impérative.

La faculté d'écouter s'étend donc beaucoup plus loin, j'allais dire jusqu'à l'infini. Elle conduit à la perception la plus aiguisée et la plus subtile de tout ce qui est. Elle est l'une des manifestations de l'intérêt permanent que l'homme porte jusqu'au moindre détail à tout ce qui appartient à la création. Il n'y a qu'un saut à faire pour tenter de percevoir l'infime partie du perceptible et d'entrevoir ensuite, à partir de là, le support sous-jacent de la manifestation que représente pour l'homme l'univers qu'il lui est donné de contempler.

Ce support, on l'a reconnu, est la vie, et c'est elle qu'il faut s'appliquer à écouter. À ce niveau d'ailleurs l'écoute et la vie apparaissent comme deux entités réelles. Et plus encore, tout nous laisse penser qu'elles sont des manifestations qui ne peuvent guère être dissociées. Peut-être ne sont-elles entités saisissables que parce qu'elles nécessitent un intime rapprochement qui se trouve, en fait, entièrement réalisé. Toutes deux évoquent intensément la présence implicite de l'être, et de l'être qui se met à l'écoute de lui-même. Car la vie n'est autre que la résonance de cette certitude de l'être qui nous habite en profondeur, doublée d'une certitude non moins grande, celle qui nous engage à sentir que ses limites dépassent largement notre coque corporelle. Ainsi, à toute oreille tendue vers cette vibration interne, l'être se découvre et laisse tomber le dernier voile, celui qui lui cache encore son âme. Cette dernière, frémissement du souffle de vie, est ou ne devrait être qu'une modulation de l'être lui-même.

Mais cette âme n'est-elle pas bien souvent alourdie et troublée, ne modulant plus que sur les désaccords imposés par l'extérieur ? Ces empreintes qui inversent la polarité en somme s'impriment dès le commencement de la vie, au sein même de la cavité utérine, en ce lieu si particulier où se façonne le système nerveux à l'écoute, où se module le corps et se prépare le souffle qui animera le respir de l'âme elle-même. Plus la vie sera insufflée en celui qui va naître et plus la mère sentira en son sein une maternité libératrice, c'est-à-dire porteuse d'une offrande qu'elle a reçue. Elle aura alors le pouvoir de distribuer quotidiennement en elle-même cette puissance inductrice durant toute sa grossesse. Elle devra apprendre à conserver la même générosité lorsque plus tard elle devra participer au lancement de l'enfant dans l'univers des hommes. Offrande coûteuse cependant lorsqu'elle est investie d'une tout autre polarité, celle qui fait de l'enfant celui qui appartiendra exclusivement à la mère.

Sait-on que tout dépend du départ et que, pour réussir cette nouvelle vie, il est nécessaire de connaître certaines données essentielles qui ne sont autres que celles inhérentes à l'écoute de la vie ? L'enfant nous dit ce qu'il veut, ce qu'il attend, ce qu'il espère. Mais saurons-nous l'écouter et, qui mieux est, l'écouter *in utero* ?

LE BRUIT DE VIE

Toute mère doit savoir, doit sentir au plus profond d'elle-même que, avant d'entendre l'environnement, l'embryon commence par percevoir sa propre existence dans un groupe organique qui va se complexifiant. Ce processus d'information qui module vibratoirement la vie s'installe sur un tout autre mode relationnel que celui lié aux simples besoins et nécessités métaboliques. Il y a, en effet, plus qu'un échange, il y a communication. Le dialogue s'ouvre afin que soit assuré l'ensemble des éléments qui sont nécessaires : le tonus, la posture, les multiples mouvements infraliminaires qui laissent émerger une sensation d'immobilité, bien que rien ne soit immobile dans ce qui est vivant. Mais la perception habituelle ne permet pas de détecter ces multiples agitations qui font d'un organe un corps vivant qu'il est souvent difficile de repérer comme tel.

Un organe qui vit révèle son existence par sa fonction. Prenons un exemple : un cœur se manifeste par ses pulsations. Il est ce qu'il est grâce à ce rythme de contraction que nous lui connaissons et qui en fait le moteur circulatoire. Si nous bloquons cette régulation, des anomalies rythmiques apparaissent et des mouvements réduits s'installent au niveau du mécanisme contractile de chaque fibre mais d'une manière désordonnée, comme si chacune d'elles assurait sa fonction sans une coordination d'ensemble. Ce stade réalise un état de fibrilation. Les fréquences de trémulation sont plus rapides que les contractions habituelles. Elles annoncent un désordre fâcheux qui peut entraîner une défaillance de l'organe. Mais ce qui se passe au niveau de la fibre musculaire peut tout aussi bien se passer sur un plan moléculaire. C'est le jeu vibratoire propre de la molécule ou, sans aller jusque-là, de la cellule elle-même prise individuellement, que nous pouvons considérer comme élément premier de la vibration organique.

De plus, tout organe vivant, notamment le labyrinthe

auditif constitué d'un appareil membraneux empli de liquide, lui-même plongé dans un milieu liquidien, le tout enserré dans une coque osseuse, est soumis à ses propres mouvements, à ses propres vibrations et à toutes les contre-réactions liquidiennes à l'égard de tout autre mouvement, si minime soit-il. Ces contre-réactions augmentées des phénomènes acoustiques, sonores ou non, qui mobilisent de toute façon les liquides ou tout au moins activent les champs moléculaires des liquides, intensifient ou en tout cas modifient les mouvements premiers dits « mouvements browniens » dont on ignore à peu près tout mais qui n'en sont pas moins existants.

Cette activité perpétuelle peut être réceptionnée, et c'est l'un des rôles de la partie ciliée des cellules de le faire. Celles-ci, en effet, je le répète, ont deux manières de se manifester, de s'exprimer en quelque sorte. L'une analyse les déplacements liquidiens macroscopiques ; elle en étudie la vitesse en un temps défini, c'est-à-dire l'accélération ou la décélération. L'autre, infraliminaire, microscopique, résulte des mouvements browniens sur les cils eux-mêmes. Si bien que l'organe tout entier, vivant, vibrant, agissant sur les particules des liquides environnants se voit d'un même coup animé, capable de réceptionner les effets. Autrement dit, les cellules de Corti de la cochlée et leurs équivalents utriculaires, ampullaires et sacculaires bénéficient d'un pouvoir de détection particulièrement sensible qui leur permet de percevoir la vie même qui les anime. Il y a là une boucle fermée de la cellule qui peut être tout à la fois le dispensateur et le bénéficiaire.

Ainsi donc l'organe de Corti semble être plus spécialement adapté pour que soient perçus tous les mouvements, fussent-ils moléculaires, des liquides endolymphatiques et, qui mieux est, ceux-là mêmes qui probablement résultent de la vie de l'organe constitué par l'ensemble des cellules de Corti et de leurs annexes. La communication est tellement aiguisée à ce niveau qu'il est logique de dire que cet organe va jusqu'à s'écouter vivre. Ce qui paraît être le summum dans la hiérarchie des performances !

Ce bruit cellulaire est déjà perçu dès la naissance de l'organe, et les mémorisations auxquelles nous nous référons lors de nos observations cliniques nous signifient largement que des engrammations s'effectuent déjà au

140

plus profond de la nuit utérine. Dans quel lieu sont-elles focalisées ? Nous ne saurions le dire à l'heure actuelle mais quelque part certainement puisque la mémoire ultérieure révèle la présence de ces acquisitions. Pourquoi ne pourrait-on pas, de plus, penser qu'au niveau cellulaire, ces engrammations sont rendues possibles par le jeu des acides ARN et ADN et pourquoi ces informations premières ne seraient-elles pas reproduites ultérieurement sur des registres neuroniques plus élevés à mesure que le système nerveux progresse dans sa maturation ? Si rien ne permet de confirmer une telle hypothèse, rien ne permet non plus de l'infirmer.

Les vibrations si subtiles dont nous venons de parler sont bien entendu des sons d'une longueur d'onde particulièrement courte correspondant à des fréquences élevées et répondant vraisemblablement à des agitations d'ordre infinitésimal qui constituent un bruissement aigu appelé « son inaudible » dans certaines techniques d'éveil et que nous dénommons volontiers le « bruit de vie ». La bande fréquentielle où se situe ce bruit qui anime vitalement tout l'ensemble cellulaire se trouve dans la zone des aigus, ceux préférentiellement installés suivant une pente ascendante allant de 800 Hz jusqu'au-delà de 8 000 Hz. Nous retrouvons ici ce que nous avons appelé les « sons filtrés ».

Comment pourra-t-on percevoir ce bruit de vie, ce souffle premier perçu intensément lorsque le silence extérieur s'installe, cette sorte de tintement, de ruissellement subtil, délicat, permanent, non rythmé sur les bruits du cœur, non influencé par la respiration ? Pour que ce chant du mouvement interne soit découvert, décrypté, il est nécessaire que l'environnement soit favorable. Il faut que le silence règne mais un silence vivant, un silence « chantant » comme il m'a été donné de le dénommer. Non pas de ces silences artificiels obtenus à grands frais par des insonorisations intempestives. Dans ce cas, ce n'est plus ce bruissement subtil et aigu que l'on entend mais un bourdonnement qui conduit rapidement à un état dépressif.

Le bruit de vie se perd certes dès que l'homme entre dans la dynamique astreignante de l'existence. Les soucis, les contraintes, les états psychologiques qui débouchent sur les préoccupations lancinantes du quotidien font disparaître cette extraordinaire écoute. Aussi l'homme doit-il, pour retrouver cette perception exceptionnelle qui le raccroche directement à la vie, aller à la recherche des différents moyens qui lui permettront d'en être pénétré tout au long de son existence. C'est sans doute au plus profond de la nuit qu'il est le plus facile de percevoir cette vibration comme un chant intense, harmonieusement équilibré dans le silence bruyant de la nature.

À vrai dire, tout état de détente, de calme, de sérénité s'accompagne de ce chant modulé premier. Je n'ose pas prononcer ici le nom d'état de relaxation tant ce mot a dévié de son sens initial et tant il faudrait se répandre en explications pour lui restituer sa véritable signification. Donc, dans un état de bien-être, d'apaisement, le bruit apparaît comme si les cellules nous parlaient, comme si l'organe de Corti se prenait à s'allumer tout seul. Ne s'agit-il pas en réalité d'un auto-allumage que l'oreille sait maintenir en permanence comme témoignage de la vie présente ? Elle entend dans la corne cochléaire cette vie frémissante comme on peut entendre le bruissement moléculaire émis par un coquillage lorsqu'on approche l'oreille de son orifice.

C'est vers cette écoute affinée que se dirige l'initié en quête du bruit de l'univers. C'est cette modulation perçue sous forme de « son inaudible » que l'ascète recherche avec tant de persévérance comme source première d'une vibration initiale. Les sages de l'Inde et du Tibet savent bien ce que représente ce bruit de vie. Et c'est en fait vers cette écoute fine et sensible que nous devons tendre pour affirmer en nous cette traduction sensorielle d'une vie qui s'écoule, véritable sensation proprioceptive d'une étrange intensité à qui sait la percevoir, d'une vie qui chante.

Pour cela, il faut bien entendu des conditions particulières capables de réaliser, dans un silence apparent, une mise en adaptation bien spécifique de l'appareil auditif afin que celui-ci s'apprête à entendre ce frémissement si subtil et, il faut bien le dire, si difficile à percevoir en permanence. Parmi ces conditions, certaines concernent les postures que le corps doit adopter pour pouvoir accéder à cette perception. Il m'a été donné de parler très souvent de la « posture d'écoute » qui permet à la vésicule labyrinthique de se mettre en place pour pouvoir capter ce son particulier. Elle nécessite une remise en harmonie des tensions musculaires, notamment au niveau de la musculature faciale.

De même qu'il est bien difficile de concevoir ce que peut être le bruit de vie pour celui qui n'y a jamais « goûté », de même il est bien délicat de se rendre compte de ce que peut être la posture d'écoute lorsqu'on n'a pas eu l'occasion de l'expérimenter. Elle exige une tension permanente des muscles du marteau et de l'étrier, ce qui constitue en fait une véritable performance. C'est grâce à cette tension puissante que les effets de masque peuvent être largement supprimés ou tout au moins éloignés. Et de ce fait les facteurs fréquentiels émergents sont plus facilement mis en évidence. Autrement dit, les bruits qui augmentent par trop l'énergie interne du labyrinthe comme le sont les fréquences graves sont en partie éliminés afin que soit conservée une pression interne constante à l'intérieur de la vésicule labyrinthique. Dès lors les aigus émergent et notamment cette modulation première, initiale perception de la vie qui nous est donnée.

Rappelons que la cellule de Corti, individualisée, isolée en sa fonction, enserrée, comme sertie en son implantation et fixée par ses cils à la gélatine de la tectoria, cette cellule donc a tellement aiguisé sa fonction perceptive qu'elle paraît s'entendre elle-même dans sa relation avec son propre milieu. Cette première excitation ciliaire représente le commencement de la mise en activité du pouvoir énergétisant de l'oreille que toute impulsion extérieure stimulera ensuite de façon permanente. La cellule de Corti et ses équivalents utriculaires, ampullaires et sacculaires sont là pour capter essentiellement ce mouvement vibratoire en vue d'alimenter le système nerveux en charge électrique.

Ainsi l'appareil de Corti se détecte par son propre jeu pour vibrer à cette modulation de vie qui le stimule en permanence. Une telle perception est plus aisément atteinte dans un milieu liquidien, mieux encore dans le liquide amniotique qui est le lieu même où se situe notre propos. Là, la cellule de Corti ou ses équivalents parviennent véritablement à s'entendre vivre, comme il nous a été donné de le dire à plusieurs reprises. Vivant de manière autonome, ils se mettent en vibration, en résonance avec ce bruissement originel. En d'autres termes, les divers perfectionnements qu'offre l'oreille au cours de son développement phylogénétique et ontogénétique permettent de décrypter, comme aucun autre organe ne saurait le faire, cet effet vital ininterrompu dans l'évolution qui veut certes que tout soit détecté mais qui tient surtout à ce que la modulation de vie première, celle-là même perçue dans la cellule et prolongée dans l'œuf, persiste. N'est-il pas merveilleux, à vrai dire, de pouvoir bénéficier de ce don gratuit transmis par la vie en sa manifestation et de percevoir ainsi, à travers cette vibration, que l'on est ? Entendre cette modulation et l'entendre à volonté est, nous semble-t-il, l'une des chances les plus extraordinaires qui nous soient données d'être reliés à ce filin étonnamment puissant qu'est la vie.

L'organe de Corti est construit, on le sait maintenant, pour entendre ce bruissement, ce frémissement vibratoire. Rien ne doit le lui faire oublier. Tout le reste, hormis ce bruit, n'est qu'un parasitage. Parasitage nécessaire sans doute pour entrer dans l'univers des hommes mais qui va obscurcir parfois dramatiquement cette vibration première, véritable mélodie exprimée par l'essence, en ce chant de l'être qui résonne et manifeste sa présence.

Sans doute est-ce à cette occasion que le silence extérieur apparaît. Effectivement, au niveau de ce bruit de vie, la perception est tellement aiguisée qu'elle élimine l'audition de tous autres bruits ainsi que leur souvenir dont le déclenchement mémorisé risquerait d'affecter la qualité de cette perception intérieure. C'est en cela que le vide, mais le vide des acquis et des mauvais acquis surtout, est à rechercher pour que s'amplifie la perception de l'être qui nous habite.

C'est dans la recherche de ces sons initiaux que se manifeste la créativité, que se révèle le créé. C'est aussi dans cette direction que nous devons aller pour trouver notre plénitude interne, notre calme, notre sérénité. Les mouvements parasites étant alors supprimés, tout est ordonnancé de telle sorte que l'être naissant nous invite à n'être plus que lui. Il nous invite aussi à oublier notre personnalité, cette enveloppe de l'homme qui ne peut qu'obscurcir l'image du créé et faire disparaître cette modulation première. En éliminant les résonances de vie, elle ne vibrera désormais qu'à ses propres accents, ceux-là mêmes de ses préoccupations, de son vécu, de ses contraintes.

Revenons maintenant à l'oreille du fœtus qui se prépare à écouter. Elle est finie dans toutes ses dimensions, nous ont appris les anatomistes, dès le quatrième mois et demi de la vie intra-utérine, ce qui ne veut pas dire, je le répète, qu'elle ne fonctionnait pas antérieurement. Il n'est pas exclu de penser que la fonction s'institue au décours de la construction. Et il nous a été donné de préciser à plusieurs reprises que cette fonction était même déterminante dans la mise en activité de cette construction. Il y a là une boucle fermée dans laquelle l'intention de construire s'allie à la fonction pour devenir peut-être ce qu'on a appelé scientifiquement l'« induction ».

Bref, l'écoute préexiste et détermine sa fonction qui décide la construction de l'appareil auditif. L'oreille se met donc en chantier sur la base de cette modulation première, trame sonore de vie sur laquelle vont se greffer les phénomènes acoustiques qui sont les représentations sensibles les plus marquantes ou tout au moins les plus remarquées.

C'est aussi cette modulation première, initiale, qui va résonner au bruit dont est inondée l'oreille, considérée en tant qu'organe vivant destiné à installer ce premier *imprinting*, pour user du terme actuel. Plus qu'une ébauche, ce bruitage précède l'éveil de la sensation intégrée. Il n'est pas encore contrôlable au sens où nous le comprenons mais il est là, présent et étrangement manifesté.

Ce premier bruitage deviendra pour l'adulte l'objet même d'une permanente recherche. Le sachant initial, antérieur à toute imprégnation, l'être humain n'aura de cesse de le retrouver. Tout ce qui s'imprimera s'engrammera désormais dans ses neurones comme venant de l'extérieur, tout ce qui s'accumulera au cours de cette relation première engendrera sa constitution d'homme participant au vécu des hommes. Le risque est grand sans doute pour lui de se trouver progressivement déconnecté de la relation première avec la vie qu'il ne saura plus écouter ou seulement entendre au cœur même de son être. Absorbé par les incessantes sollicitations de la vie quotidienne parmi ses congénères, il devra alors réaliser tout un cheminement, ô combien laborieux, ardu, décevant, pour retrouver cette insertion première de la vie en son corps.

Ce subtil apprentissage qui se fait au cours des ans

donne à certains élus, riches du désir de vivre, la faveur de retrouver ce plan où tout paraît relatif, second en quelque sorte par rapport à cette modulation première qui chante la vie et qui procure dès lors une réponse réelle et analogique à tout système qui se greffe sur elle.

Le continuum de vie que tout être doit entendre en lui-même est évidemment interrompu par les marques et les manifestations du monde extérieur. Cependant tout échange avec l'environnement, s'il était bien conduit, devrait aboutir à l'élaboration d'un vrai dialogue objectivé en chacun de ses paramètres. Malheureusement ce continuum de vie est occulté par les interréactions venant de l'extérieur. L'idéal serait de parvenir à superposer toute modulation venant du monde environnant sur cette modulation de vie. Le niveau de l'état de conscience en serait de ce fait considérablement plus élevé, et le langage atteindrait alors la dimension qu'exige le dialogue. Est-il besoin de dire que l'on peut qualifier d'exceptionnels ceux qui bénéficient de tels avantages ? Est-il besoin d'ajouter que si d'aucuns s'en trouvent parfois investis, ce n'est qu'en des moments bien déterminés et éphémères ?

L'enfant, lui, n'oublie pas cette modulation première car il la vit au travers de la voix de sa mère qu'il entend, qu'il écoute tout au long de son périple utérin. Il saura la distinguer sans aucune confusion possible de tous les autres bruits qui viendront meubler sa caverne. Et rapidement un véritable dialogue s'instaurera entre lui et sa mère sur cette toile de fond sonore que constitue le bruit de vie.

À partir de ce dialogue se préparera le langage futur, et l'on ne saurait trop insister sur la valeur de cette « pâte sonore » que représente la voix maternelle perçue par le fœtus. Elle engage l'enfant à naître dans un désir profond de communiquer avec ce qui l'entoure.

Seule la modulation de vie peut se conjuguer avec la modulation d'amour que transmet la mère. Tout le reste est surajouté et s'éloigne de l'écoute vraie, de la seule qui nous tient en suspens toute une existence, de cette écoute de la vie dont nous avons parlé au début de ce chapitre.

Les résultats que nous ont apportés de nombreuses années de pratique avec la voix maternelle perçue « à la manière fœtale » nous autorisent à ouvrir un volet concernant cet exceptionnel matériau sonore.

146

L'impact considérable que réalise la voix de la mère nous conduit à songer que son intervention opère sur un tout autre registre que celui auquel on a l'habitude de se référer lorsqu'on tente de jouer avec certains sons. En effet, qu'il s'agisse de bandes passantes, de voyelles synthétiques ou de langage humain, les effets sont si différents de ceux enclenchés par la voix maternelle que l'on ne peut les insérer dans une même rubrique. En conséquence, s'il est possible d'en définir l'action, nous dirons que les sons autres que ceux inhérents à la voix de la mère agissent sur le plan du simple conditionnement tandis que la voix maternelle intervient sur un registre de nécessité. Et pour l'évolution du fœtus vers les structures linguistiques postnatales, la voix de la mère nous apparaît aussi indispensable que la lumière peut l'être pour l'éclosion des fonctions visuelles.

Son absence risque, en effet, de compromettre de manière dangereuse la genèse de la fonction d'écoute et l'on sait maintenant que la dimension relationnelle peut être occultée par carence de l'élaboration de cette dernière faculté. Le substrat sur lequel s'échafaude la communication ne pourra prendre forme, faute de structure préexistante. C'est en effet du désir de communiquer que naît le fondement de ce substrat. C'est à partir de la voix de la mère envisagée sous son aspect maternant que s'installe la structure relationnelle sur laquelle le désir de communiquer trouve ses points d'appui.

Il y a réellement une mise en résonance d'une aptitude innée qui se prend à vibrer aux accents de la voix de la mère qui parle à son fœtus. C'est sur cette impulsion première que la structure verbalisante ultérieure du fils de l'homme en gestation trouve ses premières modulations. Ce stade acquis, la relation s'élabore, se conforte jusqu'à devenir une réalité permanente.

Relation complexe et confuse par la situation même dans laquelle elle se crée, elle marque dans cette intime dépendance de l'enfant en puissance avec sa mère, l'initial clivage qu'exige toute relation. C'est être deux et être deux en un que d'être un corps naissant dans le ventre de la mère. Cette relation unique en son genre, si principielle, si capitale que tout homme a connue, connaît et devra connaître, offre en un temps et en un lieu privilégiés tout à la fois la passation du pouvoir de communiquer avec l'autre et la possibilité de se rencontrer soi-même.

Comme on le voit, il s'agit d'une situation une et duelle vécue de manière confuse durant l'extraordinaire activité cellulaire de l'embryon qui, à chaque instant, développe sa propre construction en fonction d'une programmation de haut niveau qui dicte à son capital génétique les différentes séquences qui feront de lui le fœtus puis l'enfant naissant pour l'aventure humaine. Ainsi dans son enveloppe intérieure, ce germe intègre cette situation sans qu'aucune conscience soit éveillée le concernant, du moins le pensons-nous. Cependant, le champ conscient est déjà acquis mais non exploré et, de lui, dépendront toutes les réminiscences que nous avons étudiées au cours de cet ouvrage et que nous saurons solliciter au besoin par des techniques appropriées.

Il y a durant cette période privilégiée, à ne pas en douter, une communion d'une intensité qui dépasse le simple contact de chair à chair. S'il n'y avait que cela, l'enfant naissant aurait tôt fait de se séparer de la mère, ne connaissant d'elle qu'une dépendance nutritionnelle. Tout chez l'animal, lors du sevrage, marque la coupure de cette relation duelle. Il n'y a pas chez lui de transmission de cette dimension située sur un autre registre chez l'être humain où s'établit justement cette relation à partir de laquelle la communication trouve son plein sens. En effet, elle se joue sur une situation duelle mais plus difficile à percevoir et qui ne peut s'instaurer en présence de l'autre qu'au fur et à mesure que le « je suis » apparaît, le « je suis autre que toi » si caractéristiquement signifié par l'enfant désireux de prendre son envol psychologique. Aussi cette relation s'institue-t-elle sur une tension bipolaire. Mais, dès le départ, cette construction sur deux points dépend de l'attitude de la mère. Le don d'offrande de cette dimension relationnelle à laquelle nous venons de faire allusion n'est autre que le don d'amour dont la mère doit envelopper l'enfant à naître et que l'enfant doit, dans une réciproque attitude, rendre avec une même intensité. L'enfant sera d'autant mieux prêt à naître que la mère saura l'aimer.

L'amour de la mère est la condition essentielle de la mise en place de cette relation. Il ne s'agit pas, on le voit, de pondre un enfant comme l'on pond un œuf, non plus que d'être grosse et de mettre bas comme le fait l'animal, mais bien de préparer et d'accorder une naissance à un être dans une enveloppe d'homme. C'est à l'amour de la mère que cet être résonne. C'est en cet amour qu'il puisera son désir d'aimer. C'est en lui qu'il découvrira son identité par rapport à la mère et qu'il puisera sa liberté. Cette dernière sera d'autant plus grande que la disposition d'aimer sera mieux élaborée.

L'amour d'une mère est unique en son genre. D'une puissance indicible, il est délicat à mesurer, difficile à canaliser. Il se distend sous les différentes pressions de tous ordres, familiales, socio-culturelles. De ces altérations dépendront, pour une large part, les aberrations des tensions relationnelles avec l'enfant à naître et pourront avoir des conséquences fâcheuses pour son avenir.

Mais se soucie-t-on d'éduquer les parents ? Apprend-on à être mère, à devenir père ? L'enseignement sur ce sujet est inexistant en bien des points du monde. On essaie d'y parvenir en prenant le contre-pied de ce qui est établi comme s'il s'agissait de réagir contre une tradition. Mais la solution est-elle là ? Ne suffirait-il pas en somme d'apprendre ce qu'est l'amour maternel ? Ce dernier est très différent de l'instinct maternel que l'on évoque toujours en voulant par là définir l'amour de la mère pour sa progéniture.

La divergence est grande. Un exemple fera mieux comprendre ce que nous désirons exprimer. À un moment de ma recherche, j'étais bercé par l'illusion de développer l'acquisition du langage chez les singes en favorisant le passage des sons humains par la voie intra-utérine chez des guenons parturientes. Cette utopique idée me conduisit dans l'univers simiesque. Mon entreprise échoua rapidement sur le plan expérimental car cet univers était chasse gardée. Mais j'avais assez vécu auprès du groupe des Macacus Rhesus pour apprendre que, lors de la naissance d'un des bambins, la guenon développait une attention et un attachement de tout instant qui laissaient rêveur.

Les liens qui existent entre la guenon et son nouveau-né paraissent d'emblée affectifs. Ils ne le sont que par interprétation erronée de notre part, fondée sur une projection de notre vécu humain. C'est ainsi que les femelles qui mettent au monde des mort-nés agissent vis-à-vis de ces derniers avec la même attachante sollicitude que s'ils étaient vivants. Ces mort-nés dans leurs bras s'assèchent, se réduisent, se momifient très rapidement et, telles des poupées, ils ne quittent plus leur mère. Ces guenons agiront à leur encontre comme si elles portaient dans leurs bras des progénitures vivantes. Elles singent au sens fort du mot, tous les faits et gestes des mères dotées d'un « enfant » vivant. Puis à trois mois exactement, comme si un déclic se produisait, les guenons, qu'elles soient mères d'un nouveau-né vivant ou mort, abandonnent leur succession comme si elles ne la connaissaient pas. La programmation de l'instinct a fini sa course ou plutôt a clos cette étape. L'information qui soutenait le processus de maternage a cessé d'opérer, si bien que chaque guenon reprend dès lors sa vie, oublieuse qu'elle est de son état maternant.

Chacun des actes qui marquaient tous les moments du comportement des guenons durant les trois mois qui suivaient leur mise à bas était ainsi dicté suivant un programme préréglé qui se défilait dans ce laps de temps sans pour autant qu'on puisse invoquer la notion d'amour. Bien entendu les guenons auraient souffert s'il y avait eu pendant cette période suppression de leurs petits, vivants ou momifiés. Mais cette épreuve aurait été celle observée chez un animal déchiré intérieurement par une douleur suscitée par l'interruption d'un programme qui ne pouvait aboutir. Il y a là rupture d'un processus enclenché qui, de ce fait, ne peut parvenir au défilement normal d'un système prévisionnel instinctivement mis en place.

Il en est tout autrement de la nature humaine qui bénéficie certes du même instinct, plus ou moins élaboré. Mais il se surajoute l'amour, l'amour maternel en l'occurrence. Aussi insaisissable que l'eau dans laquelle on plonge la main, aussi indispensable que l'eau lorsqu'il s'agit de s'y baigner, l'amour maternel est une nécessité impérieuse pour l'épanouissement de l'enfant, pour que son être se prenne à vibrer, à se manifester. Aussi, de sa présence, de sa qualité, de son intensité dépendra pour une large part le comportement ultérieur de l'enfant en son devenir d'homme.

Et cet amour maternel se manifeste de diverses façons

et tout particulièrement au travers de la voix de la mère que l'enfant perçoit dans sa modulation première. Et il n'aura de cesse d'exercer son appareil auditif, sa flûte cochléaire afin d'atteindre cette zone fréquentielle privilégiée où se révèle le bruit de vie.

Cette bande passante ne permet aucune analyse. Elle n'en a pas le souci. Elle est la zone sur laquelle se greffe la notion même de la vie et sur laquelle s'impriment tous les sons venant d'ailleurs, de l'extérieur. Tout est entendu comme étant une altération de cette modulation première. Tout est intégré comme une rupture de ce silence vibrant. Tout s'inscrit comme blanc sonore se distinguant sur ce continuum premier. Et ce sont les discontinuités qui se font remarquer comme parviendraient à le faire les traits noirs de morse s'inscrivant sur du papier blanc.

Paradoxalement, ce sont ces ruptures, ces interruptions que nous percevons. D'ailleurs toute l'acoustique repose sur cette même notion. Tout bruit, quel qu'il soit, dérange l'état d'équilibre vivant, mouvant du champ moléculaire présent dans le lieu. Ainsi tout phénomène sonore ne peut être considéré que comme une modulation du silence. Il m'a été donné de parler de ce silence ou plutôt de ces silences.

Cela étant dit, les phénomènes acoustiques seront perçus par le fœtus comme des ruptures de ce champ résonantiel premier. Ce sont des discontinuités qui seront intégrées comme ruptures, par paquets, par quantités plus ou moins massives, sur ce souffle de vie. Tout se passe comme dans une lampe triode dont le souffle de fond permet d'imprimer sur lui des informations qui prennent signification par la discontinuité qu'elles introduisent dans le champ premier.

On se souvient que ce bruit de fond, ce bruit de vie se situe dans la gerbe des aigus pour des raisons que nous avons déjà évoquées mais que nous rappelons ici. L'une de ces raisons est qu'il s'agit d'une vibration d'ordre moléculaire, voire cellulaire donc de longueur d'onde infime. Par ailleurs, on se souvient que, lors de la vie embryonnaire, la localisation physiologique première de l'organe de Corti commence à la base, c'est-à-dire là même où la perception des aigus sera ultérieurement située. Il n'est pas exclu de penser que la raison pour laquelle la base s'active en premier est introduite par cette sollicitation des aigus.

Cette information primordiale, non encore transportée par le système nerveux qui s'élabore joue déjà, modulée par tous les phénomènes vibratoires environnants, imprimant une mémoire qui sera une mémoire cellulaire. À mesure que le système nerveux se complète et lorsque les faisceaux moteurs se trouvent en place vers le quatrième mois et demi de la vie fœtale, alors, alors seulement les réponses motrices sont enregistrées. Ce qui ne veut pas dire, nous le savons maintenant, que rien ne s'est passé antérieurement. Nous n'avons rien vu, rien remarqué, mais il s'est passé mille choses et sans nul doute mille choses importantes.

Ce qui s'approche le plus de cette modulation de fond, sans en altérer profondément la structure, sera reçu bien entendu avec d'autant plus d'aisance que le continuum ne sera pas trop déchiré, perturbé et par là ne déclenchera pas de réponses corporelles par le jeu utriculaire et surtout ampullaire, tous deux agissant directement sur les faisceaux vestibulo-spinaux. Rien ne se passera en ce cas si ce n'est une heureuse augmentation du bruit de fond initial, du bruit de vie. C'est dans la voix de la mère que la richesse harmonique la plus élevée a des chances d'être produite.

Tandis que tous les bruits qui traduisent la vie neuro-végétative de la mère se propageront au travers des tissus, se heurteront à la paroi utérine en agissant au travers du liquide amniotique, la voix de la mère selon toute vraisemblance pourra atteindre la cavité utérine et l'oreille du fœtus par un cheminement le long de la colonne vertébrale de la mère, donc par transmission osseuse, laquelle jouera le rôle de filtre. Au-delà de la vie végétative de sa mère, le fœtus percevra donc dans le lointain cette voix qui amorce le dialogue, qui passe le message affectif. Ce dialogue s'installe de la sorte sur la courbe même des fréquences spécifiques de la transmission osseuse, celle qui sert et servira de filtre adapté à l'écoute ultérieure pour laquelle est organisée la structure même de l'organe de Corti. Peut-être est-ce pour entendre et n'écouter que cette modulation première, aimante, chaleureuse que se construit cet exceptionnel appareil.

Le trajet proposé favorisera donc, à la manière d'un

filtre, le passage des sons aigus. La voix de la mère — je dis bien la voix de la mère et non pas son langage — sera elle aussi modulée comme si, sur un continuum de sons, se superposait un discontinu. Ce dernier sera provoqué par le déroulement syllabique. La chaîne parlée sera elle aussi perçue comme du morse s'inscrivant sur du continu.

Cette voix maternelle constitue, à n'en pas douter, la « pâte sonore » sur laquelle va se modeler le langage. La mère exprime son vécu, ses sentiments et en particulier son amour maternel au travers d'un matériau acoustique bien spécifique perçu d'une façon singulière par le fœtus suivant un processus dont on ne saurait jamais assez estimer la valeur. Son aspect constructif est considérable à l'égard des fonctions de haut niveau qui s'élaboreront ultérieurement par projection de l'information cochléaire directement sur le cortex. Pour que cette projection se réalise, il est nécessaire de rappeler que la transmission au moyen des noyaux gris centraux notamment thalamiques doit se trouver libre de toute charge ou tout encombrement affectif, dégagée de ce qu'on appelle généralement les blocages. En effet, ces derniers augmentent en quelque sorte la viscosité de passage de ces noyaux. Et la perception du monde environnant s'en trouve littéralement obscurcie comme si une opacification s'effectuait et faisait se cristalliser ce qu'il est convenu d'appeler les « états psychologiques ».

Pour éviter l'installation de ces véritables états d'âme qui empêchent l'être naissant d'accéder à l'état de conscience pure, la mère devra par sa voix inonder l'enfant qu'elle prépare de vibrations porteuses de vie. C'est grâce aux éléments sonores, affectifs, amoureux, pourrait-on dire, de cette voix que vont se transmettre les modulations qui viendront activer et amplifier le désir de vie.

Il est bien évident que cette transmission de vie au travers de la voix maternelle ne peut se réaliser que dans la mesure où la mère investie de sa maternité, imprégnée de cette plénitude, consciente de son engagement, peut manifester sa joie de vivre, son bien-être. Et pour cela, elle devra connaître pendant sa grossesse un climat d'harmonie, une ambiance chaleureuse qui lui conféreront l'entière conscience de l'événement qui, en elle, s'achemine et se parfait. Même si les difficultés extérieures se font sentir sur bien des plans, c'est de la chaleur affective dont elle sera entourée que sa charge d'amour se trouvera amplifiée. On peut accoucher d'un bambin universel dans une grange si l'équilibre et la plénitude de la mère sont là pour procurer à l'enfant la joie de naître.

Aussi la préparation de la mère enceinte a-t-elle une importance considérable afin qu'elle devienne ce qu'elle doit être, donneuse de vie et d'amour. Sa voix sera alors le support matériel de ce message essentiel qu'elle adressera à l'enfant tout au long de sa grossesse. Et celui-ci préparera son appareil auditif pour recevoir cette voix qui viendra s'imprimer sur la toile de fond sonore que constitue le bruit de vie. De cette voix perçue au-delà du langage, plus précisément décantée de son contenu sémantique, verbal, il ne subsistera que le timbre cadencé en fonction du rythme langagier propre à la mère puisque ce dernier lui est spécifique. C'est ce rythme que l'enfant reconnaîtra entre tous à sa naissance et qu'il sera conduit à rechercher tout au long de son existence.

Cela nous reporte au début de cet ouvrage où nous avons pu constater la force de l'*imprinting* linguistique réalisé lors du vécu utérin. On sait maintenant que l'embryon est soumis à des influences sonores qui impriment en lui, sous forme d'engrammations, des impressions indélébiles qui marqueront des rythmes, des cadences, voire des structures de bases. Une résurgence du rythme et de la cadence de la langue parlée par la mère au cours des premiers mois de sa grossesse, peut permettre à l'enfant ultérieurement de retrouver les points de repères caractéristiques de cette langue et d'intégrer celle-ci dans ses paramètres essentiels. On sait que l'ensemble des noyaux vestibulaires et cochléaires engramme ces premières sensations qu'une mobilisation secondaire permet de projeter sur le cortex. De ce fait, ces acquisitions les plus archaïques bénéficient de l'éclairage du champ conscient en faisant remonter à ce niveau ces bouffées de souvenirs si primitivement imprimés. Tel est le cas de la petite Isabelle qui a pu appréhender les modulations de la langue anglaise que la mère avait directement imprimées sur la perception du bruit de vie. On se souvient que toute modulation, quelle qu'elle soit, se greffe sur cette première perception. Une reviviscence par la voix de la mère filtrée au-delà de 8 000 Hz, c'est-à-dire dans la zone du bruit de vie devait chez Isabelle faire resurgir cette première engrammation.

Par contre, chez le petit adopté de Caracas, on a vu qu'il était possible de susciter une même réponse en l'absence de la voix de la mère grâce aux modulations filtrées de la musique de Mozart. Il semble en fait que toute réactivation du bruit de vie réveille fortement les formulations ultérieures. Cette réactivation est incontestablement plus efficace lorsqu'on utilise la voix de la mère filtrée. On obtient cependant des résultats intéressants, comme nous venons de le dire, avec la musique filtrée. C'est électivement sur celle de Mozart que nous avons travaillé et particulièrement sur les pièces pour violon, c'est-à-dire celles riches en fréquences élevées. Nous avons eu l'occasion de parler dans plusieurs ouvrages de cette action des rythmes mozartiens impliquant tout un mécanisme d'intégration corporelle liée à la mémoire neuronique.

Ces travaux sur la voix maternelle filtrée et sur la musique filtrée nous ont amené à rechercher les caractéristiques de cette modulation première afin de pouvoir la mobiliser par des techniques appropriées en vue d'éveiller chez l'enfant ou chez l'adulte le désir de vivre. Il est probable que nous parviendrons, dans un temps qui semble maintenant proche, à trouver les caractéristiques de ce « nucleus d'amour » si intimement lié à la vie. Cette recherche nous permettra dans une large mesure de suppléer à l'absence de la mère, notamment en cas d'adoption ou de procéder à un mode de remplacement lorsque pour des raisons bien précises nous ne pouvons pas utiliser la voix maternelle.

En effet, on sait qu'il existe des mères rejetantes, non habitées de maternité, refusant dès le départ ce germe d'enfant qui sera ainsi renié. Il suffit d'écouter la voix de ces mères pour comprendre ce qu'elles injectent, ce qu'elles introjectent. Dans de tels cas, le fœtus ressent profondément l'absence de cette modulation activante, de cette liaison énergétisante que l'amour semble déclencher par l'intermédiaire de la voix maternelle.

Il est évident que tous les fœtus ne sont pas définitivement marqués par cette absence, tant en eux le pouvoir de percevoir la vie est grand. Certains s'accommoderont tant bien que mal de cette rupture de relation. D'autres, plus fragiles, plus émotifs, plus sensibles souffriront de ce

155

manque et mesureront d'emblée l'ampleur déchirante de leur isolement. Ils seront investis de l'absence du désir d'écouter, conséquence de l'absence du désir d'aimer.

C'est en réactivant la fonction d'écoute au moyen de sons filtrés que nous pourrons dans ces cas faire réapparaître le désir de vivre et le pouvoir d'aimer. Est-il besoin de rappeler que la vie, l'amour et la mère ont des résonances symboliques identiquement représentées. Et c'est par le truchement de la voix maternelle que nous cherchons à reconstituer les impressions premières vécues au cours de la vie intra-utérine.

Pour que ces impressions soient porteuses du désir de communiquer, nous demandons souvent aux mères enceintes de parler et de chanter pour l'enfant qu'elles portent en elles. Nous leur conseillons même de tenter d'écouter ce qu'il peut leur signifier. Il faut que s'installe un dialogue, un vrai dialogue d'amour, celui-là même qui allume la voix de la mère dans la bande préférentielle où se manifeste le bruit de vie.

C'est dans cette bande très spéciale que se situe, dans la voix de la mère, au-delà de toute sémantique, de toute fibre affective, un langage vrai, le seul véritable qui implante la notion de vie que la mère porte en elle. Elle en est le vecteur, le dépositaire. Et c'est vers ce langage premier que nous orientons nos travaux depuis de longues années, à la recherche des sons proches de ce nucleus vibratoire d'amour qui se situe au-delà même de la mère personnalisée, dans une Mère idéale, cette mère génitrice qui parvient à contenir ce que le monde ne saurait contenir : la Vie.

On aura reconnu dans tout ce développement sur la voix maternelle que, dans notre esprit, la mère et la vie représentent une même entité. Dans notre esprit également, une ère nouvelle s'institue, celle qui consiste à apprendre à la femme enceinte à redécouvrir le bruit de vie, celui qui humanisera l'enfant et fera d'elle la mère. Pour notre part, nous tentons d'y parvenir depuis plusieurs années en initiant les femmes parturientes à percevoir ce bruit de vie au travers des sons filtrés, afin qu'elles puissent s'incarner en ce son si évocateur de la modulation de la vie.

Je n'ignore pas que ce chapitre fera couler beaucoup d'encre et suscitera de multiples commentaires. Science-fiction pour les uns, simple élucubration pour les autres, vérité scientifique pour certains, cette approche sur le bruit de vie constitue incontestablement une véritable gageure en matière de recherche. Comprendra celui qui aura goûté à cette subtile vibration. S'épuisera vainement celui qui voudra aiguiser son intellect à concevoir ce qu'il n'est pas capable de percevoir. Des expériences entreprises tant en laboratoire que sur le plan clinique permettront ultérieurement de rendre ces lignes plus accessibles. Pour le moment, contentons-nous de les recevoir comme objet de réflexion dans une perspective de réhabilitation de la mère dans sa dimension la plus noble, celle-là même qui nous la dévoile comme l'être vibrant à l'amour qu'elle dispense.

5

Souvenir et mémoire

Nous avons pu, au cours des chapitres précédents, suivre l'évolution de l'appareil auditif du fœtus. Nous savons maintenant qu'il entend à partir du quatrième mois et demi de la vie intra-utérine. Avant cela, il ne réagit pas. Nos habitudes expérimentales nous obligent à penser que toute incitation se manifeste par une réaction. Il se passe cependant beaucoup de choses qu'on ne sait pas encore déceler, mesurer, évaluer.

Les recherches qui ont été faites au cours des quinze dernières années ont permis de connaître approximativement ce que le fœtus recevait comme informations sonores. Nous avons essayé par ailleurs de savoir ce qu'il percevait exactement. Il reste à chercher ce qu'il retient et ce qu'il désire engranger, si tant est qu'une ébauche de volition puisse être invoquée. Nous sommes ainsi en droit de nous demander quelles sont les engrammations qui pourraient être réalisées bien avant le quatrième mois et demi de la vie fœtale.

À notre avis, ces engrammations peuvent être de plusieurs ordres. Il existe en effet différentes manières d'engranger les acquisitions. Ces façons de faire se réalisent toujours sur un même mode, et leur complexité apparente ne vient que de leur imbrication plus ou moins renouvelée. C'est ainsi que toute action du système vestibulaire comprend, dans son processus le plus simple, une information périphérique issue du vestibule, provenant soit des sacs utriculaires ou sacculaires, soit des canaux semi-circulaires, soit plus assurément de l'ensemble. Elle s'achemine ensuite dans les noyaux vestibulaires dont on sait maintenant qu'ils opèrent comme des cerveaux archaïques, par leur mise en place fondamentale première.

Dès que les communications périphériques s'ébauchent, cette information d'ordre vestibulaire, c'est-à-dire spatiale, jouant sur l'équilibration, se distribue à l'ensemble du système musculaire. Ce dernier se met en condition pour tenter de rééquilibrer à tout moment le fœtus dans son univers utérin. Tout ne se passe pas en un jour certes mais tout ira, en ces temps si denses en événements, à une vitesse qui étonne par sa rapidité. Lorsque le système neuro-musculaire se met en activité, le contrôle devient indispensable comme on l'a vu dans les chapitres précédents. Si bien que les fibres sensitives s'organisent en faisceaux destinés à apporter, par un cheminement qui passe par un relais, le cervelet, les éléments de retour nécessaires pour que les noyaux vestibulaires puissent introduire les corrections de coordination dans les différents segments de l'ébauche corporelle. Très rapidement s'installe une « proto-conscience » qui n'en est pas moins une conscience, si primitive soit-elle, et qui fort heureusement glissera vite vers une organisation d'actions, réactions et contre-réactions que l'on dénommera ultérieurement les « automatismes ».

On se souvient que nous avons insisté à plusieurs reprises pour bien préciser qu'il existe une différence fondamentale entre les mouvements automatiques et les mouvements inconscients. Ces derniers n'entrent point dans la catégorie des automatismes : ils apparaissent par impulsions, de manière désordonnée sur les automatismes. Ces derniers au contraire sont les résultats d'un ensemble de mouvements parfois fort complexes, maintes fois répétés, se distinguant des réponses anarchiques dès lors qu'ils ont atteint un certain seuil de conscience. Certes celle-ci est d'autant plus fruste qu'elle s'intègre ici chez l'embryon mais elle est de même ordre que celle qui s'établit chez l'animal prenant possession de son corps dans le but d'agir ultérieurement en fonction de ses besoins.

Il est vrai que cette conscience, loin d'être ce qu'on lui accorde couramment comme signification, reste encore confuse. Pas plus cependant que celle qui, par la suite, devra être mise en activité dans des actes plus délibérés tels que la marche par exemple. Les différences constituent des degrés de conscience liés à des fonctions touchant aux différents étages du système nerveux qui se mettent en place. Ici le cerveau premier vestibulaire joue d'abord consciemment, ensuite automatiquement par des faisceaux moteurs puis sensitifs avec l'adjonction des relais cérébelleux, de l'olive bulbaire et de la partie centrale du noyau rouge. La coordination de cet ensemble éveille un embryon de conscience. C'est elle que nous avons dénommée plus haut « proto-conscience ». C'est sur elle que se bâtissent les autres étages de la conscience jusqu'au moment où tout l'encéphale intervient pour nous offrir, dans un ultime montage, la possibilité de découvrir jusqu'à la conscience de cette conscience.

Celle-ci, éphémère, exigera de nous une vigilance constante et malgré notre application de tous les instants, nous ne pourrons guère la conduire au stade des automatismes. Si d'ailleurs nous y parvenions, elle nous donnerait alors la faculté d'accéder à d'autres plans de conscience tandis que cet étage disparaîtrait de notre vigilance pour entrer dans des mécanismes tout aussi automatiques que ceux que savent utiliser les étages inférieurs du système nerveux. Il est bien entendu que le terme « inférieur » n'est en rien entaché de sens péjoratif. Il s'agit d'une position relative comme peut l'être celle du sous-sol d'une maison par rapport au premier étage et comme l'est également ce dernier par rapport au second, etc. Cette précision est d'autant plus indispensable qu'elle nous rappelle que l'on ne peut pas bâtir un dixième étage sans que le neuvième existe, et ce jusqu'aux fondations qui ont leur rôle à jouer, un rôle primordial à partir duquel tout se construit et auquel il faudra toujours songer, même si nos yeux se portent par préférence sur le sommet du dernier étage.

Ce niveau supérieur sera d'autant mieux consolidé que les étages inférieurs auront été bien construits et bien implantés. Cependant dans toute construction, il est possible, à mesure que la charpente grandit et s'élève, de mettre en route les étages supérieurs bien que le bas ne soit pas pour autant terminé. De plus, il peut manquer des éléments essentiels comme l'escalier ou l'ascenseur qui seront le plus souvent rapportés à la fin. En attendant, les éléments de construction peuvent être distribués de tout autre manière, par voie latérale par exemple au moyen d'échafaudages et de grues.

Il en est de même du système nerveux : on le voit se construire dans son ensemble. Les premiers étages qui sont fonctionnels plus précocement que les autres semblent alors agir de manière autonome, et leur dynamique opérationnelle va peu à peu envahir les divers territoires qui leur sont destinés et qui sont en voie d'achèvement. Nous aurons tout d'abord l'infrastructure musculaire, puis les réponses sensorielles qui y sont adjointes, puis les éléments de coordination qui commencent à se construire et qui se voient englobés dans l'opération. Il en sera ainsi jusqu'au sommet dont le but terminal consistera à jouer sur un tout autre octave, celui qui permettra de bénéficier des structures préétablies pour introduire, de manière de plus en plus consciente, ce que les systèmes premiers auront collecté comme éléments d'information et de tirer profit de toutes les acquisitions qui auront atteint pour la plupart le plan des automatismes. Ces derniers, on se souvient, répondent au départ à une sorte de conscience des étages préétablis, sorte d'emmagasinement proto-conscient qui ne permet pas encore, faute de communication, d'en projeter les mécanismes sur la corticalité et de là, de les renvoyer à nouveau aux étages sous-jacents.

Par ce jeu de flux et de reflux de projections interconnectées de plus en plus imbriquées vont s'organiser des cristallisations de consciences successives telles que celles des apprentissages complexes comme le sont la statique, la marche, l'équilibre, l'image du corps et plus tardivement la latéralité, autant d'éléments préexistants et contrôlés de façon subliminaire. Le cerveau deviendra alors un centralisateur. Et les cerveaux primitifs, les noyaux labyrinthiques en l'occurrence, en seront les contrôleurs grâce à l'intervention permanente de la vésicule labyrinthique.

Le schéma présenté ici est certes très simplifié pour une meilleure compréhension mais il est d'autant plus exact chez le fœtus que le système nerveux n'a pas encore atteint l'ampleur du cerveau humain. Notons en passant que celui-ci est si riche en mécanismes de connexions, de dérivations et en possibilités de compensations que des suppléances seront ultérieurement rendues possibles.

Ainsi une partie de cet ensemble peut éventuellement remplacer une autre partie ou se substituer fonctionnellement à elle, même si la partie substituée était antérieurement appelée à jouer un rôle essentiel. Il ne s'agira bien sûr que d'une compensation ou d'une suppléance dont les activités n'atteindront pas la qualité fine que l'on rencontre lorsque les montages initiaux sont sans anomalies. Cela est facile à concevoir mais il est intéressant cependant de songer que le système nerveux, par la surabondance de son architectonie, nous offre la possibilité d'avoir une action sur l'ensemble de ces activités malgré certaines déficiences, parfois même sévères.

Il existe de nombreuses illustrations de ce que nous avançons concernant les différents étages de conscience. Toutes mériteraient d'être développées car elles apporteraient un éclairage nouveau sur de multiples aspects symboliques archétypaux. Ces derniers sont communs à tous les hommes qui sont appelés, quels qu'ils soient, à parcourir le même cheminement ontogénétique. Le séjour intra-utérin leur offre l'opportunité de rencontrer des expériences semblables sur lesquelles se construiront ultérieurement les mêmes réponses symboliques.

On a certes du mal à imaginer ce qui peut être engrammé dans l'œuf fécondé qui se développe. Pourtant il suffit que nous nous y attardions quelques instants pour en découvrir les richesses. Lorsque l'œuf a enclenché son processus évolutif, l'embryon est *in utero* lui-même confiné dans ses propres enveloppes, l'ensemble étant implanté au milieu du socle placentaire. De ce dernier, un cordon se distingue rapidement et, tel un pipe-line, apporte au nouveau venu en construction tous les éléments qui lui sont nécessaires, éléments distribués à profusion à travers les parois des villosités placentaires plongeant dans la paroi utérine richement vascularisée à ce niveau. Il n'y a pas de communication directe avec la mère. Tout se passe par transmission osmotique au travers des parois utérines et placentaires particulièrement imbriquées au niveau de l'insertion du placenta. Le cordon ombilical, sorte de tube connecteur, comprend les vaisseaux d'aller et retour chargés de transporter tous les matériaux et d'éliminer les déchets. Ces vaisseaux sont directement reliés à la pompe cardiaque qui se met en place chez l'embryon. L'ensemble des connecteurs vasculaires est protégé par une enveloppe gélatineuse formant ainsi le cordon ombilical. Il est à remarquer que celui-ci, si fortement vascularisé, est démuni de toute inervation. Il n'est donc pas doté d'un appareil sensoriel et encore moins d'un appareil moteur. Si bien que, sensitivement parlant, il est destiné à être un corps étranger par rapport au système nerveux ultérieur. Il est un objet extérieur et il le sera de manière d'autant plus marquée que l'appareil sensitivo-sensoriel va se développer et atteindre ses différents stades de maturation.

Nous avons dit comment devait s'effectuer la mise en place des recollections des informations réalisées dès le départ autour du labyrinthe. On observe à la périphérie l'apparition des appareils sensoriels cutanés en des lieux qui rappellent étrangement les emplacements des lignes latérales que l'on sait retrouver chez les poissons inférieurs. Ces lignes latérales, on l'a vu au chapitre 3, sont de petits tubes situés sur leurs flancs et dans lesquels se trouvent des cellules sensorielles qui sont les analogues archaïques des cellules de Corti que l'on retrouvera ultérieurement dans la cochlée. Lors de la migration de ces cellules vers une ébauche auditive plus élaborée dénommée vésicule otolithique, les localisations archaïques des fibres périphériques subsistent en leurs lieux et places. Elles verront poindre à leur extrémité, au cours des millénaires bien entendu et en fonction des espèces, des appareils de détection de pressions vibratoires et spécialement de sensations tactiles.

C'est ainsi que l'on peut se trouver conduit à songer qu'un tout autre mode d'organisation est adopté par ces différents appareils. Nous adhérons volontiers à cette proposition. Nous nous trouvons de la sorte en présence de deux processus. Le premier a pour élément principal la stabilité de la forme de la cellule ciliée, indépendante, vivant en milieu aquatique, se maintenant identique à elle-même au cours des millénaires et pouvant survivre dans sa structure quel que soit l'appareil auquel elle est accouplée : ligne latérale, vésicule otolithique, utricule-saccule, canaux semi-circulaires et enfin la cochlée. Mais au-delà de ce système on ne peut plus stable, nous la verrons par un second processus s'engager dans la voie des transformations, des simplifications lui permettant de s'adapter aux exigences de la vie aérienne.

164

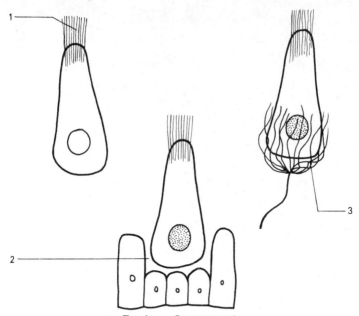

FIG. 1. — CELLULE CILIÉE.
1. Bouquet ciliaire ; 2. Indépendance sur cellule de soutien ;
3. Coussinet dendritique.

Nous rappelons les caractéristiques essentielles de départ de ces cellules : elles sont munies d'un pinceau plus ou moins touffu, indépendantes dans le milieu dans lequel elles se trouvent, assises sur des cellules épidermiques de soutien, enfin enchâssées dans les griffes des dendrites périphériques qui enrobent le pôle inférieur (Fig. 1).

Ensuite, à partir de cet ensemble, on peut voir se profiler les différentes modifications qui vont survenir. Elles sont de deux sortes :

1° Ce peut être une augmentation de plus en plus importante du pinceau ciliaire jusqu'à ce que celui-ci constitue la partie essentielle sous forme de plume ou de poil. Le follicule pileux n'est autre que le résultat terminal, avec des dendrites enserrant le poil vers la base (Fig. 2).

2° Ce peut être aussi un ensemble de modifications avec disparition des poils mais remplacement de la cellule par des sortes de substances apparaissant comme des « concrétions » ou des sortes de corpuscules diversement

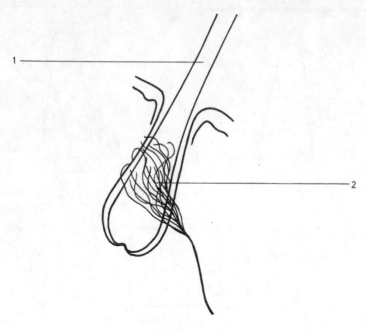

FIG. 2. — FOLLICULE PILEUX.
1. Poil ; 2. Dendrite.

constitués — ce sont, allant du complexe vers le plus
simple : les corpuscules de Meissner, puis ceux de Krause,
de Ruffini, de Pacini et de Golgi Mazzoni. En fin de course
on se trouve uniquement en présence des filets dendriti-
ques, libres et jouant directement sans intermédiaire. On
les appelle couramment les *end organs* ou terminaisons
libres (Fig. 3).

On peut adopter un schéma d'ensemble, ce qui me
paraît souhaitable pour une meilleure mémorisation des
modifications en cours. On y voit mieux le devenir de la
cellule ciliée, ancêtre des cellules de Corti mais aussi
ancêtre de tout appareil sensoriel cutané, voire musculaire, articulaire ou osseux et intégré dans son milieu pour
n'opérer parfois, dans un stade de simplicité poussée à
l'extrême, que par des fibres terminales (Fig. 4).

Cet *a parte* concernant les divers appareils de détection
vibratoire nous permet d'entrevoir le rôle prépondérant
qu'ils peuvent jouer dans le domaine de la communication notamment au niveau de l'écoute et du langage. Nous
aborderons ce sujet dans une autre publication. En atten-

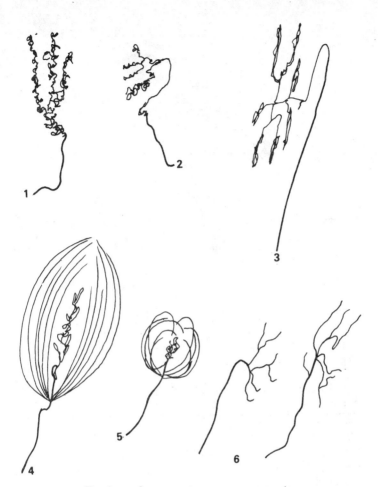

FIG. 3. — CORPUSCULES SENSORIELS CUTANÉS.
1. Corpuscule de Meissner ; 2. Corpuscule de Krause ; 3. Corpuscule de Ruffini ; 4. Corpuscule de Pacini ; 5. Corpuscule de Golgi Mazzoni ; 6. Terminaison libre.

dant, disons qu'au préalable les muscles en activité et les différents segments corporels ou métamères bénéficient de corpuscules sensibles qui rapportent aux ébauches cérébrales et notamment cérébelleuses construites autour de l'oreille primitive, les informations sensorielles émanant du corps. Il reste de cette première localisation les zones de sensibilité particulière sur le plan cutané et sous-jacent qui, on le sait, sont particulièrement riches au niveau de la partie antérieure du corps, de la face, des mains, des parties antérieures des bras et internes des

167

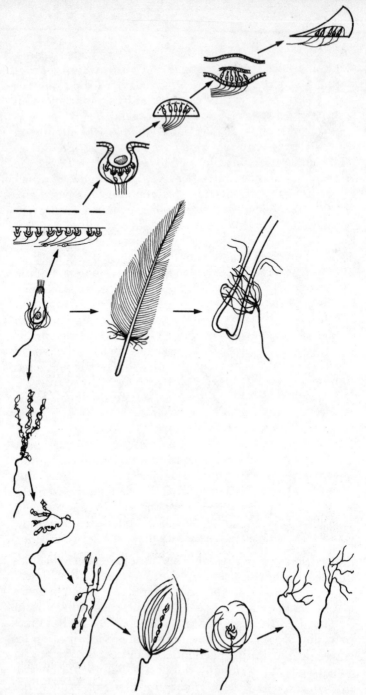

FIG. 4. — ÉVOLUTION DE LA CELLULE CILIÉE PRIMORDIALE.

jambes et de la plante des pieds. Les zones autres, notamment le dos et la partie postérieure du corps, seront moins fournies en cellules sensorielles. Si bien que des aires seront plus favorisées que d'autres, notamment en ce qui concerne l'éveil de leur conscience.

Cet éveil n'apparaît pas par enchantement comme on est tenté de le croire lorsque l'arc nerveux est définitivement constitué. En effet, cette vision donnée par le laboratoire nous conduit à penser que, lorsque la périphérie est mise en excitation, les réponses motrices aux sollicitations ou encore les réponses évoquées, collectées en partie terminale des circuits, sont les seules manifestées. En réalité, tout organe périphérique mis en activité semble commencer à accumuler lui-même des informations sur les premiers éléments cellulaires nerveux qui le supportent, réalisant ainsi une pré-mémoire profonde, cellulaire, non distribuée, non développée et par là non analysée. Ainsi ces localisations conservent un caractère isolé presque ponctuel et vont s'élargir progressivement. Le caractère commode de ces localisations réside dans le fait qu'elles sont généralement distribuées sur une ligne dominante, vieux souvenir du tracé de la ligne latérale comme je le signalais plus haut, puis sur quelques lignes parallèles, deux ou trois au maximum.

Une riche localisation sensorielle sera accordée à la main notamment dans la face palmaire des doigts et plus spécialement aux bouts de ces derniers. Cette localisation contrastera avec les membres supérieurs eux-mêmes qui seront relativement moins sensibles dans leur ensemble que ne le sont les mains. Aussi ces dernières, avec leur sensibilité spécialement exacerbée, apparaîtront comme des sortes de têtes chercheuses montées sur deux antennes de perception destinées à collecter les informations. Celles-ci ne sauraient être intégrées qu'au niveau des premiers étages nerveux mis à leur disposition avant de se propager sur les aires de projections cérébrales qui seront allouées ultérieurement aux membres supérieurs et plus spécialement à la main.

C'est ainsi que l'univers utérin commence à être exploré d'une façon permanente, tandis que les informations recueillies sont engrangées dans les foyers premiers constitués. Lors de ces explorations, va se propager le sentiment d'une perception antérieure, d'un « déjà connu » qui resurgit en fonction de la maturation anatomique, doublée elle-même d'une maturation psychologique qui semble déjà liée à un désir d'inonder les étages supérieurs par des « souvenirs » précocement recueillis dans les étages les plus périphériques. Si cette distribution nerveuse ne s'élabore pas, la mémoire de ces premières engrammations, de ces souvenirs restera encore et toujours localisée dans les collecteurs périphériques, au risque de ne pas dépasser ce stade. Tandis que, si une motivation détermine une distribution large de ces informations jusque-là maintenues en réserve, de manière confuse mais présente, leur intégration sera rendue possible. Elles seront ainsi mieux analysées à mesure qu'elles s'élèveront dans la complexité de la hiérarchie architectonique du système nerveux, notamment de l'encéphale.

Autrement dit, les mains, riches en éléments sensoriels, vont au hasard des rencontres, tantôt palper la paroi utérine, tantôt retrouver le cordon ombilical qui, on se souvient, se comporte comme étant hors du corps par absence d'inervation, tantôt enfin découvrir le corps lui-même. Rappelons d'ailleurs que ce dernier touche également à tout moment les parois de l'utérus maternel et le cordon ombilical. Mille sensations premières naissent ainsi, focalisées sur le plan des engrammations, au stade le plus régressif ; au stade le moins distribué en fait, le moins compréhensible parce que le plus difficile à appréhender au niveau des stockages, où tout est collecté en vrac. Ce n'est qu'ultérieurement que l'inventaire de ces réserves s'effectuera grâce à l'intervention des étages supérieurs dont la fonction sera justement de décrypter et de dénombrer ces accumulations.

L'analyse en sera nécessaire, et l'on perçoit rapidement combien de « souvenirs », de mémorisations archaïques pourront éveiller d'excitations périphériques. En effet, toutes les mises en action des appareils sensoriels se complètent lors de la maturation des étages collecteurs en direction de l'encéphale. Les trains d'ondes porteurs d'informations à cette adresse conduisent en même temps, de manière confuse mais toujours présente, ces premières sensations qui seront d'ailleurs ultérieurement souvent recherchées, tel le contact de l'eau, de la peluche, de la fourrure, etc. Il faudra attendre un long moment pour qu'une sensation nouvelle soit recueillie corticalement au niveau du cerveau comme telle, sans mémoire de quelque souvenir, sans parasitage en somme. Un toucher en rappelle un autre, un son éveille mille résurgences. Il y a là une véritable réminiscence, une sorte d'hystérésis, si remarquablement retrouvée d'ailleurs dans les réactions hystériques. Celles-ci ne sont, ni plus ni moins, que des réveils, que des relances en quelque sorte, de ce qui a été emmagasiné et réinjecté au travers du système nerveux, aboutissant à des réponses qui échappent, de la part du sujet, à tout processus d'analyse. Toute excitation détermine ainsi d'abord la mémoire archaïque avant même d'être recueillie et analysée pour elle-même. Elle répond à ce qui est gardé. D'ailleurs le mot « hystérie », vu sous cet angle, donne sa vraie coloration à la maladie que l'on connaît en psychiatrie et permet de désinsérer celle-ci de l'image d'hyster évoquant l'utérus que l'on est tenté d'y rattacher implicitement. L'utérus n'est « hyster » que parce que précisément il retient, il garde.

Pour en revenir à notre fœtus plongé dans son monde utérin, nous pouvons nous demander ce que son exploration peut déterminer comme engrammations et ce qu'il en résulterait s'il pouvait projeter les impressions amassées durant cette période où tous ses appareils, bien que déjà complexes dans leur structure cellulaire, ne sont encore sur le plan fonctionnel qu'à l'état d'ébauche. La meilleure projection de cette engrammation initiale me paraît être l'« arbre » que dessinera l'enfant avec tant de facilité, comme allant de soi et cela en quelque coin du monde où l'on se trouve, même là où les arbres font défaut !

C'est qu'il y a toujours un arbre dans l'utérus qui se construit, avec ses racines placentaires, son tronc ombilical et sa couronne distincte corporelle. C'est le socle qui sera le mieux et le premier perçu puis le cordon dont l'importance est d'autant plus grande que la sensation est plus régressive tandis que le corps n'est encore ressenti qu'à l'état bourgeonnant. Puis au fur et à mesure que la sensation s'accroît, l'ampliation de la couronne s'effectue tandis que les racines et le tronc se réduisent. Les structures internes de la couronne s'organisent sous forme de branches dont les poussées arborescentes semblent être animées par le souffle de la vie qui s'insinue et inonde le corps qui dès lors est vécu. Puis les fruits font

171

leur apparition et stigmatisent les points des premières sensibilités cutanées encore isolées par plaques souvent distribuées suivant des lignes.

Ces ensembles successifs qui se retrouvent à un degré plus ou moins évolué chez tous les êtres humains, quel que soit l'âge, peuvent indiquer d'une façon précise des états de fixation relatifs à un vécu archaïque embryonnaire ou fœtal. Ils peuvent également révéler le stade d'évolution des mécanismes destinés à mettre en place ce qui va déterminer ultérieurement l'image du corps. On assiste ainsi à la découverte d'une structure interne archaïque dont la fixation peut être éventuellement mobilisée par des techniques appropriées. Celles-ci vont permettre au sujet de franchir les différentes étapes destinées à libérer les engrammations recueillies pendant la vie intra-utérine et qui sont restées concentrées dans les collecteurs sensoriels périphériques sans avoir jamais été distribuées à l'ensemble de l'arbre nerveux. Celui-ci, en fait, déterminera plus tard l'aspect de la couronne : il traduira l'arbre de vie, après l'arbre à fruit.

Cet exemple mériterait plus d'attention mais il dépasserait le cadre de cet ouvrage. Il donne néanmoins un aperçu de ce que le vécu intra-utérin sait laisser comme empreintes profondes, empreintes qu'il faudra toute une vie durant tenter de redécouvrir, de dépouiller, de remettre en pleine lumière afin de libérer les circuits sensorimoteurs, véritables appareils d'information qui pourront alors fonctionner d'autant plus correctement qu'ils auront été nettoyés, rendus libres de tout encombrement. Ainsi, comme on peut aisément le deviner, le but à atteindre sera non pas d'éliminer les acquisitions premières mais plutôt de les faire resurgir. Elles sont en réalité destinées à être distribuées et intégrées puis à être mises à leur place, c'est-à-dire à être situées en leur temps et en leur signification. Ainsi classées, elles constituent un véritable « fichier de documentation » des connaissances vécues. Elles conservent une valeur inestimable permettant de mieux appréhender, sans zone obscure et sans ombre portée, les intégrations ultérieures. Par contre, les amoncellements non découverts et par conséquent non analysés et non classés vont compromettre la transmission des informations reçues. Ils les pollueront en quelque sorte. Et l'on peut dire que cette pollution entachera à coup sûr toute stimulation ultérieure devant être recueillie et dirigée vers les analyseurs cérébraux.

Le cheminement vers la réalisation de chaque être sera rendu possible par la libération et la distribution de ce capital si riche en signification. Mais il est évident que ce fichier de documentation auquel nous faisions allusion quelques lignes plus haut ne pourra être conçu que par l'intermédiaire de l'engrammation alors verbalisée. Celle-ci n'est autre que la conversion de l'engrammation préverbale. C'est là que le langage prend une dimension toute particulière en associant à la valeur signifiante l'action incorporéisante, le corps n'étant en effet appréhendé en la circonstance que dans sa forme instrumentale. Cette dernière est mise à la disposition de la fonction langagière pour que la parole puisse s'élaborer. Pour pouvoir y parvenir, il faudra en quelque sorte verbaliser le corps et pour y arriver d'une manière aussi facile et aussi complète que possible, il faudra décoder tout ce qui a été accumulé sur quelque partie que ce soit de l'arbre nerveux. C'est bien entendu en la périphérie qu'il faudra chercher ces réserves. On comprend ici toute la valeur de la reviviscence des éléments accumulés dans les organes sensoriels qui opèrent, par leur engrammation d'un niveau supérieur — celui du plan verbal — un véritable nettoyage des étages premiers périphériques. Dès lors toute stimulation à ce niveau sera transmise directement au cortex qui, à son tour, transmettra l'information à tout le corps sans que cette dernière ait été marquée d'une empreinte susceptible d'en altérer la qualité.

Mais lorsque les processus de verbalisation n'ont pas été élaborés ou s'ils n'ont pas été suffisamment exprimés, on imagine aisément le retentissement que pourront avoir ces types de « souvenirs-pollution » dans le vécu ultérieur et dans le déterminisme du comportement psychique, voire psychopathologique ou organique. De nombreux exemples de ces circuits nerveux « encombrés » permettraient d'illustrer ce que nous venons d'avancer en matière de mémoire mais il ne nous est guère possible de les évoquer ici en grand nombre. L'un d'entre eux cependant tient une place si importante qu'il nous paraît nécessaire de nous attarder quelques instants sur ses divers champs d'action. Il s'agit du *système parasympathique*. Son territoire est vaste et répond à l'épanouissement du *nerf pneumo-gastrique* ou X^e paire crânienne, connu également sous le nom de nerf vagal ou vague. Notons qu'il convient d'y associer en sa partie haute le *système oculo-moteur*, le *facial* et le *glosso-pharyngien* et en sa partie basse les IIe, IIIe et IVe nerfs sacrés.

L'étendue du réseau de distribution du parasympathique est si grande qu'il est aisé de l'imaginer partout où il s'agit de porter ou de collecter des informations aux organes internes. Il est par excellence le réseau nerveux de l'intérieur. Par l'importance du territoire qu'il contrôle, le nerf vague se voit réserver une place toute spéciale. Ne tient-il pas en effet sous sa coupe, du haut en bas, le larynx, les bronches, le cœur, l'estomac, les intestins, le pancréas, les reins, la rate et le foie ? Comme nous venons de le dire, les activités du parasympathique se complètent par celles des adjonctions nerveuses cervicales jouant sur les glandes lacrymales et salivaires entre autres et celles des terminaisons sacrées intervenant sur les organes pelviens.

Signalons au passage — et le détail vaut la peine d'être souligné — que cet exceptionnel réseau souterrain présente une antenne extérieure grâce au nerf vague par l'intermédiaire de son rameau auriculaire. C'est ainsi que la partie basse du conduit auditif externe, la face externe et la face interne du tympan se trouvent inervées sensitivement par cette branche du vague. De surcroît, la preuve vient d'être faite, grâce à l'aboutissement de recherches récentes, que la sensibilité du muscle de l'étrier, par ailleurs inervé sur le plan moteur par le nerf facial, dépend aussi du territoire de la Xe paire crânienne, donc du nerf vague.

Le parasympathique semble être, dans une large mesure, institué pour détecter sensoriellement les informations recueillies au niveau de la périphérie viscérale. En fait, on sait peu de chose concernant les détecteurs sensibles opérant sur les récepteurs internes. Il semble que l'on puisse les considérer comme des fibres terminales libres auxquelles on peut adjoindre des organes récepteurs du type Pacini. Ils agissent sur un vaste territoire sensoriellement inervé qui devrait — si tout se passait normalement, harmonieusement — coordonner une série de sensations proprioceptives bien déterminées. Mais tout ne se passe pas aussi idéalement qu'on pourrait le souhaiter. En effet, loin d'avoir atteint l'autonomie fonctionnelle à laquelle est destiné le système sympathique-parasympathique, l'ensemble du réseau se voit perturbé dans son activité par la mise en route de myriades de courts-circuits introduits par des kyrielles de « souvenirs » des plus archaïques. Par leur présence, ces derniers compromettent le bon fonctionnement des mécanismes qui président au jeu des collecteurs sensoriels viscéraux.

Il devient alors tout à fait vain de vouloir recueillir une information réelle, non entachée de l'ensemble des engrammations opérées de longue date. Les comportements alimentaires ne sont rien moins que les résultats de ces engrammations qui déversent leurs processus emmagasinés comme des séquences qui empêchent tout autre progression de se réaliser. Il en est de même, dans le domaine de la respiration, des mécanismes qui obscurcissent la cadence du respir normal et qui peuvent engendrer certains troubles, l'asthme par exemple. Le système circulatoire subit les mêmes dérèglements en fonction de ces « pollutions » qui ont laissé leurs traces sur le système chargé des régulations et de l'harmonisation des différents éléments constituants de ce territoire particulier.

Sans qu'il soit besoin de s'étendre sur ces différentes interventions, on devine la portée de ce que nous avançons en ce qui concerne la transformation somatique ou somatisation de ces « souvenirs » à résonances psychologiques de mauvaise qualité. La psychosomatique trouve ici une large part de ses racines. Mais on pressent également combien il est aisé de dénouer ces imbrications somatiques et psychiques en « nettoyant » ces engrammations focalisées au niveau de la périphérie et en les introduisant dans l'ensemble du système nerveux afin qu'elles atteignent le niveau d'une conscience verbalisée ou d'une verbalisation consciente. Il s'agit là non pas d'effacer les engrammations, comme nous l'avons déjà précisé, mais de les relativiser, c'est-à-dire de leur donner leur place réelle en leur attribuant leur valeur exacte. En effet, si importantes qu'elles aient pu être lors de l'événement, elles ne conservent, en fonction de la distance introduite par le temps vécu, que la dimension d'une réalité relative.

Le revécu suscité par les reviviscences les plus primitives réalisées à l'aide des sons filtrés, c'est-à-dire au stade le plus archaïque, conduit rapidement à la rencontre et par là à la connaissance de cette dimension. C'est alors que, libérés de leurs engorgements, les appareils sensoriels viscéraux recouvrent la dynamique pour laquelle ils sont conçus tandis que disparaissent les troubles qu'ils avaient jusqu'alors entretenus par un mauvais usage fonctionnel. On conçoit de la sorte pourquoi l'administration sous Oreille Électronique de sons filtrés, notamment à partir de la voix maternelle, débouche généralement sur la normalisation des fonctions neuro-végétatives. En effet, il n'est pas rare de constater, à la suite d'une démarche de réinsertion de la dimension d'écoute, la disparition de symptômes tels que la boulimie ou l'anorexie, les troubles digestifs, les gênes respiratoires et certaines anomalies cardio-vasculaires telles que palpitations et arythmies.

Il ressort de cette réflexion sur les engrammations que *le souvenir semble paradoxalement entraver la mémoire.* L'homme n'est que mémoire et il ne serait que mémoire éternelle s'il n'était pas gêné dans cette plongée *in memoriam* par deux facteurs : l'un dû à l'accumulation de ces mémoires focalisées qui encombrent jusqu'à saturation les organes sensitivo-sensoriels ainsi que leurs répliques motrices, l'autre lié à l'intelligence, cette précieuse et dangereuse faculté qui sait révéler mais qui sait aussi occulter tel ou tel volet existentiel. Pour peu que certains événements soient appelés à entraver le cours des choses, ils vont grâce à certains processus fortement intellectualisés rester enfouis et bloquer ainsi, par leurs engrammations, tout passage à l'information dans des zones qui risqueraient d'éveiller un tant soit peu le souvenir de leur trace.

Il existe cependant de multiples « souvenirs » qui doivent avec le temps, au cours des millénaires, acquérir le degré de mémoire. Ce sont eux qui par leur répétition systématique s'inscrivent dans le capital génétique. Mais pour que cela soit, il faut qu'il y ait nécessité et pour que s'institue cet impératif, il faut que ce besoin corresponde à une réalité, à une réponse adhérant en totalité aux caractéristiques du milieu environnant ; à ce qui fait partie non pas du capital génétique initial mais de la capitalisation ultérieure introduite dans le programmateur de haut niveau.

On ne trouve que ce qui est, ce qui est donc justement compris dans cette mémoire éternelle, à l'échelle humaine en tout cas. Il est évident que si cette nécessité ne revêt pas ce caractère fondamental, elle ne s'inscrit pas dans la mémoire. Elle ne sera qu'un souvenir, qu'un fait marquant dans l'historicité de notre épisode existentiel, voire du périple d'une humanité en quête de sa destinée. Il n'est que de voir combien de déductions idéologiques s'établissent sur la périodicité de ces souvenirs historiques pour induire un comportement ultérieur, oubliant du même coup que ces canevas ne sont systématiques que parce que la mémoire ne recouvre pas sa réalité ontologique.

On pourrait établir que l'homme oublie qu'il est foncièrement bon uniquement parce que ses réactions vis-à-vis du milieu l'empêchent d'objectiver cet état qui est le sien. Aussi son comportement sera-t-il contraire à sa nature profonde. Il répondra aux souvenirs imprimés dans son personnage, souvenirs qui masquent la réalité de ses actions et de ses motivations premières. Ce qu'il exécute ne ressemble en rien à ce qu'il désire exprimer de prime abord. Ses souvenirs constituent une ombre portée sur la fonction mémorisante si proche de l'intelligence réelle.

Celle-ci n'est autre que cette faculté de percevoir la totalité de la connaissance potentielle de l'homme et d'en organiser la distribution dans des plans temporels et spatiaux. Cette *inter legere* ou intelligence n'est autre que cette cueillette cognitive des objets du savoir placés dans leurs rapports respectifs afin que les relations analogiques, comparatives ou différentielles s'instituent, résultant du jeu analytico-synthétique que savent opérer les différents étages de la conscience.

Hélas, l'intelligence connaît aussi ses déviations. Et plutôt que de jouer à cette cueillette dans le champ de la connaissance mémorielle, celle qui doit le conduire vers une introspection systématique lui permettant de dénombrer les différents plans du programmateur, l'homme se trouvera réduit à se fixer sur ses « souvenirs ». Du même coup et par le renforcement que l'intelligence sait y apporter, ceux-ci prendront allure de mémoire effective et formeront un écran d'autant plus opaque que l'intelligence est élevée. On sait quel gâchis les gens font de leur intelligence, la limitant dans ce qu'ils dénomment les acquisitions intellectuelles, faible savoir en réalité, qui ne résiste guère au feu de la conscience, pour peu que celle-ci soit sollicitée et se mette en quête de la mémoire de l'Être.

6

Évolution et régression

Nous sommes ainsi conduits à constater que chaque stade de l'évolution fait apparaître une nouvelle structure qui se déploie, prenant la suite de la structure précédente mais s'en différenciant suffisamment pour en être distincte. Ce sont à vrai dire autant de re-naissances allant d'une structure à l'autre. Elles contiennent en conséquence autant de morts en elles, nécessitant pour obtenir une re-naissance l'obligation d'un changement, d'une modification, d'un abandon d'un état antérieur.

La progression anatomique suit son cours normalement, et il faudra des conditions fâcheuses, pathologiques pour entraver le tracé d'une telle évolution qui semble aller de soi en fonction de la programmation établie. Mais l'autre dimension, celle qui va définir l'homme sur le plan de cette évolution, celle qui doit lui faire découvrir l'humanisation, celle-là risque fort de ne pas suivre avec autant de facilité le processus engagé. D'où vient cette différence ? D'où vient qu'il est plus aisé de voir s'organiser le développement cellulaire que la fonction humanisante ?... C'est que cette dernière, bien que dépendant elle aussi d'un programme de haut niveau tout comme celui auquel est inféodée l'évolution anatomique, est occultée par maintes interférences de différents ordres.

C'est *in utero* que tout cela se passe. C'est pourquoi il nous semble si important de veiller à l'éducation de la génération génératrice pour que le mieux-être du nouveau venu s'établisse suivant un véritable processus d'humanisation. Il y a peu de mérite à laisser s'accroître une grossesse qui, à quelques exceptions près, ne demande qu'à évoluer normalement. Mais préparer l'envol psychologique de celui qui devrait échapper à la psychologie par manque de problèmes, constitue une démarche difficile et demande un long cheminement éducatif.

L'humanisation dès lors consiste à laisser l'homme s'installer dans son identité particulière, spécifique. Il faudrait qu'il puisse devenir sur le plan psychologique ce qu'il devient tout naturellement sur le plan anatomique, passant d'un stade à l'autre sans qu'aucune entrave ne vienne s'interposer. Dès lors, restant en son « humilité », en son humus en fait, il atteindra sa vraie grandeur, celle pour laquelle il est promu naturellement, c'est-à-dire par nature.

S'il nous était donné de préciser les étapes de l'évolution au fil du développement ontogénétique, nous pourrions dire que notre homme en puissance parvient à ce stade final en traversant des « strates » temporelles qui feront de lui l'œuf puis l'œuf fécondé, ensuite l'embryon, plus tard le fœtus et enfin le nouveau-né. Ce dernier, mieux connu pour ses processus de croissance, a fait l'objet de maintes études le concernant et l'on sait aujourd'hui décrire parfaitement son développement anatomique, psychologique et mental. Il n'en est pas de même du fœtus. Bien que de nombreuses recherches aient été entreprises à son sujet au cours des dernières décennies, de nombreuses inconnues persistent.

Si nous reprenons la construction dynamique du système nerveux que nous avons tenté de réaliser au cours d'un des chapitres précédents, nous pourrons définir chacune des étapes de la manière suivante :

La première, celle de l'œuf non fécondé, est une attente indéterminée, programmée à un niveau si complexe que nous nous contentons d'ordinaire, pour le situer, de faire appel au hasard.

La deuxième, celle de l'œuf fécondé, est celle de la mise en place des différents inducteurs auxquels sont délégués les pouvoirs de l'organisation primordiale.

La troisième, celle de l'embryon, répond à la mise en place du système vestibulaire qui apparaît comme un véritable inducteur du système nerveux. En effet, tout s'ordonne autour de lui afin que les situations spatiales s'intègrent déjà dans l'ébauche de cette construction.

Mais que l'on ne se méprenne pas, cette ébauche est dense et riche de potentialités. Tout y est déjà intégré, les postures naissantes, les positions relatives des membres qui bientôt auront des connexions avec cette centrale installée précocement. Tout se construit avec un point de départ dont la puissance de centralisation dépasse l'entendement. La structure naissante saura ensuite diffuser son énergie, comme si elle dispensait son acquis et transmettait ses pouvoirs à des organisations plus récentes, plus sophistiquées dans leur agencement mais qui n'en demeurent pas moins dépendantes de cet organisme premier : le vestibule. Ainsi l'embryon est-il essentiellement un « vestibulaire ».

Il va sans dire que se mettent en place d'une façon concomitante les différents organes devant assurer la maintenance de ce système nerveux naissant. Ce sont : le cœur, l'appareil circulatoire, l'appareil digestif, etc. De plus, un ensemble de connexions nerveuses destinées à fonder les régulations de ces diverses adjonctions réalise le système neuro-végétatif. Toujours en même temps, la préparation à la communication, quelle qu'elle soit, met en place l'appareil locomoteur, fait en réalité d'un complexe sensori-moteur, sorte d'extension vers la périphérie des centres vestibulaires.

Ensuite, lors de l'investiture de l'état fœtal, la cochlée devient opérationnelle et transforme, du moins apparemment, la totalité de l'organisation première, laissant croire que tout est définitivement déplacé au niveau de la corticalité. Ce serait une erreur de se laisser emporter par une telle assertion. Tout s'y trouve délégué certes à un plan plus élevé mais la direction première subsiste au niveau du cerveau archaïque qui opère comme une proto-architectonie sur laquelle tout se construit. En fait, le cerveau vestibulaire est le fondement de l'ensemble. Il constitue du même coup les fondations de cette structure.

Qu'advient-il du reste ? Serait-il de moindre importance que ce qui vient d'être présenté ? Il n'est pas dans nos intentions de le prétendre. Et rien n'est à supprimer des rôles distribués aux autres constituants de cet ensemble. Mais si l'on accepte de penser que cet appareil si fabuleux qu'est le cerveau repose sur une fondation de base d'où émanent les inductions primordiales, si l'on garde en mémoire que ce lieu premier opère toujours comme l'inducteur initial, comme le point de départ de toute l'organisation qui s'y surajoute, on peut certainement mieux appréhender le cerveau non seulement dans son architectonie mais encore dans sa physiologie fonctionnelle. Nous verrons ainsi apparaître la finalité de la mise en place de cet appareil prodigieux qui n'est là, je le répète, que pour écouter, c'est-à-dire pour servir d'intermédiaire entre la fonction langagière et la fonction parolière. À partir de celle-ci, tout le processus de communication va pouvoir s'établir.

Ainsi donc le stade « fœtus » est celui durant lequel ce que nous appelons le cerveau, déjà lancé sur le plan de son architectonie, va voir s'instaurer les premières fonctions vestibulaires puis cochléaires au sein de son activité future.

En résumé, nous pouvons dire que le stade embryonnaire est caractérisé par une intégration massive, essentielle, gestuelle, non verbale. Notons au passage qu'elle restera non verbalisable tant qu'elle n'aura pas ultérieurement l'opportunité de se reproduire et par là de sortir des premières engrammations du type postural restées fixées au niveau des noyaux vestibulaires. Pour dépasser ce stade, il lui faudra entrer, avec la force de son expression sensitivo-motrice, dans l'organisation de plus haut niveau. Celle-ci, grâce à l'adjonction de la cochlée, sera apte à l'identifier en tant que signifiant et à la classer en une mémoire sensori-motrice verbalisée et donc signifiée. En fait, il s'agit là d'une véritable transposition.

Nous pouvons dès lors affirmer que le fœtus est un « cochléaire » de même que nous avons indiqué que l'embryon était un « vestibulaire ». En somme, l'« embryo-fœtus » est globalement un vestibulo-cochléaire. Du moins, il est supposé l'être et, de ce fait, il est appelé à transférer sur l'intégrateur cochléaire toutes les acquisitions vestibulaires, ce qui revient à dire qu'il doit projeter sur l'aire corticale toute l'intégration somatique. À l'inverse, par la boucle linguistique, il l'incorporéise à nouveau par la voie de la verbalisation. Ainsi devient consciencisé ce qui jusqu'alors était resté dans l'ombre, enfoui quelque part dans le système nerveux.

On sait combien de techniques ont essayé, en fait, de provoquer ce jeu de passage d'un intégrateur à l'autre, sans pour autant connaître l'existence de ces derniers. La psychanalyse par exemple tente de mettre en lumière, par la puissance de la verbalisation, ce qui reste dans l'obscurité. Il arrive cependant que certains éléments confinés dans le vestibule soient parfois soustraits à cette démarche parce que trop précocement emmagasinés. Par ailleurs, certaines techniques corporelles comme celles qui tendent à faire revivre la naissance, cri primal ou autre, poursuivent une recherche identique. De même, les travaux et applications de la bio-énergie essaient de faire revivre à travers le corps les impressions premières. Le monde oriental procède de façon analogue avec les postures en Hatha-Yoga dont on ne mesure pas assez la portée somato-analytique.

Mais, comme on peut le deviner, il manque toujours, dans ces différentes démarches, le maillon premier de la chaîne, celui que constitue l'appareil vestibulaire, véritable cerveau primitif. C'est pourquoi lorsque nous procédons à la mise en route ontogénétique de la sensation vestibulaire puis à son transfert vers la cochlée, nous rencontrons tout d'abord les réactions sensitivo-motrices archaïques vestibulaires, ensuite celles résultant des réponses sensori-motrices beaucoup plus récentes et cochléaires. Enfin, grâce à l'adjonction de la fonction parolière, nous voyons se cristalliser la structuration fonctionnelle définitive de cet ensemble. Je sais que l'on pourra perfectionner cette approche. Elle sera plus poussée, plus affinée, plus aiguisée. Mais je ne sais si l'on ira beaucoup plus loin car elle opère, en fait, sur la source même.

Pourtant s'il était possible qu'il y ait d'emblée une représentation verbalisée et donc saisissable du vécu corporel, sans doute n'assisterions-nous pas à la dichotomie qui s'installe entre le corps et son contenu, son « habitant », pourrions-nous dire. Tout développement physique verrait alors s'établir en parallèle les diverses strates psychologiques correspondantes. Ce serait envisager la possibilité de rencontrer une vie sans problèmes. Il est bien évident que cela ne peut se réaliser, non pas que les conditions auxquelles nous faisons allusion ne pourraient être atteintes mais simplement parce que nous vivons dans un monde qui n'est pas encore apte à permettre une telle évolution. Autrement dit, la plupart des problèmes paraissent être des projections du monde environnant intégré dans le système nerveux et lui imposant de ce fait des contraintes qui l'empêchent de le voir évoluer sur le plan psychologique avec la même facilité que l'on voit se construire le plan physique.

Le monde le plus enveloppant et par là le plus contraignant, s'il n'est pas éduqué, est celui de la mère parturiente. Il induit l'enfant dans un processus comportemental qui risque de laisser à l'état latent des ensembles fonctionnels destinés à la construction de la personnalité. Que se passe-t-il donc dans certains de ces cas ? Tout a poussé à la manière d'une plante mais rien n'a été conduit par le « tuteur » inducteur ou si peu que l'impulsion de départ s'est faite sur un plan anarchique. Anatomiquement les organes sont là mais le vestibule ne coordonne pas l'ensemble et ne semble pas opérer la recherche de verticalité. Dès cet instant, la latéralité est incertaine et le langage, preuve de la mise en fonction de l'étage cochléaire, n'atteint pas le stade d'éclosion souhaité.

Ce qui est intéressant à noter ici est que, si le point d'appui fondamental, celui que constitue l'intégrateur somatique vestibulaire, n'est pas arrivé à son stade de maturation, les autres étages ne sont pas structurés sur des bases solides. Ils pourront s'ébaucher et parfois commencer de s'élaborer mais leur édifice formera un véritable château branlant. Dans la plupart des cas, le retard structural fonctionnel sera homogène et l'on assistera à cette poussée amorcée et en attente. Si rien n'arrive pour supporter ces tentatives, celles-ci s'amenuiseront dans leurs manifestations tandis que s'évanouira le désir psychologique de grandir. Mais si l'on a la chance d'arriver à temps avant que tout soit compromis jusqu'à l'irréversible, si l'on a la possibilité d'intervenir au niveau des structures de base, on peut assister à une nouvelle effusion, à une sorte de poussée de sève, à une poussée de vie dans un corps qui se réveille jusqu'à se découvrir. Pour illustrer ces propos, nous allons nous pencher sur le cas d'Anne-Marie.

Un exemple concret nous permettra d'étayer nos dires en leur accordant l'aspect vivant du vécu. Il est évident que, dans la pratique courante, c'est l'inverse qui se produit. En effet, c'est à partir du « cas » qui se présente que nous reconstituons de manière parallèle la dynamique fonctionnelle qui nous est offerte. C'est à partir de ces données tangibles qu'il est possible de dénombrer les manques qui se distinguent par rapport à une normalité. On peut alors, compte tenu de l'inventaire établi, essayer d'entreprendre une démarche destinée à assurer les mécanismes de maturation de cette structure non ou mal engagée.

Nous choisissons le cas d'Anne-Marie pour bien faire comprendre le déroulement des processus que nous avons évoqués dans les chapitres précédents. Nous verrons se mettre en place les divers étages de la démarche évolutive opérée par la structure humanisante. Ce seront autant de stades différents qui prendront nécessairement appui sur l'architectonie du système nerveux. Sans crainte de me répéter, je rappelle que ce réseau se construit pour assurer la mise en place de la fonction d'écoute sur laquelle va s'élaborer la fonction parlée.

Dans les cas extrêmes — et celui d'Anne-Marie en est un — nous verrons s'installer progressivement les trois étages de notre « satellite humain ». Ce sera en termes d'intégrateurs que nous nous adresserons pour présenter cette étude, ce qui nous autorisera à envisager trois stades : le stade vestibulaire, le stade visuel et le stade cochléaire et à noter la dominance ou l'insuffisance de l'un d'entre eux.

L'histoire d'Anne-Marie nous ramène en 1960, exactement le 14 janvier. Cette enfant de treize ans, recommandée par des amis, fut alors présentée à notre consultation par sa mère adoptive. Cette dernière était une femme frêle, âgée alors de soixante-huit ans, couverte d'une coiffe qu'elle ne devait d'ailleurs jamais quitter par la suite, apparemment trop serrée, qui laissait dépasser une chevelure ondulée et toute blanche. Elle était fort sympathique et très timide, donnant l'impression de se cacher derrière l'épaisseur des verres de ses lunettes. D'apparence cultivée, elle était fonctionnaire de son état. Angoissée, elle se montrait d'autant plus inquiète que l'avenir semblait sombre. En effet, tandis qu'Anne-Marie prenait de l'âge — et le temps filait à grands pas — peu de solutions s'offraient à elle pour lui assurer une autonomie. De plus, la mère allait être mise à la retraite. Elle avait été maintenue exceptionnellement dans son activité professionnelle compte tenu des lourdes charges qui lui incombaient.

Prévenus par nos amis de l'ensemble de la situation, nous ne pensions cependant pas nous trouver plongés dans un univers aussi étrange. Et c'est le moins qu'on puisse dire. On en jugera par la suite. Il nous fut difficile de ne pas exprimer un certain étonnement au début de l'entrevue. Anne-Marie en effet ressemblait plus, dans son comportement, à un animal apeuré, pesant, affaissé, maladroit, qu'à la jeune adolescente que nous attendions, fût-elle remplie de problèmes.

Notre surprise n'échappa pas à la mère qui s'engagea rapidement dans l'historique afin de nous rapporter les éléments clefs qui devaient, tout au moins selon son point de vue, nous donner les justifications de ce qui s'était passé concernant sa fille adoptive. Il faut bien dire qu'au fur et à mesure que se déroulait l'anamnèse, notre stupéfaction allait s'accroissant. La succession des épisodes qu'elle nous rapportait était telle qu'elle permettait de concevoir que ce qui était arrivé à Anne-Marie aurait pu, dans des conditions expérimentales, être qualifié d'épreuve de déprivation affective.

C'est ainsi que la mère nous apprenait qu'Anne-Marie avait été abandonnée à sa naissance en février 1947 et devait rester en pouponnière jusqu'en décembre de la même année, date à laquelle elle lui avait été confiée. « À ce moment, précisait-elle par écrit, elle ne savait pas ce que c'était que de prendre un jouet dans ses mains. Très douce, ne pleurant jamais, elle parut tout de suite ressentir un grand bonheur à se sentir choyée. Elle fut longtemps le type de l'enfant heureux. » Hélas la mère, très prise par ses activités professionnelles, jugea bon de la confier à sa propre mère qui demeurait à Fontainebleau, en lisière de la forêt, dans la maison familiale.

Pour Anne-Marie, on s'en doute, une telle décision lui fit

revivre un second abandon. Elle perdait en effet sa mère « adoptée » pour se trouver confiée à une grand-mère déjà trop âgée pour être investie de son rôle de grand-mère puisque ayant près de quatre-vingts ans. À vrai dire, cette dernière fut littéralement terrifiée lorsqu'elle apprit qu'elle allait recevoir Anne-Marie et que, de surcroît, elle devait s'en occuper désormais durant toute la semaine. Elle allait donc être seule et contrainte de prendre en charge Anne-Marie en attendant les week-ends au cours desquels l'enfant pourrait revoir sa mère adoptive qui travaillait à Paris. De ce fait, cette dernière retrouvait tout à la fois et sa mère et sa fille. Cette solution, on le sent, n'avait rien de bien fondé sur le plan pratique et, si elle offrait quelques avantages matériels apparents, elle faisait également surgir des difficultés qui plongeaient l'enfant dans une atmosphère toute particulière.

Il était évident, en outre, que ces deux femmes étaient trop âgées pour assumer leurs rôles respectifs, l'une pour être grand-mère et l'autre pour représenter une image de mère. Il y avait le décalage d'une génération entre cette dernière et sa fille adoptive. L'une et l'autre de ces deux femmes auraient pu être l'arrière-grand-mère et la grand-mère de l'enfant. Si bien qu'elles étaient aussi désemparées l'une que l'autre et aussi maladroites pour régler les problèmes qu'une telle situation avait engendrés. Elles crurent opportun de consulter le médecin de famille et de lui faire part de leurs inquiétudes. Elles lui avaient confié bien sûr la surveillance de la santé d'Anne-Marie mais elles sollicitaient plus encore, souhaitant qu'un homme expérimenté comme lui pût sinon leur enseigner les règles de conduite à tenir pour élever une jeune enfant mais tout au moins les guider dans les grandes lignes par ses pensées éclairées. Il pourrait assurément, grâce à sa science, leur livrer quelques recettes faciles, fondamentales, pour leur permettre en tout cas de ne pas commettre d'erreurs.

Sous prétexte de réprimer un rachitisme naissant, cet homme de l'art prescrivit surtout la vie au grand air. C'était chose facile et le lieu s'y prêtait. Qui mieux est, à l'instar de Rousseau, il développa toute une théorie sur le bénéfice qui pourrait en résulter pour l'enfant si elle parvenait à s'élever seule, en pleine nature. Notre émule du philosophe éducateur oubliait seulement qu'il avait affaire à deux femmes scrupuleuses, obéissantes, qui appliqueraient à coup sûr à la lettre tout ce qui prendrait allure de prescription. De plus, il n'avait pas su observer le désarroi qu'elles avaient manifesté. Elles étaient en effet trop acculées pour faire montre de discernement. Aussi en bonnes adeptes du docte médecin et conformément à ses conseils, laissèrent-elles l'enfant au sol, s'élever seule... On se doute qu'elle ne s'éleva point...

Anne-Marie vécut son second abandon, s'enfouissant dans un air de prostration de plus en plus grand, perdant la verticalité, plus adaptée à marcher à quatre pattes qu'à souhaiter la station debout. Le langage, bien que soutenu par la présence d'une mère épisodique, une de ces mères des « samedi et dimanche », subsista tant bien que mal avec le maintien des acquisitions premières jusqu'au jour où — Anne-Marie avait alors cinq ans — le langage s'en alla en même temps que les végétations adénoïdes qu'on avait cru opportun de lui enlever. « Cette intervention a eu un effet désastreux sur l'état mental de l'enfant », précise la mère. « Elle est devenue craintive à l'excès et a totalement perdu la belle confiance qu'elle avait en moi. Le professeur H... consulté a estimé que le fait de se trouver brutalement séparée de moi pour ne voir autour d'elle que des étrangers avait été, étant donné sa nature extrêmement sensible, suffisant pour provoquer ce choc et il a estimé qu'il fallait absolument renoncer à l'ablation des amygdales qui était prévue pour une date ultérieure. »

Ainsi Anne-Marie, lors de cette première entrevue, se présentait à nous plus comme un anthropoïde que comme une fillette de treize ans. Fortement voûtée, hypotonique, elle paraissait avoir toute sa charpente effondrée. N'osant pas soutenir le regard, elle répondait par quelques grognements qui devaient être des « oui » ou des « non » qu'il fallait recueillir avec beaucoup d'attention tant ils étaient susurrés.

Tandis que nous observions l'enfant tout en écoutant la mère nous raconter l'histoire de cette triste aventure, nous nous prenions à penser qu'il y aurait eu bien peu de choses à ajouter au tableau pour qu'un « enfant-loup » pût être découvert à soixante-dix kilomètres de Paris. Ce dernier aurait eu, il est vrai, une structure différente de celle d'Anne-Marie du fait que l'intégrateur cochléaire ou linguistique n'aurait pas été sollicité puisque, dans ce cas, le langage eût été totalement absent. Mais les intégrateurs vestibulaires et visuels auraient été, par contre, fortement mis en cause, dans des circonstances certes différentes que celles qui avaient présidé à l'éducation d'Anne-Marie. En effet, l'intégrateur vestibulaire ou somatique, non appelé vers le langage, c'est-à-dire vers la verticalité, aurait été mis en place pour un usage identique à celui des singes anthropoïdes tandis que la vision aurait pris le dessus, conférant ainsi à l'intégrateur qui en dépend une activité dominante. L'intégrateur cochléaire n'accédant pas à sa fonction linguistique aurait simplement joué le rôle de détecteur acoustique.

Dans le cas d'Anne-Marie, aucune des structures n'était réellement engagée à fond. Certes l'appareil vestibulaire était le plus sollicité des trois intégrateurs mais les différentes tribulations que l'enfant avait traversées, les traumatismes successifs qu'elle avait connus, l'avaient courbée, voûtée, l'enfonçant plus profondément dans le désespoir initial, celui-là même qui avait germé lors de l'aventure qui allait faire d'elle une enfant abandonnée.

Ce processus d'abandon, on le devine, n'est pas le résultat d'un acte soudain qui accompagne la naissance. La mère « porteuse » est elle-même confrontée à l'idée de la non-acceptation de l'enfant auquel elle doit donner le jour en même temps que la vie. Ce n'est pas brutalement que l'abandon se fait. Il est conçu souvent en même temps que l'enfant, et sa gestation dans le cœur de la mère dure le temps de la grossesse pour arriver à terme le jour de la naissance. Sombre drame vécu à deux dans une même chair qui se déchire à jamais, tandis que la vie se poursuit en ce rejeton largué à sa propre mort, à sa destinée, face à lui-même et dépendant d'autrui plus que quiconque.

Tout se construit anatomiquement certes mais rien n'est psychologiquement investi. Fonctionnellement tout est flottant puisque le seul désir qui puisse subsister n'est pas celui de vivre mais bien celui de survivre à une vie empreinte de mort dès la naissance. Aussi dans cette lutte, dans ce combat pour surmonter un tel handicap, tout se met-il en place parfois avec force mais le plus souvent de manière anarchique, mal élaborée.

Dans le cas présent, celui d'Anne-Marie, toutes les tentatives se trouvent bloquées dès lors même qu'elles veulent démarrer. L'abandon reste incontestablement le trauma le plus profond et le plus sérieux vu sous l'angle que l'on vient de décrire, puis la mise en garderie d'attente, cette longue attente de plusieurs mois qui permit néanmoins une relative insertion. Abandonner ce lieu laissa de toute évidence sur l'enfant une nouvelle empreinte dont le moins qu'on puisse dire est qu'elle fut source d'angoisse. C'était encore changer, perdre à nouveau ses racines, ses points de repère, pour aller où ? On ne sait où... Heureusement la chaleur affective de sa nouvelle mère dut réconforter Anne-Marie. Mais ce paradis enfin trouvé ne fut qu'entr'aperçu pour être à son tour remplacé par des abandons successifs, hebdomadairement renouvelés, comme si toute l'existence allait être scandée par des rejets systématiques. Enfin, pour mettre un terme à cet ensemble dans lequel dominent les incompréhensibles déchirures qui se succèdent sans que rien ne révèle ce qui en changera le cours, l'intervention des végétations met fin au désir de parler qui subsiste encore on se demande comment.

L'intégrateur cochléaire lâche définitivement sa fonction. Tout s'effondre. Par ailleurs, l'intégrateur visuel est à peine engagé ; c'est ainsi que le regard d'Anne-Marie ne sera même pas perçu durant toute l'entrevue initiale, ses yeux n'ayant aucune raison de suppléer la fonction cochléaire. Elle se meut avec peine sous le poids énorme de ses jeunes et lourdes années, son intégrateur vestibulaire n'ayant pas atteint lui non plus sa pleine maturation fonctionnelle. À quoi bon d'ailleurs, et qui aurait fait mieux à sa place ! En somme, tout ici était à un stade insensé d'immaturation, et les quelques essais de mise en route des intégrateurs furent rapidement réfrénés créant un état de nouvel emprisonnement dû aux abandons successifs vécus par l'enfant.

Un bilan centré sur la fonction d'écoute fut aisément conduit, Anne-Marie acceptant sans réticence de se soumettre aux épreuves. Elle semblait même heureuse que l'on s'occupât d'elle. Les résultats nous révélaient une audition d'assez bon niveau, sans grand déficit mais une écoute nulle. On s'en serait douté. Elle était incapable de différencier les sons, aigus ou graves, et de les localiser dans l'espace. Son pouvoir d'analyse était inexistant. Aussi face au langage était-elle dans l'impossibilité de procéder au décryptage phonétique et *a fortiori* à la reconnaissance phonologique. Enfin son écoute interne se révélait considérablement plus exacerbée que sa participation externe, ce qui se traduisait par une propension excessive à se replier sur elle-même, à vivre dans un enclos sonore qui était le sien. Si bien que, dans une telle attitude introvertie, les réponses qu'elle nous donnait en susurrant étaient à coup sûr perçues par elle à un niveau suffisant de contrôle. Son auto-contrôle était plus élevé en somme que ne l'était celui qui se mettait en œuvre pour absorber le monde environnant. Nul doute qu'à ce niveau la porte était pratiquement fermée. La faible participation qu'elle nous démontrait était heureusement compensée par son acquiescement à renouer un nouveau contact. Elle faisait penser à ces flammes de bougies vacillantes qui, à la limite de s'éteindre au moindre souffle continuent néanmoins de scintiller grâce au calme environnant. Il est hors de doute que la douceur et la chaleur affective de la mère adoptive avaient contribué à maintenir cette flamme en activité. Ainsi Anne-Marie vivait dans son monde et l'on devine combien celui-ci était douloureux et combien elle était en droit de ployer sous l'amoncellement des mésaventures affectives rencontrées au cours de son périple existentiel.

Devant les résultats du bilan, il m'était facile de m'engager, sachant que des réponses positives allaient se manifester lors de l'éducation de l'écoute. Cette dernière en effet n'avait jamais été qu'ébauchée, sans aucun aboutissement possible. Le désir subsistait cependant. Comment Anne-Marie n'avait-elle pas fini autiste ? Sans doute le devait-elle à sa nature profonde, à cette flamme qui toujours conservait une lueur, si minime fût-elle, et aux soins attentifs d'une mère qui sut protéger cette dernière attache à la vie contre vents et marées.

Date fut prise et Anne-Marie commença son éducation très rapidement, quelques jours après notre entrevue. Des séances de musique filtrée sous Oreille Électronique lui furent administrées de façon intensive. Le fait le plus remarquable fut qu'Anne-Marie se redressa. Son attitude changea du tout au tout tandis que la posture d'écoute était introduite. C'est pour accéder à cette dimension, on s'en souvient, que la verticalité trouve sa raison d'être afin qu'ensuite la fonction parolière puisse se mettre en place. On avait le sentiment qu'Anne-Marie se dépliait littéralement. Enfin elle découvrait son visage, fixé auparavant vers le sol. Et qui mieux est, un sourire illuminait sa face, sa large face devenue du même coup radieuse.

Tandis que l'intégrateur vestibulaire que l'on connaît bien maintenant se mettait donc en activité, le second intégrateur trouvait aussi l'opportunité de devenir fonctionnel. Anne-Marie regardait tout ce qui l'environnait et son regard révélait une vigilance chaque jour accrue. Enfin elle commençait à parler. Cette dernière étape nous signifiait que l'intégrateur cochléaire se mettait lui aussi en place après avoir forcé, induit les deux intégrateurs préalables que l'on voyait désormais se mettre en fonction. On peut ainsi remarquer que chez cette enfant, dès le départ, l'anatomie avait procédé à son ordonnancement alors que les structures fonctionnelles en direction de l'écoute ne s'étaient pas élaborées. Elles n'avaient pas trouvé le support relationnel nécessaire, à aucun moment en fait, pas plus dans la vie intra-utérine que par la suite.

Durant cette période, notre travail consista surtout à soutenir la mère adoptive qui, devant tous ces changements qu'elle avait certes souhaités mais qu'elle n'osait plus espérer, repoussait toute proposition de peur de se leurrer. Anne-Marie se mit à travailler en classe avec allant et commença à combler ses lacunes rapidement, si bien qu'aucun obstacle ne se présenta lors de son passage en sixième.

Pour suivre son évolution, je propose de laisser parler la mère. Voici ce qu'elle nous écrivait le 25 juillet 1960 :

« Cher bon docteur,

« Excusez cette appellation qui peut vous paraître trop familière mais qui ne dit pourtant que bien mal toute la reconnaissance que j'éprouve à votre égard, pour vous qui consentez à m'aider à faire de ma petite Anne-Marie une jeune fille apte à gagner sa vie.

« J'ai pensé que ces quelques lignes d'elle vous intéresseront. Elles vous prouveront que la route à parcourir est encore bien longue. Pourtant il y a une évolution certaine et je m'en réjouis. J'ai pensé qu'à la rentrée il serait peut-être utile que vous consentiez à recevoir une jeune fille médecin qui depuis au moins quatre ans donne des leçons à Anne-Marie une fois par semaine. Ces leçons ont été interrompues depuis les séances de rééducation chez vous mais mademoiselle G... revoit souvent Anne-Marie et elle a constaté la transformation opérée en elle depuis que vous avez bien voulu vous en charger.

« Veuillez, cher docteur, excuser cette trop longue lettre et partager avec madame Tomatis l'expression de mes sentiments profondément reconnaissants.

M.L. »

Un mot écrit de la main d'Anne-Marie y était joint :

« Cher docteur,
« Nous sommes en vacances en Suisse depuis le 2 juillet et nous y resterons jusqu'au 17 août. Nous sommes allées au lac Bleu. On a pris le télésiège. Je m'amuse bien. Je lis des livres. Nous n'avons pas très beau temps. Il y a du bon lait qui vient d'une ferme voisine. Maman va bien. Aujourd'hui il fait à peu près beau. Il y a des nuages, des coins de ciel bleu. Je vous embrasse bien fort ainsi que madame Tomatis.

Anne-Marie. »

Le 17 mai 1961, c'est-à-dire à peu près un an après le commencement de notre action qui était toujours basée essentiellement sur une éducation appliquée à l'écoute, à la cadence de deux à trois fois par semaine avec des interruptions pendant les vacances, les résultats s'avéraient positifs aux dires de la mère qui nous écrivait la lettre suivante :

« Cher bon docteur,
« Craignant de vous importuner, je n'ai pas osé, lundi dernier, vous faire part de questions qui me préoccupent au sujet de ma petite Anne-Marie. Mademoiselle L... toujours si compréhensive, avec qui je m'en suis entretenue, me conseille de vous les exposer par écrit, ce que je fais bien volontiers.

« Il est indiscutable que les séances de rééducation que vous avez bien voulu faire faire à Anne-Marie ont produit chez cette enfant une transformation tellement indiscutable que tous ceux qui la connaissent sont surpris de son évolution. Un exemple entre dix : un de ses anciens professeurs avec qui nous sommes restées en relations amicales ayant fait récemment une promenade avec elle, me disait au retour que tout le temps de la promenade Anne-Marie avait conversé de choses et d'autres faisant preuve d'un grand esprit d'observation, absolument comme l'aurait fait n'importe quelle fillette de son âge, alors qu'auparavant elle ne disait pas un mot au cours d'une promenade.

« Pour mon compte je constate journellement, je dirais presque une éclosion de son esprit, de tout son être. Pour la première fois ces jours derniers je l'ai entendue chanter alors que depuis plusieurs années elle ne l'avait plus jamais fait parce qu'une maîtresse avait été assez absurde de lui dire qu'elle chantait faux.

« Autre fait curieux que je relate au docteur : alors que depuis toujours l'enfant était atteinte d'une constipation contre laquelle il était impossible de lutter malgré des médicaments et de la gymnastique, maintenant sans aucun remède les selles sont quotidiennes. Peut-il y avoir corrélation ?

« Oui, mais toute médaille a son revers et, il faut bien l'avouer, le parcours que l'enfant doit faire trois fois par semaine la retarde beaucoup pour ses études, l'obligeant à cause de sa lenteur à des veillées très tardives et à des réveils matinaux. Malgré cela, elle n'arrive pas à suivre sa classe de sixième et, même en anglais où elle était vraiment bonne jusque vers la mi-février, elle a beaucoup de mal à apprendre ses leçons. J'ai l'impression qu'elle est fatiguée. Alors je me permets de vous poser cette question : croyez-vous que nous puissions encore obtenir des progrès dans cette transformation de l'enfant pour laquelle je ne saurai jamais assez vous dire toute ma reconnaissance ? Si oui, vous pouvez être certain que je suivrai aveuglément vos conseils, ou pensez-vous que nous avons obtenu tout ce qu'il était possible d'espérer ? Je m'en remets à vous, cher bon docteur, et en vous priant de bien vouloir excuser la liberté que j'ai prise de vous écrire, je vous adresse pour vous et madame Tomatis l'expresion de mes sentiments bien cordialement dévoués.

M.L. »

Bien des commentaires pourraient être faits au sujet de cette lettre si significative qui rend compte tout à la fois de ce que l'on peut attendre d'une action au niveau de l'écoute et de la façon dont peut le vivre une mère. On voit combien celle-ci va devoir lutter pour assumer les changements de sa fille. Devant ses inquiétudes, mon épouse et assistante lui répond immédiatement, le 19 mai, la lettre suivante :

« Chère madame,
« Vous avez eu tout à fait raison de nous ouvrir votre cœur et de nous signaler vos soucis au sujet d'Anne-Marie.
« La fatigue qu'elle ressent à l'heure actuelle se trouve largement justifiée par le fait, d'une part, qu'elle traverse son dernier trimestre scolaire et que, d'autre part, sa rééducation lui demande beaucoup d'efforts, tant du point de vue du trajet que du point de vue séances. Il n'y a pas de quoi s'alarmer et nous vous conseillons d'arrêter jusqu'en septembre.
« Nous pensons pouvoir encore améliorer sensiblement le cas d'Anne-Marie et nous serons heureux de la revoir parmi nous après les grandes vacances, toute reposée et toute prête à faire de nouveaux progrès.
« Nous restons bien entendu à votre entière disposition pour vous aider et nous vous prions d'agréer, chère madame, l'expression de nos sentiments les meilleurs et très dévoués. Une gentille pensée de notre part pour Anne-Marie.

Léna Tomatis. »

Et voici la réponse de la mère :

« Que vous êtes bonne, chère madame, d'avoir pris la peine de répondre si vite à mes inquiétudes au sujet d'Anne-Marie. Et puis comme vous savez bien trouver les mots d'espoir qui apportent le réconfort dont on a besoin quand on poursuit depuis si longtemps un but vers lequel on est tendu de toutes les forces de son être. Cette phrase : " Nous pensons pouvoir encore améliorer sensiblement le cas d'Anne-Marie ", je me la répète sans cesse et je ne sais comment vous dire assez merci. Ces quelques lignes vont peut-être vous paraître emphatiques mais elles ne sont que l'écho de l'angoisse que je ne laisse pas deviner mais qui m'a torturée depuis que j'ai compris que cette enfant que je chéris si tendrement aurait de la peine à s'adapter à la vie de travail. Et voilà que, grâce à vous et au docteur, tout s'éclaire. Ma petite Anne-Marie se transforme si bien que tous ceux qui la voient sont surpris de son changement. Et alors, chère madame, du fond de mon cœur, je vous dis merci à tous deux et je vous prie de croire à ma très vive amitié.

M.L. »

Le 30 décembre 1961, répondant à l'une de nos stagiaires psychologues qui faisait une étude sur notre méthode et qui désirait obtenir les comptes rendus de certains parents, Mme L... écrivait ceci :

« Avant sa venue au Centre de Paris, Anne-Marie était une fillette à l'attitude guindée. Elle se présentait le dos voûté, la tête baissée, paralysée par une affreuse timidité. Son retard scolaire était de plus de deux années et il était certain que le moindre effort pour le travail de classe la laissait tout à fait indifférente. De plus, elle avait une grande difficulté à s'exprimer.

« J'avais tenté de lutter contre cet état par de la gymnastique corrective pendant six années pour l'attitude physique, par des leçons de natation qui ont dû être interrompues bien que données par un professeur spécialisé, en raison de l'inertie de l'enfant, par des leçons de rééducation par un pédagogue également spécialisé. Que de médecins j'ai consultés et que d'efforts vains jusqu'à ce que j'ai eu le bonheur de connaître le docteur Tomatis.

« Maintenant Anne-Marie est une belle fillette à l'attitude plus vivante. Elle se tient à peu près droite. Elle se donne beaucoup de peine pour travailler et obtiendra certainement avant peu de très bons résultats. Il lui reste de la difficulté à exprimer ses sentiments, difficulté qui me semble provenir plus d'une sorte de pudeur absurde à livrer sa pensée que d'un manque d'intelligence mais j'espère qu'avec l'aide du docteur cet état s'améliorera encore. »

Anne-Marie devait poursuivre ses études jusqu'en troisième puis elle obtint professionnellement les qualifications de sténo-dactylo. Enfin elle put réussir un examen qui lui permit de devenir fonctionnaire comme sa mère.

Elle perdit sa grand-mère puis sa mère. Mais sa structure était devenue assez solide pour qu'elle pût affronter de telles séparations, tout en restant plongée dans l'activité du quotidien qu'elle sut désormais assumer.

En dehors de l'intérêt humain qui se dégage de cette histoire vécue et qui nous montre la puissance contenue dans la fonction d'écoute, il nous semble plus aisé de comprendre, au travers d'un tel cas, combien cette faculté peut être considérée comme l'inducteur essentiel qui conduit au langage, lequel exige l'insertion dans la verticalité qui elle-même fait se cristalliser une latéralité qui se révèle spécifique du langage.

L'écoute apparaît comme le facteur introduisant la spéciation humaine fondée sur la triade : langage-verticalité-latéralité. On appelle spéciation l'effet obtenu par la convergence de plusieurs structures semblant s'établir de manière concomitante. Il est vrai qu'au travers de notre approche, il semble qu'un effet de cascades dans la succession des structures mises en cause se dégage puisque l'écoute introduit le langage qui lui-même suscite la verticalité, laquelle permet à la latéralité langagière de s'établir. On se souvient que nous distinguons la latéralité liée au langage de celle réalisée par ailleurs et répondant à des circonstances tout autres, prélinguistiques et extralinguistiques, l'idéal étant que ces « latéralités » puissent se superposer.

Rien chez cette enfant n'était arrivé à maturation fonctionnelle. On ne saurait même pas parler d'une réelle fixation. Il s'agissait en fait d'une véritable débilité de fonction greffée sur un manque de motivation à l'écoute, comme si l'appel que sait susciter cette dernière n'était pas parvenu à entraîner le « détélescopage » de toutes les structures qui étaient restées imbriquées les unes dans les autres. Tout était pauvrement sollicité. Rien n'avait osé se manifester pour prendre une dimension « psychologique » normale. Aucun élément des trois étages, vestibulaire, visuel et cochléaire avait réussi à atteindre un développement fonctionnel suffisant pour devenir dominant. Mais tout était latent sur, j'insiste encore, une anatomie normale. La preuve en est que tout avait pu être revivifié, réenclenché et conduit à un degré de structuration suffisant pour offrir un état d'harmonie sur lequel une relation sociale avait pu se greffer, apportant de ce fait une insertion possible et une indépendance que rien ne laissait entrevoir quelques années auparavant.

Tout autres sont les cas qui ont évolué jusqu'à un certain stade et qui subitement se sont trouvés bloqués et dès lors fixés à un certain niveau. Là aussi il y a évolution anatomique mais dysharmonie fonctionnelle. Il en résulte une succession de structures psychologiques mal ou peu élaborées au-delà de celles précédant la fixation. D'ailleurs ces dernières structures auront à souffrir de leur développement excessif qui leur donnera un caractère aberrant.

Tel est le cas de l'autiste, cet enfant non né psychologiquement, resté dans l'univers utérin et acceptant d'observer le monde des vivants qui l'entourent comme s'il le vivait au travers d'une caméra dont la filière vaginale servirait d'objectif. Il voit dehors comme on regarde au télescope, avec l'indifférence de l'œil qui enregistre le déplacement des objets et des choses. Jouant avec la lumière et avec les déclics qui introduisent l'obscurité, baignant par ailleurs dans un monde aquatique il ignore ce qu'est la relation première, celle de l'*initio*, celle suscitée par la voix de la mère *in utero*. N'ayant pu soutenir en lui le désir d'écouter cette voix, il a perdu en même temps le désir d'écouter le bruit de vie. Enfoncé dans le monde de l'enregistrement photographique, il se ferme au monde sonore, ne pouvant plus désormais lier entre elles les imageries qui sont pour lui dénuées de sens réel. Il les voit défiler sans aucune suite logique, à l'exception de quelques séquences courtes, répétées qui se déroulent constamment, sécurisantes par leur caractère renouvelé mais angoissantes par l'absence de leur logique interne, c'est-à-dire en fait par l'absence du Logos. L'autiste ne parvient pas à rattacher ensemble les différents clichés qu'il perçoit sans les regarder. Et tandis que sa structure anatomique avance, ses structures psychologiques prennent le caractère aberrant de la fixation aliénante.

Reste à savoir d'où vient cette fixation. Bien des cas semblent signifier que l'enfant se trouve expulsé par la force de vie hors du ventre de sa mère alors que cette dernière ne parvient pas à accoucher de cet être et à lui délivrer le désir de vivre en dehors d'elle. Aucun lien avec la réalité ne s'élabore et ce d'autant plus que l'enfant n'est pas né, bien qu'ayant été projeté hors de l'enceinte utérine. Aussi son vécu est-il tout à fait irréel puisqu'il le vit comme s'il était encore dans le ventre maternel et irréalisable puisque de toute façon il peut ne plus y être. Il est plongé dans un monde sans accepter d'y baigner, désirant rester dans un lieu où manifestement il est exclu. Être autiste, c'est être curieusement nulle part.

La fixation dans un tel cas est évidemment vestibulaire. On connaît d'ailleurs l'habileté et l'équilibre absolument étonnants de ce type d'enfants, l'habileté photographique j'allais dire. Qu'on les mette devant un puzzle pour s'en assurer. Il suffit de voir avec quelle rapidité ils exécutent le montage, comme s'ils avaient des yeux partout. En effet, tel Argus, muni d'yeux de tous côtés, l'autiste fait preuve d'une vigilance visuelle absolument exacerbée mais sans intégration autre que celle de la forme et du déclenchement automatique que suscite cette dernière. L'entêtement de ces enfants est légendaire. Lorsqu'ils semblent décidés à exécuter un acte, ils font preuve d'une obstination extraordinaire pour réaliser leurs gestes dont les séquences se déroulent de manière rapide et parfaite. Par contre, si on les empêche de les exécuter, ils se sentent comme attirés, happés, aspirés vers l'objet sur lequel ils ont jeté leur dévolu photographique. Mais dans ce monde sans vie, rien n'est écouté. Tout est vu, donc tout existe mais ne peut être puisque rien n'est dénommé. Leur univers est un objet mort, ne pouvant être insufflé de vie par le signifiant qui lui donnerait le statut de signifié. Ainsi le monde des autistes reste phénoménologiquement celui de la vision sans connexion aucune avec l'écoute et par conséquent avec le langage. Est-il besoin de dire qu'il en est autrement dès l'instant où l'écoute préside à tout cet agencement ? Grâce à cet exemple, on comprend d'autant mieux le leitmotiv de l'Écriture : « Écoute et tu verras. »

Il existe bien sûr d'autres cas où tout est parvenu à un niveau de maturation que l'on peut qualifier de normal, et fort heureusement ces cas-là sont les plus nombreux. Parfois cependant, l'organisation interne des mécanismes de chaque intégrateur n'est pas complètement établie. Les conséquences sont minimes par rapport à ce que nous venons de citer. De légères dysharmonies se rencontrent quotidiennement, dans le cas de déficiences motrices et de certains problèmes de coordination qui mettent en cause l'intégrateur vestibulaire. Elles apparaissent également dans le cas de difficultés de lecture et d'écriture qui concernent plus particulièrement l'intégrateur cochléaire associé à l'intégrateur visuel. L'ensemble de ces légers handicaps font l'objet de redressements par diverses techniques qui vont de la gymnastique jusqu'à la psycho-motricité pour les troubles vestibulaires et depuis la pédagogie spéciale jusqu'à l'orthophonie pour ceux répondant aux déficiences d'ordre cochléaire. Il va sans dire que si l'on procède à une éducation du vestibule et de la cochlée qui rejoint d'emblée le point de départ de tous ces manques, on peut apporter un soutien considérable aux techniques que l'on vient de citer.

Dans ces cas donc où, à peu de chose près, tout semble normal, un événement tragique peut entraîner une dissolution des acquis, une perte soudaine ou progressive de tout ce qui semblait établi et ce d'autant plus que l'acquisition était complexe et récente. Dès lors, nous sommes amené à reprendre ici le sujet qui avait été amorcé au premier chapitre à l'occasion de la présentation de quelques cas. Fallait-il considérer ces faits comme représentant une régression ? L'admettre aurait été faire preuve d'ignorance à l'égard des valeurs significatives qu'attribuent à ce terme la médecine et la psychologie. Ainsi, par exemple, s'il me prend d'évoquer un souvenir ayant trait à mon enfance, je peux aller jusqu'à l'exprimer verbalement ou gestuellement. Je ne régresse pas pour autant. Je me retrouve dans une situation identique à celle qui a imprimé ce souvenir. Cette empreinte peut être plus ou moins puissante. Elle a de fortes chances de s'inscrire sur un mode non verbal si, dans la vie intra-utérine, elle a été imprimée pendant la phase embryonnaire, d'où la diversité des réponses en fonction du déroulement de l'engrammation vestibulaire ou cochléaire.

Il s'agit en fait d'un processus mémorisé qui se développe. Mais il n'y a pas pour cela régression. Ainsi ce qu'a vécu ce psychiatre, c'est la réapparition d'une acquisition psycho-sensitivo-motrice intégrée dans les centres nerveux les plus archaïques quant à leurs structures fonctionnelles. À ces acquisitions s'en ajoutent d'autres plus complexes qui répondent à la maturation du système nerveux, celui-ci cheminant en quelque sorte avec la formation génétique. En phase terminale, des structures très élaborées sont ainsi mises en place et aboutissent à la construction de ce que nous désignons généralement sous le terme d'acquisitions humaines. Celles-ci comprennent les structures primordiales de l'espèce sur lesquelles se greffent ultérieurement la verticalité, la latéralité et enfin le langage puisque tel est le triptyque caractéristique de l'homme en son humanisation.

Mais ces structures terminales revêtent une fragilité qu'un clinicien français, Jules Gabriel François Baillarger, ne manqua pas de signaler dès 1865. Il les considérait comme des placages récemment imprimés sur des structures premières fondamentales qu'il rangeait dans la catégorie des automatismes. Baillarger décrivit certaines déficiences du système nerveux entraînant une perte des nouvelles acquisitions. Celles-ci en effet ne semblent pas encore définitivement établies et, s'il est vrai qu'elles sont nécessaires sur le plan évolutif, il n'en est pas moins vrai qu'elles demeurent fragiles.

Ainsi le « principe de Baillarger » devait prendre toute sa signification lorsque Hughlings Jackson en révéla le bien-fondé. Cet auteur ne cessa durant toute sa vie de médecin de mettre en évidence la véracité des dires de Baillarger. Et s'appuyant lui-même sur les travaux de Hubert Spencer, il introduisit le concept de « dissolution », voulant désigner par là les phénomènes de régression qui s'opposent aux processus constructifs. Au niveau du système nerveux, ceux-ci font passer de l'acte primitif élémentaire aux activités plus élaborées mais en même temps moins organisées. La notion de fragilité apparaît dès lors au niveau des acquisitions récentes des centres supérieurs.

Ces régressions vont à l'encontre de l'intégration du simple au complexe. Elles expliquent entre autres les perturbations comportementales dépendant des activités volontaires et faisant place aux automatismes archaïquement enchâssés dans les centres primitifs du système nerveux. Pour Jackson, la dissolution revêt l'aspect d'une destruction des fonctions supérieures qui peuvent d'ailleurs, parfois dans une large mesure, masquer les imperfections imprimées sur les automatismes des centres inférieurs. De la sorte, l'état de maladie risque de remettre en activité ces déficits et ces défauts jusque-là maintenus dans un relatif silence.

Régresser, c'est prendre le chemin de la dissolution, c'est-à-dire la voie inverse de celle qu'impose l'évolution. Et Jackson savait déjà insister, avec une avance extraordinaire, sur le fait que les structures les plus élaborées sur lesquelles s'insèrent les fondements mêmes de la conscience ne sont érigées que sur les activités multiples « innombrables de toutes les parties du corps, particulièrement de celles qui sont les plus engagées dans l'activité volontaire : muscles des mains, des yeux, de la parole, appareil rétinien, etc. » André Ombredane, dans son étude sur « L'Aphasie et l'élaboration de la pensée explicite » insiste également sur ces mécanismes de dissolution. Il ajoute d'ailleurs : « Si [...], si l'état de conscience garde en soi-même son originalité essentielle, si l'on ne peut pas dire qu'un état de conscience " cause " un état nerveux et réciproquement, on ne peut cependant admettre que l'état de conscience suppose une activité nerveuse radicalement différente dans son essence. Ce qui se passe, c'est que les états de conscience sont d'autant plus vifs que les arrangements nerveux auxquels ils correspondent sont moins organisés, plus complexes et les activités qu'ils régissent moins automatiques. Autrement dit la régression ne va pas sans une altération plus ou moins profonde des mécanismes du système nerveux. »

Par ailleurs, la coloration que revêt le terme de « régression » lorsqu'il est employé pour montrer qu'un enfant n'évolue pas en fonction des étapes que lui impose l'avancée évolutive exige qu'on le manie de manière très prudente. Ainsi un enfant stoppé dans sa progression scolaire est dans un état psychologiquement douloureux, pénible, difficile à vivre mais sa personnalité n'en est pas pour autant profondément altérée. Il y aura retard, non irréparable le plus souvent, mais il n'y aura pas de perte de la dynamique structurante sous-jacente. Par contre, lorsque la maladie survient pour de multiples raisons sur un terrain propice, fragile dans sa structure intérieure, l'évolution est définitivement abandonnée au bénéfice d'un retour à des états antérieurs. Là est la régression.

Mais radicalement différente est la reviviscence d'un état premier à réponse nécessairement non parolière et qu'il est possible de retrouver en deuxième lieu, de redécouvrir en somme sous forme verbale par évocation imagée des mêmes sensations proprioceptives. La littérature est pleine de ces allusions, de ces échos du passé aussi ancien que celui du vécu intra-utérin engrammé dans les noyaux nerveux qui ont été les premiers à entrer en activité. Il semble que les informations collectées restent localisées au niveau de ces centres qui font fonction de minuscules cerveaux. Il faudra une réminiscence fortement mobilisante, revivifiante en somme, pour déclencher la remise en marche de ces souvenirs enchâssés dans chacun de ces centres afin que, en faveur d'une expression corporelle qui leur est propre, ils puissent être diffusés vers l'encéphale lui-même et par là bénéficier de l'expression parolière pour être évoqués sans que le geste y soit pour autant associé.

Pour reprendre le cas du psychiatre s'exprimant sans langage, accroupi comme seul l'embryon sait le faire, obéissant à la force irrésistible déclenchée par le cerveau vestibulaire, nous pourrons dire qu'il revivait un « souvenir » engrammé dans le geste. Lorsqu'un tel processus est amorcé, il est certain que la volonté est exclue et que son intervention ne saurait réprimer cette impulsion dominante. Seule une intervention au niveau vestibulo-cochléaire à l'aide de sons filtrés peut entraîner une réactivation et une relativisation de cet acquis qui désormais sera classé en fonction de sa valeur réelle.

Il est vrai qu'il n'est jamais de chose plus frappante qu'un exemple pour celui qui ne manie pas quotidiennement ces concepts et qui ne peut les intégrer aussi facilement que pourrait le faire le psychologue. Toutefois, le cas choisi n'aura toute sa valeur que parce que l'on aura bien compris ce que sont les régressions, ce que représente la reviviscence et ce que peuvent être les immaturations globales, le tout jouant, on l'a vu, sur les fonctions.

Nous sommes familiarisés avec les réminiscences grâce aux cas cités au début de l'ouvrage. Nous avons par ailleurs détaillé un cas d'immaturation, celui d'Anne-Marie. Voyons maintenant un cas de régression. On pourra remarquer qu'il n'y a pas apparemment, tout au moins au début de la vie de l'enfant, de grands dommages sur le plan anatomique. Cependant il est possible qu'une analyse fine permette de découvrir des altérations sur le plan nerveux, non visibles macroscopiquement mais qui, lors d'investigations plus poussées, pourraient être mises en évidence.

Nous allons donc évoquer un cas de vraie régression afin de bien distinguer, au cours de ce récit, les différences fondamentales qui se manifestent avec le cas par exemple du psychiatre mis en condition d'expression non verbale par la puissance des réponses vestibulaires, ainsi qu'avec l'histoire d'Anne-Marie dans laquelle tout était espéré, tout était en attente. On a vu que, dans ce cas, les dommages ne furent pas aussi dramatiques qu'on aurait pu le craindre. On se souvient, en effet, que grâce à la chaleur affective de la mère adoptive, l'immaturation structurale n'avait pas été accentuée. Sans doute aurions-nous pu assister à des phénomènes de dissolution, notamment lors de la mort de la mère, si nous n'avions pas pu intervenir sur le plan de la maturation afin qu'une dynamique intérieure s'installe et permette à Anne-Marie de découvrir son autonomie dans tous les domaines. D'ailleurs, dans ce cas, on a pu voir combien la progression psychologique avait stagné pendant plusieurs années sans qu'il y ait d'évolution permettant l'éclosion de la dynamique fonctionnelle. Celle-ci semblait n'avoir pas été terminée jusqu'alors, tel un bâtiment que l'on construit et qui, pour des raisons « x », est resté inachevé depuis les fondations jusqu'au sommet. Dans le cas du psychiatre, au contraire, en fonction de son attitude et de ses résistances intellectuelles auxquelles nous avons fait allusion et en fonction également de son test d'écoute qui nous révélait chez lui une participation vestibulaire très importante, nous avons assisté à l'explosion des bouffées de souvenirs tenus en réserve dans le réseau nerveux. Chez lui, une réorganisation dynamique de chacun des intégrateurs devait s'opérer afin que l'information collectée jusqu'alors dans le seul intégrateur vestibulaire fût diffusée et permît, au cours de cet acte de reviviscence, la mise en forme parolière de ce souvenir enchâssé antérieurement dans l'intégrateur somatique sans aucune verbalisation possible. Cet épisode offre ainsi l'opportunité de corticaliser, c'est-à-dire de conscienciser l'événement en lui donnant le statut langagier. Dès cet instant, nous pouvons affirmer que le transfert du vestibulaire vers le cochléaire s'est opéré.

C'est donc en matière de régression que nous allons développer le cas d'Hélène.

Histoire d'Hélène

Hélène est une belle enfant, de taille menue, aux yeux bleu pervenche, aux cheveux bouclés et brillants d'un beau blond vénitien. Son visage d'une carnation claire est saupoudré de taches de rousseur. Ses mains sont fines et longilignes, ses doigts frêles et sans force. Son aspect de poupée souriante et craintive nous révèle que, en cette attitude complaisante, elle tend plus à fuir qu'à engager le contact. Ses yeux lumineux ne s'attardent guère et refusent en quelque sorte d'entrer en dialogue.

Tout est petit chez elle mais harmonieusement distribué, comme si elle n'avait plus grandi depuis longtemps. Elle se tient mal, le dos courbé, la tête penchée, ne redressant son corps que pour répondre d'une voix éteinte à peine perceptible par des « oui » et des « non », comme dans le cas d'Anne-Marie. Je me souviens que pour l'entendre j'étais obligé de me pencher et d'approcher au maximum mon oreille de son visage. J'étais frappé par son attitude figée, ses mouvements lents, comme si toute la motricité se manifestait au ralenti. Les mouvements étaient sans envergure. Ses bras restaient collés au corps, sa marche était talonnée et faite de petits pas.

Hélène avait douze ans lorsqu'elle nous fut présentée par son grand-oncle, sa grand-tante et une sœur de cette dernière. En effet, ils étaient devenus ses parents adoptifs en quelque sorte depuis la mort de sa mère. Et tandis que l'enfant, conduite par l'une de nos psychologues, suivait dans nos services le cursus habituel en vue d'un bilan audio-psycho-phonologique, les parents adoptifs me racontaient quelles avaient été les circonstances qui avaient réduit Hélène à vivre depuis plusieurs années une vie quasi végétative.

Nous étions alors en 1958. Le drame qui détruisit la vie d'Hélène remontait à 1952. Voici les éléments de l'anamnèse. Sa mère, israélite d'origine, dut fuir la zone occupée afin d'échapper aux Allemands tandis que ses parents envoyés dans un camp de concentration devaient disparaître à Auschwitz. Les sœurs de sa mère purent se réfugier dans le midi de la France. La mère d'Hélène avait alors seize ans. Elle vécut seule à Nice et dut subvenir à ses propres besoins. Elle eut plusieurs emplois avant de se fixer comme vendeuse dans un magasin où elle eut la chance de trouver des employeurs qui l'aidèrent beaucoup sur tous les plans, ce qui n'avait pas été le cas dans les autres places. Auparavant, alors qu'elle travaillait dans un Prisunic, elle fut abordée par un homme qui n'eut d'autre objectif que d'abuser d'elle. Ce fut sa seule aventure, qui la marqua et la meurtrit un peu plus.

Lorsque la mère d'Hélène eut la bonne fortune de travailler auprès de ces employeurs qui l'accueillirent au-delà du simple fait qu'elle était à leur service, elle commença de revivre et de reconstruire une vie sociale. Lorsqu'elle eut vingt ans, elle rencontra l'homme qui allait devenir son époux. C'était également un israélite réfugié dans le Midi. Le ménage semblait heureux et prospère. Deux enfants devaient naître de cette union : Hélène et un frère plus jeune qu'elle de deux ans. Tout paraissait aller pour le mieux. La mère d'Hélène devint plus sécurisée, reprenant chaque jour plus de confiance en la vie et en elle-même, montrant plus d'allant. Elle commença à parler et à parler notamment à son mari. Tout lui laissait penser, comme c'est la règle, que l'harmonie du ménage enrichie par les liens du mariage lui permettait de rapporter tout de son passé, de sa vie familiale, de ses parents, de la perte douloureuse de ces derniers et des difficultés qui découlèrent de ces événements. Et dans l'élan que lui conférait la liberté née de leur union, elle se laissa aller à tout raconter jusqu'à son aventure, son unique aventure avec cet homme qui avait profité d'elle.

Quelle ne fut pas sa surprise de voir s'assombrir son époux, de le voir subitement s'effondrer, comme brisé. Il devint subitement jaloux d'un acte dans lequel un homme l'avait précédé. Et devant cette fantasmatique image, cet homme immature en fait dans ses réactions changea du tout au tout et commença à torturer sa femme, ruinant son foyer. Ce furent des scènes quotidiennes. Les leitmotiv les plus acérés et les plus blessants tournaient autour du fait qu'elle avait été capable de le tromper. Aussi ahurissant que cela puisse paraître, ce pauvre homme psychologiquement atteint s'évertua à traiter un jour sa frêle épouse de « putain ». C'en était trop. Tandis qu'il la quittait pour aller à son travail, la mère d'Hélène qui se croyait seule se jeta par la fenêtre. Elle se croyait seule... Elle avait oublié qu'Hélène était là et qu'elle allait assister à son suicide.

Hélène avait six ans. Et son désir de vivre s'éteignit au moment même où sa mère disparaissait. Son univers s'effondra. Perdant tout désir de poursuivre, elle s'étiola et cela fut d'autant plus précipité que ses pérignations ne devaient malheureusement pas s'arrêter à ce drame. On devine la culpabilité qui s'empara du père qui perdit purement et simplement la raison et se retira dans les Alpes, refusant de se montrer à qui que ce fût. Si bien que les enfants furent recueillis par la famille du côté maternel : le grand-oncle et son épouse et une sœur de celle-ci, toutes deux sœurs de la mère d'Hélène. Ces personnes d'un certain âge tentèrent de faire pour le mieux et après avoir entrepris de nombreuses recherches et recueilli maints conseils au sujet de l'éducation des enfants, elles furent orientées sur un couple très recommandé pour ses qualités pédagogiques et ses vertus familiales. Ce ménage modèle demeurait dans l'Allier près de Vichy.

À prix d'or, les enfants furent placés dans ce lieu privilégié. Quelques mois passèrent. Les nouvelles que transmettait ce couple vertueux étaient satisfaisantes. Cependant, au bout d'un certain temps, l'une des deux grand-tantes sentit que quelque chose ne tournait pas rond et, un jour, par surprise, les tuteurs rendirent une visite impromptue aux deux enfants. Ils les trouvèrent dans un poulailler, pratiquement nus, vivant là comme des bêtes, sans mot dire, sans contact humain... On a du mal à concevoir que de telles aberrations puissent exister. Hélas elles sont plus fréquentes qu'on pourrait le croire.

Il semble inutile de préciser l'état physique et psychique dans lequel se trouvaient les deux enfants. Plainte fut alors déposée contre ce couple abusif et criminel, ce qui bien entendu apporta peu de réconfort à la famille. À partir de ce moment, les circuits « médecin-psychologue-psychiatre » commencèrent. Le garçon allant rapidement mieux fut confié au père qui avait retrouvé un certain équilibre. Quant à Hélène, de beaucoup la plus marquée, elle fut l'objet d'une attention toute particulière de la part des parents adoptifs qui poursuivirent leurs efforts à la recherche d'une solution. C'est alors que l'enfant nous fut présentée.

D'elle, il ne restait plus qu'une dissolution si massive de tout son être qu'un certain retentissement somatique s'en faisait ressentir. Son retard pondéral en témoignait. Elle vivait si peu qu'elle ne consommait rien, ce qui bien entendu n'arrangeait pas la situation. Une tentative de réveil du désir d'écoute fut amorcée avec des sons filtrés. La réponse ne tarda pas à se manifester. Le sommeil s'apaisa. Les cauchemars disparurent. L'appétence revint. Hélène recouvra sa verticalité et devint plus enjouée, avec cependant des crises de profonde tristesse. Seul le langage résistait. Elle venait avec plaisir au Centre pour suivre des séances d'écoute. Nul doute qu'elle y prît un réel intérêt.

On assistait ainsi chez cette enfant à la remise en route des intégrateurs vestibulaires et visuels. Progressivement ses dessins changèrent et notamment le dessin de l'arbre. En effet, lors du premier examen, l'enfant avait dessiné, parfaitement bien dessiné, un arbre microscopique qu'elle avait placé en haut et à gauche de la page blanche qu'on lui avait offerte. Tous ses dessins étaient d'une dimension identique à elle et tout était soigné, affiné, propre comme elle-même. Elle était très méticuleuse en ce qui concerne ses vêtements, ne souffrant aucune tache sur l'un d'eux. Lors des épreuves de contrôle après une série de séances de sons filtrés, les dessins n'étaient plus les mêmes. Ils avaient grandi. Ils commençaient à se décoller du coin supérieur gauche de la feuille pour aller progressivement vers le centre.

Chaque jour nous apportait quelques faits nouveaux qui notifiaient un éveil et un désir de renouer avec la vie. En même temps s'accroissait, bien timidement il est vrai, son désir de communiquer. Elle commençait à être fort à l'aise avec moi, mais une sorte de frontière limitait nos territoires. En effet, il n'était pas question d'aller au-delà d'une certaine relation qui semblait déterminée une fois pour toutes. Toute insistance faisait surgir une rétraction de sa part et révélait une zone douloureuse. Cependant, tant qu'elle progressait par ailleurs, nous restions dans la phase portant sur l'écoute des sons filtrés avec l'espoir qu'un jour toute résistance, si puissante fût-elle, finirait par s'effondrer.

C'est ainsi qu'au cours d'une seconde session, la première étant généralement de trois semaines et la seconde de huit jours, Hélène entra dans un indicible désespoir et pendant plusieurs heures elle se mit à pleurer. Cet état dura trois jours puis elle se mit à me raconter la scène qu'elle avait vécue lors de la mort de sa mère. Elle revivait cet effroyable drame comme si elle était présente. Elle me raconta dans le moindre détail ce triste épisode. Je lui signifiai alors que sa mère n'était pas morte puisqu'elle était là, elle, Hélène qui était sa fille, et que sa mère continuait de vivre en elle. La réaction fut extrêmement positive. Son visage s'illumina et dès lors la progression se poursuivit. On put la scolariser. Elle fut mise dans un internat pendant qu'elle commençait un apprentissage professionnel. Elle avait seize ans lorsque nous la perdîmes de vue.

L'étude de ce cas particulièrement douloureux mérite d'être retenue pour deux raisons. La première réside dans le fait que nous sommes en présence d'une régression avec dissolution. Nous constatons non seulement une altération des processus évolutifs mais encore une perte des acquisitions antérieures. Le second point qui peut retenir notre attention consiste à noter la possibilité de reprovoquer le déroulement ontogénétique par le truchement de l'écoute dans le but de réveiller les potentialités restantes et demeurées à l'état latent.

À l'évocation de ces différents cas, nous sommes appelé à constater combien le cheminement humain, lorsqu'il est vécu douloureusement, est dans l'impossibilité d'accéder au détélescopage harmonieux des structures psychologiques. Ne pouvant suivre l'action dynamique de croissance à laquelle procède le développement anatomique, chaque nouveau stade, s'il parvient à s'ébaucher, risque de ne pas se réaliser de manière longitudinale, pourrait-on dire, ainsi que l'exigerait sa projection dans le temps. Il s'agglutine autour d'un même point qui devient dès lors le lieu d'une véritable fixation. Désormais il y a dysharmonie entre l'évolution réelle et celle propre au comportement.

Il semble donc bien difficile d'accéder sans encombre à chacun de ces stades, et tout nous le confirme puisque le cheminement de chaque être vers son statut d'homme est marqué par tant de difficultés, tant de douleurs. Chaque être humain doit apprendre à se dépouiller pour retrouver sa dimension de grandeur. Certes cela peut sembler paradoxal. Et cependant il en est ainsi.

L'écoute reste incontestablement le point d'attraction de la spirale de l'évolution. Toute rupture ou toute diminution de ce pouvoir attractif altère la dynamique de la poussée évolutive et dès lors le sujet se meut dans un monde répétitif, celui qui tourne en rond sans progresser, celui des révolutions au sens exact du terme.

Mais ce qui est surtout à retenir de ce qui vient d'être exposé dans ce chapitre est le fait que toute action qui réinduit la fonction d'écoute remet en marche les systèmes psychologiques bloqués à un certain stade de fixation. Elle peut ainsi les conduire à un niveau normal d'épanouissement sans n'avoir d'autre objectif que celui de diriger correctement le processus ontogénétique de l'oreille en quête d'écoute et d'opérer plus spécifiquement au lieu temporel qui a marqué l'arrêt de l'évolution ou, en tout cas, la déviation du processus.

7

Autour d'une même recherche

La multiplicité des travaux de recherche entrepris depuis une quinzaine d'années dans le domaine de la vie intra-utérine et spécialement en ce qui concerne l'audition fœtale permet de penser que l'on attribue désormais un intérêt tout particulier aux événements qui sont appelés à marquer le cursus prénatal.

Tandis que j'émettais des hypothèses qui semblaient au départ quelque peu farfelues aux yeux de certains spécialistes, je cherchais à recueillir dans les livres d'or de la science des éléments susceptibles d'étayer les propositions que je faisais concernant l'écoute du fœtus. Plongeant dans le passé, je constatai qu'en 1927, H. S. et H. B. Forbes avaient publié un article dans lequel ils signifiaient que le fœtus répondait aux sons par des réactions motrices. En 1935, L. W. Sontag et R. F. Wallace, plus précis dans leurs publications, rapportaient que le fœtus était sensible aux stimuli sonores et qu'il le manifestait activement. On retrouvera cette même préoccupation dans une étude faite par L. W. Sontag qui cosignera en 1947 avec J. Bernard un article dans lequel il est stipulé que le fœtus sait répondre aux hauteurs tonales.

Pourtant devant cette lancée prometteuse, il faudra attendre quinze ans pour voir réintroduire en 1962 cette notion de réponses aux stimulations acoustiques, avec K. P. Murphey et C. M. Smyth. Ces deux auteurs, l'un audiologiste, l'autre obstétricien, travaillant en collaboration, rapportent ce qui suit :

« Au moment où nous avons commencé, vers 1960, l'étude des causes de la surdité congénitale dans le département d'obstétrique de l'University College Hospital, nous avons été amenés à observer que la fréquence des pulsations cardiaques du fœtus augmentait considérablement lors de la transmission de sons purs à travers la paroi abdominale de la mère.

« Il s'agissait de sons de 500 cycles/s et de 4 000 cycles/s transmis par les écouteurs d'un audiomètre envoyant des sons purs à une intensité au niveau de l'écouteur, de 100 dB (réf. 0.0002 dynes/cm²).

« *Résultats* :

1 — Non testé
   Amplification suffisante du cœur fœtal
   Réactions apparentes à 500 c/s
   Réactions apparentes à 4 000 c/s
2 — Pulsations cardiaques .... Puls./s
   Moyenne des pulsations de la population testée 133.9
   Moyenne de l'accélération succédant à une activité fœtale ..   9.2
   Moyenne de l'accélération après une stimulation de 500 c/s   16.8
   Moyenne de l'accélération après une stimulation de
      4 000 c/s 10.7

« Au cours de l'étude, nous avons examiné les fœtus de deux mères diabétiques. Utilisant la stimulation audiogénique, nous avons noté que des modifications de la fréquence cardiaque se produisaient dans les deux cas à l'âge de trente semaines après la conception. Cependant à trente-quatre semaines, en utilisant les mêmes techniques, nous n'avons pas pu obtenir de modifications significatives bien que les pulsations cardiaques soient discernables par E.C.G. Ultérieurement ces deux enfants ont été mort-nés.

« Afin de s'assurer que la mère n'entendait pas ces sons pendant que nous notions les résultats, nous avons tout d'abord utilisé les techniques d'une manière qui, en fait, ne lui permettait pas de les entendre. Dans ces conditions, nous avons pu examiner les fréquences cardiaques et de la mère et du fœtus. Après une courte période d'essai, afin de rassurer la mère de la nature inoffensive de l'expérience et d'apaiser sa peur ou toute autre cause d'anxiété, nous lui avons demandé de mettre des écouteurs de radio installés à côté de son lit. Les sons venant des écouteurs ont efficacement masqué tout autre son aérien et, d'après les dires des mères (expérimentalement vérifiés), il s'est avéré qu'elles n'avaient aucune conscience du début des stimulations sonores et n'éprouvaient aucune sensation tactile.

« Au commencement de nos travaux, nous avons fait très attention d'éliminer la possibilité de contractions utérines non douloureuses en nous servant d'un tocodynamomètre. Dès que nous aurons à notre disposition un transducteur qui puisse présenter une note de 4 000 c/s sans perte d'intensité, nous espérons pouvoir enregistrer des réponses uniquement cochléaires » *(fin de citation).*

C'est le départ de l'audiométrie fœtale. Plusieurs chercheurs se sont donnés comme objectif de réaliser cette performance. Effectivement, s'il est possible de déterminer le seuil de sensibilité aux sons et cela à plusieurs niveaux fréquentiels, une courbe de réponse peut être établie sous forme d'audiogramme. Et déjà à Stockholm, B. Johanson, E. Wedenberg et B. Westin commencent à approfondir la question, l'un se penchant tout particulièrement sur les problèmes d'acoustiques, l'autre cherchant à déterminer les dommages auditifs décelables chez l'enfant pendant la vie intra-utérine tandis que le troisième applique ses connaissances d'obstétricien. Leurs travaux donnent lieu en 1967 à une publication dans laquelle ils font mention des auteurs qui ont défriché le terrain avant eux. Ils précisent en effet :

« Précédemment on a démontré que le nouveau-né réagit aux stimulations acoustiques et qu'on peut faire certaines mesures audiométriques chez le fœtus (E. Wedenberg, 1956). Vers la vingt-quatrième semaine de la vie intra-utérine, la cochlée et l'organe *sensory-end* ont atteint leur développement normal (F. C. Ormerod, 1960 ; T. H. Bast, 1949). Des mesures prises chez les prématurés nés à vingt-sept ou vingt-huit semaines ont indiqué qu'à cet âge le fœtus réagit aux stimuli acoustiques par une modification du pouls (E. Wedenberg, B. Westin, 1958, article non publié). De telles réactions chez le fœtus ont été récemment relevées (K. P. Murphy, 1962 ; K. Fleisher, 1955). Aux fréquences situées au-dessous de 1 500 Hz, le stimulus tactile n'est pas négligeable. À l'égard des réactions d'adulte, on doit utiliser des fréquences situées au-dessus

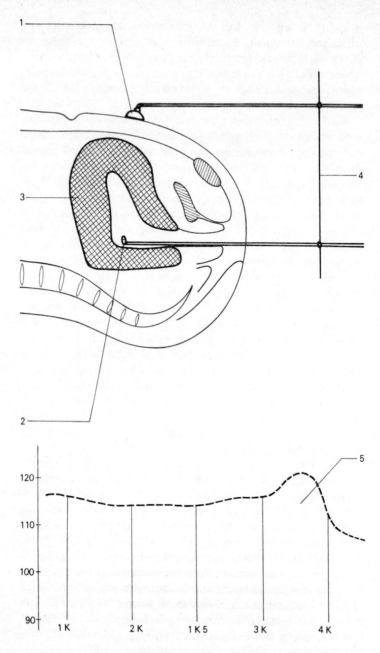

FIG. 1. — 1. Vibrateur ; 2. Microphone ; 3. Utérus ; 4. Montage de soutien et indicateurs de positions ; 5. Courbe de réponse (d'après les auteurs).

de 1 500 Hz afin d'éviter la possibilité de se trouver en face d'une réaction à une vibration (V. O. Knudsen, 1928). »

« [...] Pour cette recherche, nous avons choisi des mères enceintes de trente-trois à trente-huit semaines, c'est-à-dire devant accoucher dans sept à deux semaines. Elles étaient allongées sur un lit, la tête en position plus basse que le corps afin de minimiser les interférences d'ordre circulatoire dues à la position couchée. Nous avons alors localisé la tête du fœtus et marqué sur la peau de la parturiente l'endroit où serait posé le vibrateur. Puis nous avons placé le microphone d'un phonocardiographe là où les battements du cœur du fœtus seraient le mieux perçus. Nous avons demandé à ces mères de se relaxer pendant l'expérience.

« Après une période de repos de cinq à dix minutes, nous avons commencé de prendre des mesures de contrôle parmi lesquelles se trouvait l'enregistrement des battements cardiaques du fœtus sans stimulation. Il est intéressant de noter que ni un claquement de mains derrière la tête de la mère ni l'application du vibrateur, ni l'effet d'un bruit de masking appliqué aux oreilles de la mère n'ont interféré sur les réactions du fœtus » *(fin de citation)*.

Ces auteurs rapportent comment, au cours de leur expérimentation, ils parvinrent à étudier la transmission sonique au travers de la paroi abdominale et de la paroi utérine. Appliquant un vibrateur sur la partie antérieure de l'abdomen, ils mirent un microphone dans l'utérus en l'absence du fœtus bien entendu. De plus, pour éviter la réaction cutanée aux sons, ils s'occupèrent seulement des bandes passantes situées au-delà de 1 000 Hz et allant vers les aigus. Il est à remarquer qu'ils se trouvèrent en présence d'un plateau identique à celui que j'avais obtenu avec mon analyseur « spécial » du début qui, on s'en souvient, opérait seul une coupure des graves (Fig. 1).

Dans la même direction de recherche, B. Dwornicka, A. Jasienska, W. Smolarz et R. Wawryk présentent en juin 1964, à Zabrze en Pologne, devant l'Académie médicale de Silésie, une intéressante communication venant renforcer l'hypothèse de l'existence de l'audition fœtale. Ils s'expriment ainsi :

« Les auteurs ont étudié la réaction du rythme du cœur fœtal dans les cas de trente-deux femmes enceintes arrivées au dernier mois de la grossesse. Ils ont relevé certains résultats après avoir administré des sons de 1 000-2 000 c/s ; intensité 100 dB ; durée 5 s. Les battements du pouls de la mère et de celui du fœtus étaient enregistrés avant, pendant et après l'administration des sons à l'aide du phonocardiographe de Hellige.

« L'accélération des battements de cœur dans le groupe ayant reçu des sons de 1 000 c/s donne une moyenne de 7 battements par minute. Dans le groupe ayant reçu les sons de 2 000 c/s, on note 11 battements de plus par minute. Le pouls maternel n'indiquait aucune accélération ni pendant l'administration du son ni après. »

Ils ajoutent que :

« Afin d'éliminer toute possibilité d'influence provenant de stimulations externes comme, par exemple, le toucher après l'application du stéthoscope ou autre chose, nous avons examiné cinquante femmes enceintes sans stimulation tonale. Aucune accélération de pouls fœtal n'apparaît dans le groupe de contrôle. »

La technique utilisée par ces chercheurs mérite d'être rapportée, ne serait-ce que pour rendre plus vivant l'aspect expérimental :

« Nous avons examiné trente-deux femmes enceintes pendant leur dernier mois de grossesse. Sur le plan de l'anamnèse, nous avons exclu les cas de surdité familiale, de syphilis, d'alcoolisme, de maladies évoluant durant la grossesse ainsi que les cas ayant pris des médicaments susceptibles d'affecter l'oreille.

« Les examens ont été effectués de la manière suivante : la femme enceinte s'allongeait tranquillement dans une salle où le niveau de bruit était à 55 dB ; les mesures ont été faites à l'aide d'un sonomètre de Bruel et Kjaer. Pour enregistrer le pouls, on utilisait un phonocardiographe de Hellige à trois canaux, ce qui permettait une évaluation directe de l'enregistrement. L'E.C.G. maternel se mesurait dans le premier canal. Dans les deuxième et troisième canaux, on mesurait le pouls fœtal avec filtres m1 et m2.

« L'activité du cœur était enregistrée avant, durant et après l'administration du son jusqu'au moment où l'activité cardiaque revenait à la fréquence du départ. On administrait le son avec un audiomètre construit à l'École polytechnique de Gliwce, au travers d'un écouteur enfermé dans une manchette en caoutchouc et qui était placé sur la symphyse pubienne, près de la tête de l'enfant. L'intensité du son était de 100 dB. Puis on examinait la réponse du son de 1 000 c/s et 2 000 c/s. Chaque son durait 5 secondes. Nous avons enregistré et mesuré le pouls fœtal pendant une certaine période avant d'administrer le son et avons remarqué que les oscillations du pouls fœtal, d'origine physiologique, étaient insignifiantes.

« On a divisé le groupe en deux parties. La première comprenait onze cas examinés sous l'influence d'un son à 1 000 c/s et à 100 dB d'intensité. Au moment de l'administration du son ou juste après, l'activité cardiaque du fœtus augmentait rapidement de 5 à 13 pulsations par minute (7 en moyenne) en comparaison avec la fréquence moyenne mesurée avant l'administration du son. Entre la cinquième et la quinzième seconde, l'action cardiaque du fœtus retombait à un niveau normal. En même temps, l'enregistrement du pouls maternel n'indiquait aucune accélération ni pendant l'administration du son ni après.

« On a étudié la deuxième partie du groupe composée de vingt et un cas et soumis aux mêmes conditions d'expérimentation mais avec la fréquence du son fixée à 2 000 c/s. Dans ce groupe, une accélération nettement plus élevée du pouls (de 4 à 29 battements) était observée pendant l'administration du son. »

En conclusion, ces auteurs signalent, comme l'ont fait J. Bernard et L. W. Sontag dans des publications qui remontent à 1947, que le meilleur moyen d'objectiver l'effet des stimulations auditives est bien de mesurer le rythme cardiaque du fœtus.

Plusieurs autres auteurs se sont engagés dans la même voie et ont commenté les résultats de leurs recherches dans ce domaine. C'est ainsi que N. Sakabe, T. Arayama et T. Suzuki du Département d'otolaryngologie de la faculté de médecine de l'université de Shinshu en Matsumoto, au Japon, ont rapporté en 1969, concernant la réponse évoquée aux stimulations acoustiques chez les fœtus humains, les éléments suivants :

« La réponse évoquée du fœtus humain aux stimulations acoustiques a été mesurée au niveau de la paroi abdominale de six mères qui étaient entre la trente-deuxième et la trente-huitième semaine de leur grossesse. On a administré des sons intermittents ayant une fréquence de 1 000 Hz, une durée de 50 ms, une période de hausse et de chute de 13 ms. Ces signaux ont été donnés toutes les 4 secondes au travers d'un vibrateur attaché sur la paroi abdominale de la mère à un lieu aussi près que possible de l'oreille fœtale. Les réponses ont été recueillies grâce à une électrode active située sur la surface abdominale près du vertex fœtal ; les moyennes ont été calculées par computeur digital.

« La forme typique de l'onde-réponse montrait quatre déviations prédominantes ; une négative, une positive, une négative, une positive avec des latences extrêmes respectives de 100-150 ms, 200-300 ms, 500-600 ms et 700-800 ms. On estime que ces déviations de la réponse évoquée chez le fœtus humain correspond aux quatre composants (N1, P2, N2, P3) du potentiel lent rencontré au niveau du vertex chez le jeune enfant lors d'une stimulation auditive. Mais on ne peut pas tirer de conclusions concernant l'origine de la réponse obtenue par cette étude, à savoir si la réponse provient du cerveau fœtal et dépend du programme auditif du fœtus.

« On peut facilement détecter depuis quelques années la réponse cérébrale évoquée par des stimulations acoustiques chez les nouveau-nés et chez les jeunes enfants en prenant la moyenne de toutes les réponses à l'aide de computeurs électroniques. Il s'agit là d'une méthode déjà bien établie et appliquée en audiométrie. Cependant il existe très peu d'articles écrits au sujet des réponses cérébrales évoquées par stimulations acoustiques chez le fœtus. Par ailleurs, il n'existe pas d'informations concernant la réponse évoquée chez le fœtus enregistrées avec des électrodes attachées à la paroi abdominale de la femme enceinte. Cet article constitue donc un bilan préliminaire de notre étude sur l'enregistrement de la réponse évoquée chez le fœtus aux stimulations tonales à travers des conduits abdominaux. Nous espérons, à partir de ces résultats, développer une méthode qui vise à diagnostiquer certaines déficiences auditives chez l'enfant pendant la période fœtale » *(fin de citation).*

Ces auteurs envisagent de la sorte la possibilité de déterminer une courbe de réponse des seuils auditifs et poursuivent leur étude, en précisant certaines données que nous reproduisons ci-dessous.

« Le premier à rapporter la réaction fœtale aux stimulations acoustiques a été A. Peiper en 1924. Il a observé des modifications des mouvements d'un fœtus de quarante semaines, en réponse à une stimulation sonique intense. Plus récemment, certaines investigations ont permis de constater que, pendant le troisième trimestre de vie intra-utérine, le fœtus a manifesté des réactions aux stimulations acoustiques par une modification de ses mouvements et des battements du cœur (Bernard et al., 1947 ; Fleischer, 1955 ; Murphy et al., 1962 ; Johanson et al., 1964 ; Dwornicka et al., 1964 ; Smyth et al., 1967).

« Grâce à des électrodes placées sur la paroi abdominale de la mère, D. B. Lindsley (1942) a pu enregistrer le potentiel cérébral fœtal chez un fœtus de sept mois. Y. Okamoto et T. Kirikae (1951) ont observé l'activité électrique du cerveau chez un fœtus de huit semaines. Et plus récemment, plusieurs chercheurs ont pu établir un électro-encéphalogramme fœtal en utilisant des électrodes vaginales, ou abdominales, ou placées sur le cuir chevelu du fœtus. Ils ont ainsi confirmé l'idée de l'existence d'une activité électrique dans le cerveau du fœtus humain (Bernstein et al., 1955 ; Borkowski et al., 1955 ; Rosen et al., 1965).

« F. H. Hon et al. (1967) ont enregistré chez le fœtus la réponse évoquée aux stimulations acoustiques. Leur but était d'examiner l'état physiologique du fœtus pendant l'accouchement en comparant les changements observés dans la réponse évoquée avec les modifications des battements de cœur. Ils attachaient au vertex fœtal deux électrodes introduites dans le vagin pendant le travail et administraient des stimulations acoustiques au fœtus en insérant un écouteur tout près d'une des oreilles du fœtus. Un système de moyennes était utilisé pour noter la réponse. évoquée. Ces auteurs ont ainsi constaté qu'il existait des formes définitives d'ondes démontrant une réponse temporale vis-à-vis de la stimulation donnée. Le fœtus étant dans un état normal, on a observé des formes typiques triphasées de la réponse auditive évoquée. T. P. Barden et al. (1968) ont eux aussi tenté de noter la réponse auditive évoquée chez le fœtus en utilisant des électrodes sur le cuir chevelu. Ils ont réussi à provoquer une réponse chez un des six sujets. Cette réponse s'avérait semblable, en forme d'ondes, à la réponse auditive évoquée constatée chez le nouveau-né.

« Toutes les études que nous venons de citer indiquent à plusieurs titres la possibilité de l'existence d'une réponse auditive évoquée du cerveau fœtal, réponse qui correspond à celle obtenue au niveau du vertex des nouveau-nés. L'étude entreprise a révélé qu'on pourrait en effet enregistrer la moyenne des réponses évoquées aux stimulations acoustiques en mettant les électrodes sur la paroi abdominale des mères enceintes. Les quatre déviations observées dans la réponse évoquée chez le fœtus semblaient correspondre d'une manière assez proche aux quatre composants (N1, P2, N2, P3) de la réponse moyenne, dite « vertex potential », aux stimulations auditives chez les nouveau-nés (W. S. Goodman et al., 1964 ; E. Weitzman et al., 1965). Il n'y avait aucune réponse en l'absence de stimulation tonale non plus qu'en l'absence d'électrode active placée près du vertex fœtal, bien qu'on ait administré le stimulus. Par ailleurs, on n'a pas pu noter de réponse sur la paroi abdominale des femmes non enceintes » *(fin de citation)* (Fig. 2).

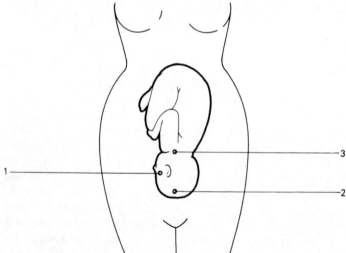

FIG. 2. — Réponse évoquée chez le fœtus.
1. Vibrateur venant du générateur de son ;
2. Électrode écho ;   ⎱ branchées sur l'électro-
3. Électrode de référence. ⎰ encéphalographe
(d'après les auteurs).

On retiendra également les communications d'une équipe de chercheurs de Melbourne en Australie qui reprennent, à partir d'autres éléments, leur expérience faite en 1971 sur les changements des battements cardiaques du fœtus et l'apparition de mouvements en réponse à des sons et vibrations. Ils ont publié, sous les noms de James Grimwade, David Walker, M. Bartlett, G. Gordon et Carl Wood, des études ayant pour but de connaître la nature des bruits perçus dans l'utérus. Ils décrivent leur technique de la manière suivante :

« On a constaté que des facteurs tels que le son, le mouvement et la lumière peuvent influencer le développement des systèmes fondamentaux réflexes dans le cerveau du fœtus. Bien qu'il existe quelques informations concernant le développement fonctionnel des récepteurs sensoriels durant la période fœtale, on ne rencontre aucune description de la nature des stimulations qui pourraient opérer au niveau fœtal. Tout ce qui suit constitue le bilan des mesures faites dans le champ sonique utérin proche du fœtus, y compris les sons et vibrations de l'extérieur qui risquent de contribuer à cette énergie sonique.

« Des mesures ont été réalisées chez seize femmes enceintes arrivées à terme mais pas en état d'accouchement ainsi que chez sept femmes non enceintes mais subissant un curetage utérin. En utilisant un microphone Bruel et Kjaer de type 4136 et un analyseur fréquentiel-sonomètre Bruel et Kjaer de type 2107, on a pu mesurer le son au-dessus de 55 dB en bandes sonores étroites allant de 20 à 40 000 Hz. Le microphone était recouvert d'une membrane en caoutchouc stérilisée dans une solution alcoolique d'hexachlorophène. Chez les patientes enceintes, les mesures ont été faites avant la rupture des membranes amniotiques, en insérant le microphone dans l'utérus à côté de la tête fœtale. Ensuite on a rompu les membranes et le microphone a été placé près de l'oreille du fœtus. Chez les femmes non enceintes, on a introduit le microphone dans la cavité utérine après avoir dilaté le col de l'utérus. Dans chaque cas, le vagin a été bourré de coton stérile afin d'exclure les bruits de la salle.

« [...] Il reste à établir si l'incidence du bruit interne a une implication quelconque dans le développement de la fonction sensorielle. Le bruit intra-utérin fournit-il un bruit de fond correspondant au bruit nerveux afférent ? Il est nécessaire de déterminer si l'appareil sensoriel du fœtus est suffisamment sensible pour pouvoir détecter ces différences de pression. On a déjà signalé la possibilité que le battement cardiaque maternel soit une stimulation d'ordre engrammatique à laquelle le fœtus donne une réponse définie ; d'où l'on peut en déduire que le fœtus est de ce fait sensible aux modifications de la pression et du pouls qui se manifestent dans son environnement. Grimwade et ses collègues ont montré que le fœtus à terme réagit de différentes façons à des modifications vibratoires et acoustiques anormales. Le fait de pouvoir recueillir des réponses fœtales vis-à-vis de fréquences situées au-dessous des sons audibles impliquerait la contribution de voies sensorielles autres que la cochlée : les organes cutanés et vestibulaires, par exemple » *(fin de citation)*.

Cette dernière observation est particulièrement intéressante car elle nous révèle un aspect caractéristique de l'activité première du labyrinthe vestibulaire, partie archaïque de l'oreille. Il semble évident en effet que les rythmes et cadences sont déjà intégrés, emmagasinés dans les noyaux vestibulaires qui dépendent de cette partie du labyrinthe. De là, les informations mémorisées localement seront ultérieurement distribuées vers les circuits corporels qui en dépendent, bénéficiant en retour des réponses sensorielles, en attendant qu'une projection de plus haut degré s'institue, notamment au niveau du cerveau.

Mais s'il est vrai que le fœtus perçoit par le jeu vestibulaire et que les réponses cutanées sont également à envisager, il n'en est pas moins vrai que les auteurs de ces différentes études ont oublié le rôle de filtre que joue l'oreille. Et cela d'autant plus que les cellules de l'organe de Corti ne sont pas encore opérationnelles dans les graves alors qu'elles le sont très précocement dans les aigus. Les graves commencent d'entrer en fonction seulement après la naissance. Peut-être, l'avons-nous dit, est-ce pour éliminer des bruits qui rendraient la vie *in utero* intolérable s'ils étaient tous perçus. L'amortissement du milieu à l'égard des aigus n'exclut pas leur perception par analyse en fonction des filtres adaptatifs que réalise l'oreille interne. On se souvient comment nous avons procédé par élimination dans le cadre de nos propres enregistrements pour obtenir les sons filtrés.

Autrement dit, il est devenu possible dès 1970 de conduire un examen fœtal de différentes manières soit en injectant des sons à travers la paroi abdominale, soit en utilisant des sondes acoustiques émettrices intravaginales en vue d'obtenir un ensemble de réponses dont le résultat conduit au fait que le fœtus entend. De plus, tous les résultats permettent d'affirmer qu'il entend dès le quatrième mois et demi de la vie intra-utérine. Ainsi le « mid-fœtus », pour reprendre l'expression imagée de H. M. Truby, entend. D'ailleurs cet auteur reviendra sur le fait évident que tout l'apprêt au langage ne peut être innové d'emblée à la naissance et qu'il existe obligatoirement une préparation linguistique intra-utérine. Truby insiste d'autant plus sur ce fait que, dès 1957, il s'ingénie à étudier les cris des nouveau-nés par tous les moyens possible de l'époque : sonocinéradiographie, sonospectrographie et analyse oscillographique. Plus tard, tandis qu'il aura à sa disposition des appareils plus perfectionnés tels que le *visible speech* et le *sonagraph*, il étendra son étude aux cris des prématurés. Ses conclusions sont formelles : les cris du nouveau-né sont les substrats indéniables du langage bien qu'ils soient encore « alinguistiques ». Ils peuvent être considérés néanmoins, avec leurs caractéristiques bien spécifiques, comme un « pré-prélangage ». H. M. Truby se rallie aux convictions d'O. C. Irving qui, dès 1930, soutenait que la présence de la faculté de parole phylogénétiquement inscrite chez le nourrisson commence avec l'établissement ontogénétique du langage dès les premiers moments de la vie. Il conclut lui-même que les intégrations phonologiques qui touchent aux rythmes et à l'intonation peuvent déjà être enregistrées dans le cortex fœtal au même titre que les conditionnements neuro-musculaires ou neuro-physiologiques. Chemin faisant, se rattachant à nos travaux, Truby n'hésite pas à dire que non seulement le fœtus entend mais encore qu'il écoute.

Il va sans dire que le prématuré est un sujet expéri-

223

mental de choix puisqu'il nous indique, de par son comportement vis-à-vis du son notamment, les réactions que présente le fœtus de même âge devant les phénomènes acoustiques. Dans ce domaine, les travaux réalisés par R. B. Eisenberg sont particulièrement intéressants et sont mentionnés dans des publications s'étendant de 1965 à 1976. Cet auteur, avec l'aide de divers collaborateurs, révèle les modifications comportementales des prématurés vis-à-vis de diverses stimulations sonores : sons purs, sons complexes, graves, aigus, voyelles synthétiques, etc. En parallèle, des études ont été menées sur le plan de l'analyse électro-encéphalographique permettant de s'assurer de la réponse corticale à l'égard des stimulations acoustiques. Les résultats obtenus mettent en évidence, sans discussion possible, la présence d'une perception déjà élaborée et en tout cas opérationnelle.

Toutes ces preuves suffiraient à elles seules à nous persuader qu'il se passe quelque chose chez le fœtus vis-à-vis des incitations sonores. Reste à savoir comment et dans quelles conditions ces choses se passent. Les divergences apparaissent d'emblée à ce niveau. On se souvient que l'argumentation mise en exergue lors des controverses lancées au sujet de ce que nous avancions dès 1955 se fondait sur l'impossibilité d'expliquer anatomiquement et *a fortiori* phylogénétiquement ce qui était alors proposé. D'ailleurs la situation ne se serait guère améliorée si, par fortune, d'autres chercheurs de diverses disciplines n'avaient apporté certaines preuves battant en brèche les idées solidement établies, notamment en ce qui concerne les aspects synaptiques des fibres nerveuses, c'est-à-dire des jonctions reliant chacun des relais nerveux. Mais ce qui est remarquable, c'est la convergence des résultats recueillis de manière concomitante et qui renforcent et justifient les hypothèses premières fondées sur la clinique. Il est à souligner au passage que rien ne peut remplacer cette dernière approche. S'il est vrai qu'elle peut susciter par la suite des recherches permettant d'élucider ce qu'elle révèle, il n'en reste pas moins vrai que, sans elle, des théories émises *a posteriori* pour confirmer les résultats risquent de n'avoir aucun sens.

C'est ainsi que, provenant d'horizons variés, des éléments précieux sont venus soutenir les hypothèses que nous avions émises quelques années auparavant, leur apportant la crédibilité que revêt la preuve scientifique fondée sur des résultats pratiques, simples à vérifier. Si bien que ces confirmations venaient renforcer les dires que Salk avaient publiés au début de 1960, mettant en évidence le fait que le fœtus percevait les bruits du cœur de la mère. Puis les multiples publications qui suivirent ces recherches apportèrent, comme on l'a vu, la certitude que le fœtus avait des réactions aux sons et permirent de voir se profiler la possibilité de pratiquer *in utero* un examen d'audition. Si bien que nos affirmations du départ quelque peu intempestives ont fini par entrer dans l'ordre comme si la chose était évidente et qu'il n'y avait aucun mérite à y avoir songé. Il est vrai d'ailleurs qu'il n'y a aucun mérite en cela ; et ce qui m'étonne toujours en matière de recherche n'est pas le fait de découvrir quelque chose, mais plutôt le fait que l'on ait attendu si longtemps pour le faire.

Les anatomistes commencent à apporter des documents importants pour étayer ce que nous avons entrevu sous d'autres aspects. Toute une série de publications, en effet, enrichissent les connaissances concernant le développement anatomique de l'ensemble de l'appareil auditif. Par des voies indirectes, très spécialisées, elles représentent des acquisitions substantielles qui organisent désormais, sur de toutes autres bases, ce que nous savions au sujet de l'oreille. C'est ainsi que B. J. Anson, B. G. Harper et J. R. Hanson ouvrent une nouvelle voie de recherche en publiant en 1962 un article sur le système vasculaire de la chaîne ossiculaire et de la pyramide pétreuse chez l'homme. Ils rapportent alors ceci : « Bien que l'enclume et le marteau supportent dans l'ensemble une comparaison avec un os long, leur cavité à moelle a été virtuellement oblitéré. » Cette observation est, à notre avis, d'une très grande importance comparativement au développement osseux général. Nous sommes en effet en présence d'une rapidité de croissance et d'une distribution atypique des éléments structuraux qui sont vraiment remarquables. D'ailleurs, poursuivant ses investigations dans cette même direction, Anson publiera plus tard, en 1974, en collaboration avec T. R. Wich, les résultats de certains travaux qui relatent les faits suivants :

« Le développement d'un os long typique se réalise en plusieurs étapes. Le futur tibia par exemple apparaît comme un modèle cartilagineux entouré d'une coque périostale. Puis, au cours de l'étape suivante, l'os endostal se forme à l'intérieur de la coque externe et autour d'une cavité qui contient la moelle. Grâce à l'activité des zones proximale et distale épiphysaires, un tibia peut se rallonger après vingt ans ; et c'est grâce à l'activité du niveau périostal qu'il peut s'élargir. La croissance a lieu dans la partie vasculaire des lames osseuses qui se forment de manière concentrique autour d'un vaisseau nutritif. Ce sont des éléments du système haversien. Les osselets ne font pas appel à de tels mécanismes. En effet, ils se distinguent de tous les autres os du squelette humain, et cela dès la première étape de la morphogénèse : ils sont plutôt des éléments refaçonnés de l'ensemble des arcs branchiaux d'où dérivent par ailleurs quelques éléments apparemment dissemblables tels que la paroi primitive du canal facial, l'apophyse styloïde, le ligament stylohyoïdien et le cartilage thyroïdien.

« Les osselets commencent de se développer à partir du cartilage, comme le font les os longs typiques. Mais c'est à ce moment-là que la similarité se termine. Les tissus qui les constituent ne font pas appel à des structures haversiennes. Ils atteignent plus rapidement une taille et une forme adultes alors qu'ils sont encore dans la phase fœtale. L'étrier suit sa route quant à la morphogénèse tandis que l'enclume et le marteau en prennent une autre. L'étrier acquiert deux de ses parties constituantes à partir d'éléments de provenances diverses à savoir l'os membraneux pour la protubérance antérieure d'une part et la capsule optique pour la lame vestibulaire de la platine d'autre part. Pendant cette démarche, l'étrier sacrifie une grande partie de sa substance.

« Ces caractéristiques du développement des différents osselets expliquent à la fois la nature fragile de l'étrier et la solidité relative du marteau et de l'enclume ainsi que la nature unique de leur approvisionnement sanguin.

« [...] Malgré leurs différences, le marteau, l'enclume et l'étrier se ressemblent puisqu'ils sont tous composés de manière osseuse non haversienne. Histologiquement parlant, les osselets auriculaires représentent chez le fœtus des éléments du crâne qui ont un aspect adulte.

« [...] Pareil aux petits os de l'oreille, le tissu osseux de la partie pétreuse de l'os temporal n'atteint jamais une structure haversienne. Les conduits vasculaires, donc, ne correspondent pas au système structural squelettique standard » *(fin de citation)*.

Cette première approche montre non seulement le besoin d'une recherche plus approfondie concernant l'étude de l'appareil auditif considéré dans ses moindres détails, mais elle nous fait de plus entrevoir ce qui sera d'ailleurs confirmé par des publications ultérieures, à savoir que la genèse de tout le système vasculaire ou osseux ou autre de l'oreille est plus précoce que celle qu'on avait imaginée antérieurement. C'est ainsi qu'en 1963, T. Madonia, F. Modica et G. Gall collectent des renseignements sur les crêtes ampullaires chez le fœtus humain. Ils y découvrent un ensemble d'éléments qui justifie la possibilité d'une activité de la partie vestibulaire de l'oreille, notamment au niveau des ampoules siégeant sur les canaux semi-circulaires.

C'est grâce à l'approche radiographique que les connaissances anatomiques concernant le développement de l'oreille humaine se sont enrichies. En janvier 1964, G. B. et K. A. Elliott de Calgary en Alberta au Canada nous apprennent ainsi que l'oreille interne et l'oreille moyenne ont atteint le volume de l'oreille adulte dès le cinquième mois de la vie intra-utérine. Lors d'une présentation qu'ils font devant la Section de la Société d'oto-rhino-laryngologie de l'Ouest, ils rapportent les faits suivants :

« Le fait que l'oreille interne, la chaîne ossiculaire et le tympan ont atteint leur taille adulte dès le cinquième mois de la vie fœtale est un événement unique. La coque du labyrinthe osseux se montre en radiographie d'une façon très nette, non occultée par d'autres ossifications. Elle sert d'ailleurs beaucoup en oto-radiologie pour se familiariser avec les points de référence.

« Tandis que la cochlée peut être considérée comme entièrement fonctionnelle à partir de la vingtième semaine fœtale, on peut penser que la taille adulte précoce de ces structures dépend au départ de la formation du labyrinthe membraneux. On peut également penser qu'après six mois la présentation axiale en vertex ou en siège dépend de l'activité labyrinthique manifestée par certains mouvements du fœtus et en particulier par ses coups de pied. La dominance progressive de la présentation « vertex » semble due à l'augmentation de la densité spécifique du liquide amniotique. Ceci inverse la polarité de gravité pour le fœtus flottant de manière axiale dans sa capsule.

« Certaines mauvaises présentations qui persistent pendant la grossesse résultent du fait que le labyrinthe du fœtus est endommagé ou malformé *in utero*. De tels événements cliniques doivent inviter le praticien à commencer très rapidement des investigations concernant certaines aplasies congénitales de l'oreille. Dans cette perspective, on peut supposer que beaucoup d'entre elles peuvent être détectées. »

En mars 1964, dans une deuxième publication, G. B. et K. A. Elliott signalent que cette fantastique avancée de l'oreille dans le temps peut être vraisemblablement prédéterminée par la fonction d'analyse fréquentielle nécessaire durant la vie postnatale. Voici ce qu'ils disent :

« Le seul os de passage du corps et qui est également adapté à d'autres fonctions est l'os pétreux. Une telle structure s'adapte très bien à la conduction sonique émanant des résonateurs nasaux au travers du zygoma et des condyles mandibulaires dont nous nous servons tous pour contrôler et moduler les intensités de notre propre voix » *(fin de citation)*.

À titre d'introduction, les auteurs précités signalent qu'ils ont repris, comme base de leur étude, ce que le chirurgien G. E. Shambaugh Jr soutenait dès 1959 dans son ouvrage sur la chirurgie de l'oreille (W. B. Saunders Company, Londres), à savoir que « l'oreille interne est le seul organe qui atteigne entièrement sa taille d'adulte... à la moitié de la durée de la grossesse ». Ils précisent par ailleurs que ces faits sont particulièrement bien explicités dès 1670 dans une série d'études minutieusement conduites et regroupées en 1930 par T. H. Bast dans une recherche sur « L'Ossification de la capsule ototique chez le fœtus humain ».

G. B. et K. A. Elliott insistent sur le fait que l'examen radiologique, peu pratiqué jusqu'alors chez le fœtus, permet une approche intéressante concernant le développement de l'oreille interne par la progression de l'ossification de la coque du labyrinthe osseux. Ces auteurs rappellent aussi que R. A. Willis décrivait, dès 1958, l'oreille interne « comme étant l'une des plus rapides de toutes les transformations stupéfiantes offertes par l'embryon ». De plus, comme nous l'avons vu, ils considèrent que cette précocité a une correspondance directe avec la nécessité de la fonction phonatoire ultérieure. Enfin leurs conclusions mériteraient d'être lues presque en totalité. Nous en extrairons cependant l'essentiel :

« [...] chez le fœtus, l'oreille interne, le tympan et les osselets sont les seules structures qui atteignent la taille adulte à la mi-grossesse [...] Au cours de l'observation de vingt paires de labyrinthes, on a constaté une remarquable similarité de taille, ce qui laisse penser que les récepteurs de l'organe cochléaire terminé répondent à une taille mathématiquement prédictée, basée sur les fréquences qu'ils auront à reproduire. »

Devant ces arguments de poids, il va sans dire que nous nous sentions déjà beaucoup plus rassurés pour affronter les résistances du passé. Mais ce n'était encore rien à côté de ce que nous avons rencontré comme réconfort lorsque F. Falkner publia en 1966, dans une étude portant sur le développement humain, les phénomènes de myélinisation de l'oreille. Il nous apprend en effet que cette dernière commence dès le sixième mois de la vie intra-utérine au niveau du nerf auditif et, mieux encore, il nous révèle que l'aire de projection du nerf auditif sur le cerveau, c'est-à-dire au niveau de l'aire temporale est largement myélinisée à la naissance. Cette constatation était pour nous capitale, car le fait qu'il y ait myélinisation rendait évident le fait que l'oreille était opérationnelle au moins à partir de ce moment-là. Ce document était à nos yeux d'une importance considérable et mettait un terme aux arguments erronés concernant les synapses. Ces derniers sont en fait, dans l'appareil auditif, élaborés très précocement et capables de passer l'information.

À la même époque, en 1967, lors du symposium organisé par le Concile pour l'Organisation internationale des sciences médicales sous les auspices de l'U.N.E.S.C.O. et de la délégation à la Recherche scientifique et technique, tenu sous l'égide du professeur Alexandre Minkowski,

Paul Yakolev et André Roch-Lecourt signalent des faits identiques dans le cadre d'une étude sur les cycles myéliniques de la maturation régionale du cerveau. De son côté, R. Marty, au cours de la même rencontre, apporte une contribution intéressante concernant la mise en route de l'organe de Corti au niveau de la base, rejoignant par là les dires de G. Bredberg dont nous avons déjà parlé et ceux de Wada, Larsell, Mc Crady et Larsell que nous avons également évoqués. Marty s'appuie aussi sur les travaux de T. H. Bast et B. J. Anson publiés en 1949 dans leur ouvrage sur l'os temporal et l'oreille. Il en résulte donc une nouvelle confirmation de la mise en activité de l'oreille en ce qui concerne les sons aigus, précédant l'extension vers les médiums et les graves. Nous rapportons ici un passage de sa conclusion qui est tout à fait dans la lignée de ce que nous avançons : « Entre les troisième et quatrième mois de la vie fœtale, chez l'homme, l'organe de Corti présente la première étape de sa différenciation sous la forme d'un épaississement pseudostratifié siégeant sur la paroi postérieure du canal cochléaire, à sa partie basale. À vingt-cinq semaines, l'organe de Corti a atteint sensiblement son développement définitif (Bast et Anson, 1949). De ce fait, à la naissance, le nouveau-né humain est parfaitement apte à percevoir les stimulus sonores mais ses capacités sont limitées pendant quelques semaines par l'état du conduit auditif externe encombré de débris épithéliaux, et l'existence à l'intérieur de l'oreille moyenne d'une importante quantité de tissu mucoïde (Arey, 1954). Il semble cependant qu'au terme de la résorption intégrale de ces obstacles à une transmission parfaite des messages acoustiques le nourrisson est encore loin de posséder sa sensibilité tonale définitive. En effet, l'étude des seuils auditifs chez des enfants testés à l'âge de sept ans met nettement en évidence la sensibilité préférentielle pour les hautes fréquences à cet âge. Ultérieurement, entre huit et quinze ans, cette sensibilité s'atténue avec, en contrepartie, une amélioration de la perception des sons graves (H. Gavini, 1962). On ne peut s'empêcher de voir dans cette évolution l'ultime manifestation du développement précoce de la base de la cochlée. »

Au cours de la discussion qui suivit la communication de R. Marty, le docteur P. Laget annonce qu'il a remarqué, chez le lapin, que les réponses aux fréquences élevées arrivaient à un âge plus précoce que celles qui permettent la détection des graves. Toujours durant cette discussion, le docteur C. Dreyfus-Brisac précise qu'il obtient des réponses aux stimulations acoustiques chez les prématurés de trente-deux semaines, recherche faite dans le but d'étudier leur réactivation dans le sommeil. Puis le docteur S. Saint-Anne d'Argassies, à son tour, signale que chez les nouveau-nés à terme, dès le troisième ou le sixième jour après la naissance, à certains moments privilégiés de bonne vigilance, l'enfant s'immobilise au bruit assez aigu émis par la voix humaine (brève et aiguë).

G. Bredberg, en 1968, nous apporte par ailleurs un fait intéressant sur l'abondance des cellules sensorielles chez le nouveau-né, celui-ci étant pratiquement suréquipé dans ce domaine dès le départ. Ces constatations laissent penser que la mise en place de tous ces éléments n'a pas été réalisée du jour au lendemain et qu'elle a commencé d'entrer en fonction avant la naissance. C'est ainsi que maintes structures chez l'enfant sont déjà fonctionnellement acquises avant qu'il ait atteint sa taille d'adulte.

Une succession de publications a permis de faire ensuite une véritable cueillette de résultats de travaux allant dans le même sens et réalisés dans divers points du monde. L. Candiollo et A. C. Lévi en 1969 parlent de la morphogénèse des muscles de l'oreille moyenne tandis que F. Kosa et I. Fazakas en 1973 étudient les dimensions des osselets chez le fœtus humain. Ils précisent qu'ils ont atteint leur état normal vers le quatrième mois et demi de la vie intra-utérine. Déjà Bise et Eryes avaient présenté une étude approfondie sur ce sujet dans l'*Encyclopédie médico-chirurgicale.* Sur le même mode, V. S. Dayal, J. Farkashidy et A. Kokshanian développent en 1973 une étude de l'embryologie de l'oreille. Sont également à considérer comme éléments intéressants les travaux collectés en 1969 par D. C. Vasilu sur la morphophysiologie de l'appareil auditif et ceux réunis par R. J. Ruben sur la synthèse de l'ADN et de l'ARN au cours du développement de l'oreille interne.

Comme on le voit, l'intérêt va grandissant concernant l'audition fœtale. Il faut avouer que le problème est fascinant sur bien des points. Il reste certes encore des zones d'ombre. Cependant tout nous laisse entendre, là aussi, que l'écoute préside aux divers processus qui conduisent l'œuf vers sa condition de total écoutant. Elle semble précéder l'évolution et l'acheminer en la modelant afin que, à travers elle, elle puisse se manifester.

Il résulte des recherches actuelles que l'appareil auditif fœtal perçoit plus tôt qu'on le croyait et nous ne sommes pas loin d'accorder à l'embryon la faculté d'écouter. Enfin, comme on a pu le constater, beaucoup s'interrogent sur sa manière de percevoir et c'est volontiers que l'on s'accorde pour considérer que la gerbe aiguë est celle qui s'allume la première. En fait, l'oreille s'installe d'emblée comme un filtre sélectif, et sélectif dans les aigus comme le serait un passe-haut.

Que de chemin il reste encore à parcourir, bien sûr, pour découvrir l'univers « sonique » du fœtus. Mais les perspectives sont encourageantes du fait que de nombreuses équipes de recherches établies dans plusieurs coins du monde se penchent quotidiennement sur le problème des conditions de vie du fœtus. Et parmi ces conditions, celle de son vécu auditif doit rester l'une des principales préoccupations des spécialistes engagés dans cette voie. Les progrès très importants réalisés sur le plan technique doivent permettre d'espérer une énorme avancée, au cours des prochaines années, dans le domaine de l'audition fœtale.

8

Ce qu'il faut en déduire

Tandis que l'existence commence, ce livre s'achève. Dès lors que l'aventure prend son envol, le fœtus meurt à sa condition utérine. Mais il nous aura appris, en terme de vivant, que la mort n'a pour lui de signification qu'en tant que changement d'état. Son passage par la filière vaginale, sa naissance en somme, ne semble s'inscrire comme un acte initiatique fondamental que pour ceux qui l'observent comme tel, et cela depuis des millénaires.

Pourtant le fœtus aura su nous sensibiliser à une réalité, celle qui nous dit que le périple existentiel se trouve largement entamé avant cet événement. Le vrai départ de l'aventure dans laquelle il s'engage est déterminé à l'instant même où la conception est réalisée dans l'œuf qui s'ensemence. La difficulté d'appréhender ce moment avec précision va jusqu'à nous rendre sinon indifférents à son égard, en tout cas étrangers à sa présence. Et ce qui est certain, c'est que nous l'avons minimisé jusqu'à lui conférer le statut d'un événement biologique sans importance.

Et cependant ce moment est celui du véritable commencement de chaque être humain. Il est le réel *initio* qui marque pour chaque homme en puissance potentielle dans l'œuf, au travers de la fusion chromosomique, son engagement. Sans doute est-ce là qu'il faut chercher plus profondément la clef de la vraie réalisation pour une démarche initiatique. Les actes qui s'ensuivent, en terme de passage, ne seront que de pâles reproductions. C'est ainsi que la naissance s'inscrit comme l'un de ces passages, le principal sans doute avec la mort. Celle-ci marquera la fin du périple existentiel tandis que la conception en indiquera le début, plus que ne le fera la naissance à laquelle on a l'habitude de se référer pour désigner l'avènement. La vie était là, au commencement. Elle se poursuit après avoir provoqué un soulèvement temporel, celui de tout cheminement humain ici-bas.

L'embryon vit, le fœtus nous le signale. Tout laisse à penser qu'un jour l'embryon saura lui aussi manifester sa présence autrement que par des détours semblables à ceux que nous avons cités au début de cet ouvrage, lors de reviviscences provoquées. L'« embryo-fœtus » a une part active dans tout le vécu maternel. C'est lui qui fait de la femme qui le porte la mère génératrice. C'est par lui qu'elle devient terre fertile. Il est le révélateur de la puissance maternelle. Il renouvelle en elle l'acte de création. Il nous rappelle en somme que le continuum de vie, par cet acte rematérialisé, est identique à lui-même depuis « qu'il fut décidé que le monde soit ».

Aussi toute une réflexion se dégage-t-elle de ce livre. Sans que nous ayons eu à en parler, elle se cristallise d'elle-même autour de nos droits et de nos devoirs à l'égard de ce processus de vie. Toute atteinte à cette dernière est une euthanasie. Qu'elle soit embryonnaire ou fœtale, elle n'en est pas moins une destruction de la vie par le truchement d'un support « matérialisé » qu'est l'embryon ou le fœtus.

Cet ouvrage n'a pas visé à cette conclusion. Il nous propose simplement une réflexion et peut-être le développement de cette dernière en un second temps. Mais quiconque a lu ces lignes ne peut pas ne pas se sentir concerné. Aussi nous paraît-il bon de poser dès à présent des jalons pour que l'opportunité nous soit donnée de nous retrouver sous peu autour de ce thème déjà largement amorcé, semble-t-il.

Il se dégagera également de ce qui a été dit la notion que l'enfant qui vit si intensément dans le ventre de sa mère demande à cette dernière une compréhension infinie qui dépasse largement ce qu'on a l'habitude d'entrevoir. Il exige que la mère oublie sa grossesse pour songer uniquement à abreuver d'affection et d'amour l'être qu'elle héberge en ses entrailles. Tout nous signifie également que la mère doit laisser croître cette puissance organique qui obéit à des lois programmées et que soutient une relation métabolique nutritionnelle. En cela, elle est potentiellement ce miraculeux creuset, ce merveilleux réceptacle dans lequel se construit l'univers humain. Aussi lui sera-t-il également demandé de diffuser, à travers son âme vibrant à la vie, toute la résonance affective que celle-ci sait générer.

Sans doute une connaissance plus approfondie des requêtes que nous adresse l'embryo-fœtus nous amènera-t-elle à mieux comprendre ce qu'il attend de nous et pour le moins éveillera-t-elle en nous le désir de devenir ce que nous sommes potentiellement : une mère, un père.

L'amour qu'exige l'enfant qui va naître nous oblige également à réviser notre attitude vis-à-vis de ce sentiment si mal interprété dans notre monde contemporain. Empreint d'une totale liberté, cet amour ne nous montre-t-il pas de façon manifeste que nous sommes dans l'erreur la plus complète le concernant. Aimer, c'est laisser libre, et laisser libre c'est accorder avec plénitude à l'enfant qui se construit une existence sans problèmes afin que la vie, au sens fort du terme, ne soit plus pour lui que la seule mémoire qui puisse subsister tout au long de son périple existentiel. Être branché sur la vie, c'est être libre, c'est aussi de ce fait savoir aimer. Faut-il rappeler que cet acte se manifeste par le fait d'écouter jusqu'à exaucer ?

Comme on a pu le voir au cours de cette étude, le fœtus nous conduit, au sein du giron maternel, à l'école de l'écoute. Nous avons pu constater avec quelle hâte il s'apprête à confectionner une oreille, cette oreille qu'il tendra plus tard de toutes ses forces vers le discours des grands. C'est là que le bât blesse. Il espère beaucoup de nous et, à ce niveau, nous sommes totalement démunis. Nos propos à son adresse sont si pauvres, si dépourvus d'intérêt et de chaleureuse sollicitude ! Quant à nos oreilles, elles sont depuis longtemps fermées puisque jamais entraînées dans cette direction. Il est toutefois surprenant de constater avec quelle obstination chaque être en puissance reprend le même cheminement vers l'écoute, et ce malgré l'absence de réponse. C'est dire combien ontogénétiquement cet acte est ancré au plus profond de l'être humain. C'est parce qu'en lui, fils de l'homme, le fils de l'être souhaite se manifester. Il en émet

235

le vœu dès le départ. L'écoute, on s'en souvient, est son fil conducteur.

Hélas ! Parmi tous ces êtres naissants, bien peu obtiendront une réponse. Et ceux qui la recevront ne la découvriront le plus souvent que bien tard au cours de ce véritable accouchement que représente l'existence et qui se manifeste au travers d'un corps dont l'énergie physique s'émousse tandis que la vitalité de l'être s'accroît. Il est vrai que l'être est toute vitalité. Mais que d'euthanasies ne commet-on pas à son égard pour ne fabriquer, au cours d'une éducation aliénante, que des automates, que des morts-vivants. Il existe tant de moyens de ne pas donner naissance à l'esprit, cet esprit qui fait de l'homme ce qu'il doit être. Mais c'est aller au-delà de cet ouvrage que d'aborder un tel propos. C'est déjà introduire une autre dimension qu'il nous plairait de développer en guise de prolongement à ce livre qui se termine.

Est-il besoin de dire que la recherche que nous avons entreprise concernant l'écoute intra-utérine nous a soutenu dans nos efforts durant ces longues années de travail grâce à la certitude que nous avions de pouvoir agir efficacement sur les processus de communication de l'être avec son environnement ? Nous sentions intimement que cet être s'apprêtait à se mettre à l'écoute dès sa vie embryonnaire, comme si celle-ci ne devait être consacrée qu'à la préparation et à la mise en place des éléments anatomiques de l'appareil auditif et du complexe neuronique qui lui est appendu. Nous savions aussi que tout cet arsenal se construisait pour qu'une réponse fût donnée à la demande impérative faite par le fœtus dans son désir d'établir le plus précocement possible une relation avec son entourage. Nous savions enfin qu'il nous interpellait comme si l'écoute, cette dimension avec laquelle nous sommes maintenant familiarisés, mobilisait tout jusqu'à son désir de naître à la vie. Naître avec elle, toute oreille ouverte, n'est-ce pas là justement con-naître, bénéficier de tout ce que cet environnement se montre capable de transmettre ? Le monde utérin, hélas, se révélera le plus souvent aussi sourd à cette demande que le sera ultérieurement le monde des hommes.

On ne sait trop que dire à ce nouveau venu, non plus qu'on ne saura le faire plus tard à l'enfant qui grandit. Comment entrer en communication avec lui ? Et pourquoi ? Voilà bien peu de temps, il est vrai, que l'on sait que le fœtus perçoit. Maintenant il faut de surcroît se persuader qu'il est sensible au monde sonore ! Ce que chaque mère est capable de nous signaler, à savoir que son enfant bouge dans son ventre lorsqu'une musique ou lorsqu'un son ou lorsqu'une voix se manifeste, constitue aujourd'hui une véritable révélation dans certains de nos milieux scientifiques. C'est à se demander si nous étions réellement disposés à écouter les futures mères nous raconter ces faits ou si nous considérions qu'elles devaient garder ce mystère en elles-mêmes, comme si d'aucuns ne devaient jamais pénétrer dans cette intimité conservée jalousement secrète.

Et dans une nouvelle bousculade, on nous oblige désormais à concevoir que le fœtus écoute ! C'en est trop !... C'en serait trop si nous n'avions pu définir ce qu'était l'écoute et si nous ne nous étions pas attardés avec tant d'insistance sur cette nouvelle dimension. Elle doit certes encore grandir dans certains esprits. Il faudra savoir attendre. Mais ce qui est encourageant, c'est que le temps semble s'accélérer. Les idées se cristallisent sans doute parce que, dans leur bouillonnement, beaucoup d'entre elles se trouvaient être en état de surfusion. Dans cette atmosphère privilégiée, les idées nouvelles concernant l'écoute sont maintenant intégrées, et aussi rapidement oubliées ou balayées, il faut bien le dire.

Le concept d'écoute me semble difficile à dépasser. Et si jamais il parvenait à être atteint, il se présenterait non pas comme le sommet d'une hypothétique pyramide mais bien comme la source de ce pour quoi et par quoi l'homme est promu à devenir : un « écoutant ».

Étrangement, le fœtus est celui-là car d'emblée, poussé par son « inducteur », il est conçu pour écouter. Et si paradoxalement tout nous le révèle autrement, c'est que dès le départ *in utero* nous ne savons pas soutenir cette exceptionnelle disposition. Dans ce cas, si affinée soit-elle, cette écoute capable de percevoir au moyen de mécanismes particulièrement subtils tout ce qui se présente jusqu'à la vie elle-même n'aura pour toute réponse qu'un silence modulé sur des bruits organiques et viscéraux. C'est peu. Le fœtus espère beaucoup plus. Et si le désir d'écoute qui le soutient ne parvient pas à s'élaborer, on le verra progressivement s'éteindre tandis que l'oreille continuera d'entendre. Mais elle sera désormais engagée à n'entendre que des dialogues de sourds. Toute sa dynamique initiale se trouvera de la sorte déviée vers une dimension opposée à celle à laquelle elle est destinée. Tandis qu'elle s'étiolera dans sa fonction, la présence de l'être s'enfouira sous la carapace corporelle qui l'enserre. Et du désir d'être et d'écouter, d'être écoutant, d'être écoutant vivant, il ne subsistera plus que celui d'un corps, d'un corps sourd à l'être qui le sous-tend.

Ainsi l'embryo-fœtus dans sa structure qui se prépare n'est que l'enveloppe d'un être à l'écoute. Le malheur est que nous continuons obstinément à en faire une enveloppe qui prétend entendre. Cette erreur fondamentale s'installe dès le commencement et se renouvelle en chaque homme qui se prépare dans le ventre qui le porte. C'est là qu'il faut rompre le rythme infernal.

Comment y parvenir ? D'abord en apprenant aux femmes combien elles ont de chance de porter en elles la puissance maternelle, combien elles sont favorisées par ce pouvoir d'être mère et combien cette aptitude est un don fabuleux en soi. Nous concevons qu'il doive être bien difficile pour elles de percevoir cette faculté dans sa pleine réalité. Il est certes nécessaire de la dissocier d'emblée de la simple fonction de reproduire, qualité propre aux femelles, qui se limite à la stricte observance génétique, admirablement structurée il est vrai. Chez la femme, tout semble se mettre en place pour instaurer, en chaque nouveau venu, un support sur lequel l'être est appelé à s'implanter. Être femelle, c'est porter un rejeton. Être femme, c'est porter un enfant. Être mère, c'est porter un être.

C'est à l'être que la mère doit parler. C'est avec lui qu'elle doit apprendre à communiquer, à dialoguer. Il lui suffira, en fait, de laisser vibrer en elle l'être qui saura trouver les mots de vie, les chants d'amour à l'adresse de cette partie d'elle-même qui se transfuse dans l'enfant qu'elle porte. Il faut donc qu'elle sache que les mots de son langage habituel sont dénués de sens pour l'être qui, lui, comprend tout au-delà des mots. C'est de la chaleur affective contenue dans une voix agréable et douce, aimante et compréhensive qu'il saura extraire ce dont il a besoin. Ce n'est pas compliqué en fait.

L'oreille de l'embryo-fœtus, on l'a vu, dit et répété,

fonctionne comme un filtre qui sait améliorer les choses. Il parviendra donc à les percevoir d'une façon qui lui est spécifique. Mais si la mère veut y mettre du sien, tout ira tellement mieux ! Bien entendu, des voix rejetantes, des voix haïssantes, détruiront ou fausseront les mécanismes de ce montage si naturellement structuré. Sur des distorsions maximales, certaines auditions aberrantes s'installeront au risque d'engager le futur à naître dans une dynamique sans aucune mesure avec celle du monde environnant. Ces altérations pourront le conduire jusqu'à l'aliénation. Dieu merci ! Le désir d'écouter, ce désir branché directement sur l'être supprime bien des imperfections. Il n'en ressortira alors que des difficultés qui rendront complexes mais non irréalisables les communications humaines.

On pourrait croire que le ton de ce livre nous conduit à une vision pessimiste du monde. Que l'on se rassure. Tel n'est pas notre état d'esprit ; et pour qui nous a approché, il est facile de reconnaître que nous péchons plutôt par une attitude inverse. Mais il nous paraît toutefois opportun d'abraser certaines illusions et de regarder objectivement ce qui se passe. Grâce à cette mise à plat, nous serons non seulement en mesure d'appréhender les choses avec plus de clarté mais nous pourrons aussi en changer toute la dynamique, cette dernière devant nous faire sortir du labyrinthe dans lequel tout est resté jusqu'alors fixé en un même lieu.

L'écoute de la vie constitue assurément la grande recherche effectuée dès le départ, avant même que l'homme soit, avant même qu'il soit conçu. Il nous a été donné d'écrire qu'« avant le commencement était l'écoute ». Plus nous nous trouvons emporté par cette dimension sans limites et plus nous la sentons s'étendre jusqu'aux confins de notre perception intuitive, là même où la pensée s'appuie sur la présence du mystère, là même où la conscience répond à l'acte de rencontre de l'être avec lui-même.

Il faut nous préparer à répondre à l'appel de cette écoute qui ne demande qu'à nous conduire vers elle. C'est à ceux qui savent accorder ce commencement qu'il convient de s'adresser pour amorcer et poursuivre ce cheminement : je veux parler des parents. C'est de leur union, c'est à partir de cette communion qui précède la fusion des cellules germinales que s'effectue cette ouverture vers l'écoute. Il suffira ensuite de la soutenir dans un même élan et dans une même conduite attentive, écoutante. Tout ce qui se passe *in utero* s'exprimera alors avec une force et une densité insoupçonnées. Il faudra tenter d'en découvrir le souffle. Mais tout ce qui est édicté dès cet instant a une résonance si profonde et si large qu'il est parfois bien difficile de le percevoir.

Pourtant la mère aura senti en elle fuser le dialogue qui tente de s'ébaucher sur tous les registres, tandis que le père sera tenu d'alimenter de son discours ce germe qu'il réensemencera au travers de la mère par la sémantique dont il est porteur. Il devra apprendre à communiquer directement avec la vie qu'il a permis de faire éclore en une cellule fécondée lors de son union avec la mère. Il en soutiendra la croissance psychique en apportant sa contribution verbalisante à l'adresse de cet enfant qui n'appartient qu'à la vie mais qui doit son commencement à la communion intime de deux êtres dans leur dialogue amoureux.

Ce dialogue subsiste certes chaque fois qu'il donne la vie, même s'il s'est élaboré dans une rencontre sans résonance avec la dimension d'amour. La vie, il est vrai, prend tous les détours pour se perpétuer. Elle sait qu'en ce départ tout est permis. Et l'amour maternel peut surgir d'une manière tout à fait inattendue. Ce ne sont pas les têtes les mieux couronnées qui savent parler à un embryon. Ce ne sont pas non plus les plus éduquées, au sens habituel du terme, qui sauront apporter la chaleur affective nécessaire à ce nouveau venu qui tend à se manifester. Il s'agit en fait d'un véritable appel à la mère, à l'amour, à cet amour qui émerge de la force vitale et qui n'est qu'une des expressions de la vie elle-même, l'amour maternel en étant une modulation.

Mais il faut aimer la vie pour transmettre l'amour de vivre, tout comme il faut vivre l'amour pour donner la vie. Il y a loin entre cette vision et celle qui s'institue sous la forme de nos utopiques réglementations qui prétendent régir la dynamique de vie. Peut-être dépendent-elles, elles aussi, du programmateur que nous avons introduit au début de cet ouvrage, de cet inducteur qui règle tout, en nous laissant croire que nous participons à la promotion de ce qu'il a prévu de toute éternité. Peut-être l'homme a-t-il encore besoin, pour un temps, de se croire générateur de lui-même alors qu'il n'est en fait que le générateur de son comportement. Ce temps est sans doute nécessaire pour que l'écoute s'installe avec une acuité capable de faire redécouvrir le bruit de la vie elle-même et de détecter, à travers elle, les règles essentielles, celles qui régissent tout l'art de vivre dont on sait qu'il est la conséquence de l'art d'aimer.

Comment parvenir à ce sommet ? Il faut trouver le maître, là où il est. C'est dans l'utérus, dans cet univers où tout s'installe et se construit, que siège celui qui nous éduque par les appels qu'il nous lance en signalant ses besoins les plus variés. Il sollicite les strictes nécessités métaboliques en même temps qu'il quémande avec véhémence l'attention toute particulière qui doit le conduire vers son humanisation. Il recherche inlassablement cette humanité tout empreinte d'humilité, dépouillée des travers d'une personnalité et rayonnante par la transparence qui permet à l'être de s'exprimer.

On sait combien il est difficile d'écouter la parole du maître. Pourtant si nous savions obéir à ses lois de vie, génétiquement manifestées, nous pourrions espérer ne pas nous fourvoyer dans la loi des hommes qui nous conduit bon an mal an, au fil des siècles, vers un avenir toujours incertain.

Je suis persuadé que plus nous tirerons d'enseignements des messages lancés par l'embryon qui, en introduisant si profondément son dire, va jusqu'à façonner le fœtus, lequel induit l'homme en sa totalité pour qu'il devienne, plus nous saurons tirer de leçons de ces appels si expressément formulés, et plus nous serons munis de véritables richesses, celles qui savent conférer l'absence de besoins.

Ainsi donc, pour reprendre ce que nous avons voulu développer au cours de cet ouvrage, la fonction sur laquelle se fonde toute la dynamique humaine est l'écoute. C'est au plus profond de la nuit utérine et dès le commencement que s'installe cette essentielle faculté. Elle obéit d'emblée à ce que lui édicte la vie afin que les processus vitaux soient en mesure de diriger les différentes organisations cellulaires sous le contrôle permanent d'un programmateur génétique inséré dans la cellule première fécondée. Telle est du moins l'image qu'offre le déroulement de la mise en place d'une fonction dont on commence maintenant à saisir l'importance.

Je disais dans un des chapitres de cet ouvrage combien j'étais convaincu que l'écoute précédait tout l'organisation cellulaire, comme si tout dépendait d'elle. En fait, dans cette perspective, elle est l'écoute parfaite de la vie elle-même à laquelle elle obéit sans aucune déviation pour que s'installent les différentes étapes qui verront l'œuf éclore, l'embryon s'ébaucher et le fœtus se préparer à prendre l'envol dans l'univers des hommes. Ce n'est pas une sinécure, on en conviendra, que d'établir un tel programme. Où et comment s'inscrit-il ? Il ne nous appartient pas de tenter de répondre à une telle question dans le cadre de cette étude.

La vie est. Elle-même demeure, semble-t-il, à l'écoute d'une information d'un niveau qui nous échappe et dont l'interrogation n'offre une réponse qu'à celui que la foi emporte dans une adhésion totale à la vie. Sur celui-là, la mort n'a pas de prise. Mais adhérer à la vie, c'est l'écouter. C'est lui obéir. Là encore, ce n'est pas une mince affaire que d'adopter une telle attitude. Et pourtant il nous faut savoir que, par l'écoute, le langage s'élabore, la pensée prend son envol, la conscience fait place à l'inconscient, comme si la lumière effaçait la ténèbre.

Aussi est-ce sur un thème d'ordre éducatif que nous aimerions réintroduire la dimension d'écoute, seule capable d'induire par sa présence toute la communication, au sens le plus large et aussi le plus noble du terme.

Communiquer n'est pas seulement utiliser un certain langage à l'adresse de son prochain. C'est d'abord lui offrir l'ouverture de son cœur. C'est cela l'écoute. C'est accepter le dialogue et le susciter. C'est entrer avec l'autre que soi en une communion faite de compréhension et d'amour.

C'est donc une *pédagogie de l'écoute* que nous voudrions proposer comme prolongement de cet ouvrage consacré à l'univers intra-utérin. Celui-ci nous a largement indiqué que le fœtus entendait, qu'il écoutait sous l'égide de l'impulsion de vie, cette étonnante puissance créatrice d'où jaillit l'être aux mille potentialités, muni de raison, capable d'intelligence, apte à intégrer le monde qui l'environne, prêt à se mettre à l'écoute du Logos qui s'exprime de manière incessante.

Ce livre est, en fait, un préliminaire à toute une réflexion sur la vie. Puisse-t-il permettre à d'autres chercheurs d'éclairer les différents points obscurs de leurs travaux, à la lumière de ce que l'embryo-fœtus leur aura enseigné. Puisse-t-il également éveiller l'attention de ceux dont la mission est d'être parents afin qu'un nouvel état de conscience s'empare d'eux. Qu'en eux s'installe cette rencontre avec le mystère de la vie dont l'ampleur et la beauté leur insuffleront, dans l'émerveillement chaque jour renouvelé, les forces nécessaires pour mener à bien cette œuvre de création. Là même, ils seront confrontés avec l'insondable dans lequel la vie puise ses sources et qui semble s'écouler en une nappe limpide et fluide, finement modulée sur une résonance principielle, celle que l'humain sait détecter et distribuer : l'amour.

S'il m'a plu d'écrire cet ouvrage, nul doute que cet intérêt fut soutenu par la nécessité de fixer noir sur blanc un vécu de recherche qui méritait, après plus de vingt-cinq ans, que le point fût fait. Par ailleurs, il m'est apparu que c'était le moment de collecter et de diffuser mes conceptions sur l'écoute intra-utérine afin d'éviter de laisser se propager bien des histoires insolites, bâties hors de l'expérimentation rigoureuse, hors du contexte de l'observation clinique.

Maintenant que nous sommes mieux informés au sujet du périple existentiel que toute étincelle de vie sait allumer, saurons-nous en tirer parti ? Et par cet enseignement, parviendrons-nous à nous situer sur le plan qui nous permettra d'appréhender en adultes réalisés nos responsabilités face à la vie qui fuse et nous emporte, et dont nous semblons être, pour une large part, non pas les garants mais les gérants ?

Références bibliographiques

B. J. ANSON, B. G. HARPER & J. R. HANSON, « Vascular anatomy of the auditory ossicles and petrous part of the temporal bone in man », in *Ann. Oto-rhino-laryng.*, 71, 622-631, 1962.

B. J. ANSON & WINCH, « Vascular channels in the auditory ossicles in man », in *Ann. Oto-rhino-laryng.*, 83, 142-158, 1974.

G. ALEXANDER, « Entwicklungsgeschichte, Anthropologie, Varietäten », in Denker & Kahler, *Handbuch der Hals-Nazen-Ohren-Heilkunde*, vol. VI, p. 69, Springer Verlag, Berlin, 1926.

L. ANGGÄRD, « An electrophysiological study of the development of cochlear function in the rabbit », in *Acta Otolaryng.* (Stockholm), suppl. 203, Stockholm, 1965.

L. B. AREY, *Development Anatomy*, W. B. Saunders Company, Philadelphie, 1954.

T. P. BARDEN, P. PELTZMAN & J. T. GRAHAM, « Human fetal electroencephalographic response to intra-uterine acoustic signals », in *Amer. Journ. Obstet. Gynec.*, 100, 1128, 1968.

Th. BAST, « Ossification of otic capsule in human fetus », in *Contrib. Embryol.*, 121, 21, 53-82, 1930.

Th. BAST & B. J. ANSON, *The Temporal Bone and the Ear*, Charles C. Thomas, Springfield, 1949.

245

J. Bernard & L. M. Sontag, « Fetal reactivity to tonal stimulation : a preliminary report », in *Journ. Genet. Psychol.*, 70, 205-210, 1947.

R. L. Bernstine, W. J. Borkowski & A. H. Price, « Prenatal fetal electroencephalography », in *Amer. Journ. Obstet. Gynec.*, 70, 623, 1955.

W. J. Borkowski & R. L. Bernstine, « Electroencephalography of the fetus », in *Neurology*, 5, 362, Mineapolis, 1955.

G. Bredberg, « Cellular pattern and nerve supply of the human Organ of Corti », in Acta Otolaryng., suppl. 236, 1968.

T. H. Bullock & G. A. Horridge, *Structure and Function in the Nervous System of Invertebrates*, W. H. Freeman & Company, San Francisco, 1965.

T. H. Bullock, R. Orland & A. Grinnell, *Introduction to Nervous Systems*, W. H. Freeman & Company, San Francisco, 1977.

L. Candiollo & A. C. Levi, « Studies on the morphologenesis of the middle ear muscles in man », in *Arch. Klin. Exp. Ohr-Nas. u. Kehlk*, Heilk, 195, 55-67, 1969.

A. Corti, « Recherches sur l'organe de l'ouïe des mammifères », in Z. *Wiss Zool. Wiss*, III, 109, 1851.

V. S. Dayal, J. Farkashidy & A. Kokshanian, « Embryology of the ear », in *Canad. Journ.* Otolaryng., 2, 136-142, 1973.

D. E. Crowley & M. C. Hepp-Reymond, « Development of cochlear function in the ear in the infant rat », in *Journ. Corp. Physiol. Psychol.*, 62, 427, 1966.

C. Dreyfus-Brissac, « Ontogenèse du sommeil chez le prématuré humain ; étude polygraphique », in *Regional Development the Brain in Early Life*, Blackwell Scientific Publications, Oxford-Edimbourg, 1967.

B. Dwornicka, A. Jasienska, W. Smolarz & R. Wawryk, « Attempt of determining in the fetal reaction to acoustic stimulation », in *Acta otolaryng.*, 57, 571-574, 1964.

R. G. EISENBERG, « Auditory behavior in the human neonate. Methodologic problems and the logical design of research procedures », in *Journ. Aud. Res.*, V, 159-177, 1965 ;
« Auditory behavior in the human neonate », in *Int. Audiol.*, IV, 65-68, 1965 ;
« Auditory behavior in the human neonate. Functional properties of sounds and their ontogenic implications. » Communication présentée devant The American Speech and Hearing Association, Washington D.C., 1966 ;
« The Development of hearing in man. An assessment of current status », in *Asha*, 12, 199-223, 1970 ;
« The Organisation of auditory behaviour », in *Journ. Speech and Hearing Res.*, 13, 454-471, 1970 ;
« The Ontogeny of auditory behaviour in humans », in L. Jilek & S. Trojan, *Ontogenesis of the Brain*, vol. II, pp. 307-315, Universitas Caroline Pragensis, Prague, 1974 ; *Auditory Competence in Early Life. The Roots of Communicative Behavior*, University Park Press, Baltimore-Londres-Tokyo, 1976.

R. B. EISENBERG, A. MARMAROU & P. GIOVACHINO, « Heart rate changes to a synthetic speech. Sonard as an index of individual differences », in *Journ. Aud. Res.*, 14, 29-43, 1974.

G. B. & K. A. ELLIOTT, « Some pathological, radiological and clinical implications of precocious development of the human ear », in *Laryngoscope*, 79, 1160-1171, 1964 ;
« Observations on the constitution of the petrosa », *Ame. Journ. Roentgend. Radium. Ther-Nücl-Med*, 91, 633-639, 1964.

F. FAULKNER, *Human Development*, W. B. Saunders Company, Philadelphie, 1966.

FLEISHER, « Untersuchungen zur Entwicklung der Innerohr-funktion (Intra-uterine Kinderbewegungen nach Schallreizen) », in *Z. Laryng. Rhinol.*, 34, 733, 40, 1955.

H. S. & H. B. FORBES, « Fetal sense reaction : Hearing », in *Journ. Comp. Psychol.*, 7, 353-355, 1927.

H. GAVINI, « Le seuil d'audibilité en champ libre chez les enfants », in *Annales télécomm.*, 17, 1-7, 1962.

W. S. GODDMAN, S. V. APPLEBY, J. W. SCOTT & P. E. IRELAND, « Audiometry in newborn children by electroencephalography », in *Laryngoscope*, 74, 1316-1328, 1964.

J. C. GRIMWADE, D. W. WALKER, S. GORDON & C. WOOD, « Human fetal heart rate change and movement in response to sound and vibration », in *Amer. Journ. Obstet. Gynec.*, 109, 86-90, 1971.

F. H. HON, E. J. QUILLIGAN & P. J. DISAIA, « Auditory evoked potentials in the human fetus : a preliminary report », *Acta Otolaryng.*, 57, 188, Stockholm, 1967.

O. C. IRWIN & T. CURRY, « Vowel elements in the crying vocalization of infants under ten days of age », in *Child Development*, XII, 99-109, 1941.

J. H. JACKSON, Reprint of Huglings Jackson's papers on affections of speech, in *Brain*, 38, 1915.
« Selected writings of », edited by James Taylor, Hodder & Stoughton, Londres, 1932.

V. O. KNUDSEN, « *Hearing* with the sense of touch », in *Journ. General Psychol.*, 1, 320-352, 1928.

W. KOLMER, « Gehörorgan » In *Möllendorff's Handbuch der mikroskopischen, Anatomie des Menschen*, vol. III, 1, Springer Verlag, Berlin, 1927.

F. KÓSA & I. FAZEKAS, « Emberi magzatok hallócsontjainak méretei (size of the auditory ossicles of human fetuses) », in *Fölorrggegyogyazsat*, 19, 153-159, 1973.

O. LARSELL, E. MCCRADY & J. F. LARSELL, « The Development of the Organ of Corti in relation to the inception of hearing », in *Arch. Otolaryng.*, 40, 233, Chicago, 1944.

D. B. LINDSLEY, « Heart and brain potentials of human fetuses in utero », in *Amer. Journ. Psychol.*, 55-412, 1942.

T. MADONIA, F. MODICA & G. CALI, « Several interesting aspects of the ampullar crests in the human fetus », in *Clin. otorhinolaryng.*, 15, 272-291, 1963.

R. MARTY, « Maturation postnatale du système auditif », in *Regional Development of the Brain Early Life*, Blackwell Scientific Publication, Oxford-Edimbourg, 1967.

D. MIKAELIAN & R. J. RUBEN, « Correlations of physiological observations with behavioural responses and with cochlear anatomy », in *Acta Otolaryng.*, 59, 451, Stockholm, 1965.

A. MINKOWSKI, in « Regional Development of the Brain in Early Life », Blackwell Scientific Publications, Oxford-Edimbourg, 1967.

K. P. MURPHY & C. H. SMYTH, « Responses of fetus to auditory stimulation », in *Lancet*, 1, 972-973, 1962.

V. E. NEGUS, *The Mechanism of the Larynx*, W. M. Heinemann, Medical Books Ltd, 1929.

Y. OKAMOTO & T. KIRIKAE, « Electroencephalographic studies of brains of fetuses and prematures children », in *Journ. Jap. Obstet. Gynec. Soc.*, 3, 461, 1951.

A. OMBREDANE, *L'Aphasie et l'élaboration de la pensée explicite*, *P.U.F.*, Paris, 1950.

F. C. ORMEROD, « The Pathology of congenital deafness », in *Journ. Laryng.*, 79-919, 1960.

A. PEIPER, « Sinnesempfindungen des Kindes vor seiner Geburt », in *Mschr. Kinderheilk*, 29, 236, 1924.

RAMON Y CAJAL, *Histologie du système nerveux de l'homme et des vertébrés* (transcription française vérifiée par l'auteur des écrits espagnols de 1904), 2 vol., 1952.

G. RETZIUS, *Das Gehörorgan der Wirbeltiere. Vol. II : Das Gehörorgen der Reptilien, der Vögel und der Sängetiere*, Samson et Wallin, Stockholm, 1884.

M. G. ROSEN & R. SATRAN, « Fetal electroencephalography during birth », in *Journ. Obstet. Gynec.*, 26-740, 1965 ; *Fetal Encephal*, 1965.

R. J. RUBEN, « Development of the inner ear of the mouse. A radio-autographic study of terminal mitoses », in *Acta Otolaryng.*, suppl. 220, Stockholm, 1967. « The Synthesis of DNA and RNA in the developping inner ear », in *Laryngoscope*, 79, 1546-1556, 1969.

S. SAINTE-ANNE D'ARGASSIES, Discussion avec R. Marty, in *Regional Development of the Brain in Early Life*, 1967.

N. SAKABE, T. ARAYAMA & T. SUZUKI, « Human fetal evoked response to acoustic stimulation », in *Acta Otolaryng.*, suppl. 252, 29-36, 1969.

L. SALK, « The Effects of the normal heartbeat sound on the behaviour of the newborn infant : implication for

mental health », in *World Ment. Health*, 12, 168-175, 1961 ;
The Importance of the Heartbeat Rythm to Human Nature : Theorical, Clinical and Experimental Observations. Proceedings of 3rd World Congress on Psychiatry, vol. I, pp. 740-746 ;
« ' Mothers ' heartbeat as an imprinting stimulus », in *Acad. Scienc. Trans.* (div. Psychol.), pp. 753-763, 1962.

G. E. SHAMBAUGH JR, *Surgery of the Ear*, W. B. Saunders Company, Londres, 1959.

L. W. SONTAG & R. F. WALLACE, « The Movement response of the human to sound stimuli », in *Child Develop.*, 6, 253-258, 1935.

D. & K. STANLEY JONES, *La Cybernétique des êtres vivants*, Gauthier-Villars, Paris, 1962.

A. A. TOMATIS, *L'Oreille et le Langage*, p. 70, coll. « Microcosme », Seuil, Paris, 1963 ;
Éducation et Dyslexie, p. 65, coll. « Sciences de l'éducation », Éditions E.S.F., Paris, 1972 ;
La Libération d'Œdipe, ou de la communication intra-utérine au langage humain, coll. « Sciences de l'éducation », *ibid.*, 1973 ;
Vers l'écoute humaine, t. I, pp. 123-166, *ibid.*, 1974 ;
L'Oreille et la Vie, coll. « Réponses-Santé », Laffont, Paris, 1977.

H. M. TRUBY, J. F. BOSMA & J. LIND, « *Newborn Infant cry* », Almvist-Wiksells Boktryckeri AB, Uppsala, 1965.

H. M. TRUBY, « Prenatal and neonatal speech, *Pre-speech* and *Infantile-speech*, Lexicon », in *Word*, 27, n°s 1, 2, 3, 1971.

A. TUMARKIN, « Evolution of the auditory conducting apparatus in terrestrial vertebrates », in *Hearing Mechanims in Vertebrates*, 18-40, Ciba Fundation, J. & A. Churchill Ltd, Londres, 1968.

O. VAN DER STRICHT, « The Development of the pillar cells, tunnel space, and Nucl's spaces in the Organ of Corti », in *Journ. Comp. Neurol.*, 30-283, 1919 ;
« The Arrangement and structure of sustencular cells and hair cells in the developing Organ of Corti », in *Contrib. Embryol ;* 9, 109, 1920.

D. C. VASILU, « Contributions to the morphophysiological study of the auditory apparatus », in *Rev. Ronm. Physiol.*, 6, 159-167, 1969.

T. WADA, « Anatomical and physiological studies on the growth of the inner ear of the albino rat », in *Wistlav Inst. Anat. Biol. Memoirs*, 10, 1923.

E. WEDENBERG, « Auditory test on newborn infants », in *Acta Otoryng.*, 46, 5, 1956.

E. WEITZMAN, W. FISHBEIN & L. J. GRAZIANI, « Auditory evoked responses obtained from the scalp electroencephalogram of the full-term human neonate during sleep », in *Pediatris*, 35, 458-462, 1965.

R. A. WILLIS, *The Bordeland of Embryology and Pathologie*, Butterworth & Co, Londres, 1958.

P. S. YAKOLEV & A. R. LECOURT, « The Myelo-genetic cycles of regional maturation of the brain », in *Regional Development of the Brain in Early Life*, Blackwell Scientific Publication, Oxford-Edimbourg, 1967.

Bibliographie
d'A. A. Tomatis

INCIDENCES OBSERVÉES DANS LES LÉSIONS AURICULAIRES CONSTATÉES CHEZ LE PERSONNEL DES BANCS D'ESSAI ET LES PROFESSIONNELS DE LA VOIX
Bulletin du Centre d'études et de recherches médicales de la S.F.E.C.M.A.S. (Nord-Aviation), septembre, 1952.

L'OREILLE MUSICALE
Journal français O.R.L. 2 n° 2, pp. 99-106, Imprimerie Gauthier, 1953.

LE BÉGAIEMENT, ESSAIS DE RECHERCHES SUR SA PATHOGÉNIE
Bulletin du Centre d'études et de recherches médicales de la S.F.E.C.M.A.S., juin 1953.

L'OREILLE DIRECTRICE
Bulletin du Centre d'études et de recherches médicales de la S.F.E.C.M.A.S., juillet 1953.

LA VOIX CHANTÉE
Bulletin du Centre d'études et de recherches médicales de la S.F.E.C.M.A.S., juillet 1953.

L'AUDIOMÉTRIE DYNAMIQUE
Bulletin du Centre d'études et de recherches médicales de la S.F.E.C.M.A.S., septembre 1953.

L'AUDIOMÉTRIE D'USINE
Bulletin du Centre d'études et de recherches médicales de la S.F.E.C.M.A.S., octobre, 1953.

CORRECTION DE LA VOIX CHANTÉE
Cours international de phonologie et de phoniatrie, Faculté de Médecine de Paris, Librairie Maloine, p. 335 à 353, 1953.

RÔLE DIRECTEUR DE L'OREILLE DANS LE DÉTERMINISME DES QUALITÉS DE LA VOIX NORMALE (PARLÉE OU CHANTÉE) ET DANS LA GENÈSE DE SES TROUBLES
Actualités oto-rhino-laryngologiques.

RECHERCHES SUR LA PATHOLOGIE DU BÉGAIEMENT
Journal français d'oto-rhino-laryngologie, 3 n° 4, pp. 384 sq., avril 1954.

POUR INFORMATION SUR LA SURDITÉ PROFESSIONNELLE
Bulletin du centre d'études et de recherches médicales de la S.F.E.C.M.A.S., juillet 1954.

LA SÉLECTIVITÉ AUDITIVE
Bulletin du Centre d'études et de recherches médicales de la S.F.E.C.M.A.S., octobre 1954.

LA SURDITÉ PROFESSIONNELLE À LA SOUFFLERIE DE VERNON
Rapport des journées des médecins de la D.E.F.A. (16-17-18 mai 1955), pp. 11-14. Direction des études et fabrications d'armement, mai 1955.

LA SURDITÉ À LA D.E.F.A.
Le Médecin d'usine, n° 8, pp. 401 à 404, septembre-octobre, 1955.

LA SURDITÉ PROFESSIONNELLE
Revue *Travail social* n° 2, pp. 39-42. Revue de la Fédération française des Travailleurs sociaux, 1956.

RELATIONS ENTRE L'AUDITION ET LA PHONATION
Annales des télécommunications, tome II, n° 7-8. Cahiers d'acoustique, juillet-août 1956.

AUDIOMÉTRIE OBJECTIVE : RÉSULTATS DES CONTRE-RÉACTIONS PHONATION-AUDITION
Journal français d'oto-rhino-laryngologie, n° 3, pp. 379 à 391, Imprimerie Gauthier, Lyon, mai-juin 1957.

LES NUISANCES DU BRUIT
Revue *Le Médecin d'usine*, n° 9.
Revue pratique de médecine et hygiène du travail, pp. 605 à 624, novembre 1957.

LA RÉÉDUCATION AUTOMATIQUE
École polytechnique de l'Université de Lausanne, septembre 1958. *Annales du G.A.L.F.* (Groupement des acousticiens de langue française).

L'AUDIOMÉTRIE DE DÉPISTAGE EN USINE
Bulletin de la Société d'hygiène et de médecine du travail de Normandie, Le Havre, mai 1958.

PSYCHOPHYSIOLOGIE DES TROUBLES DU TIMBRE ET DU RYTHME DANS LE LANGAGE

Cours professé à la Faculté des sciences, dans un cycle de conférences sur les « Problèmes de psychophysiologie acoustique », sous la direction du Docteur Busnel, à la chaire de psycho-physiologie de la Sorbonne, février 1959.

LES RÉACTIONS SOMATIQUES ET PSYCHIQUES AU BRUIT INDUSTRIEL

Archives des maladies professionnelles, t. XX, n° 5, pp. 611-624. Communication faite au cours du Ve Congrès international de médecine du travail, 10 octobre 1958, Lyon. *Revue de la médecine aéronautique*, t. XIV, n° 2 et 3, 2e-3e trimestre 1959.

AUDIOLOGIE ET PHONOLOGIE EXPÉRIMENTALES ET APPLIQUÉES

Cours à l'École des psychologues praticiens, 1959.

L'ÉLECTRONIQUE AU SERVICE DES LANGUES VIVANTES

Conférence donnée à l'U.N.E.S.C.O. le 11 mars 1960, parue dans le Bulletin de *l'Union des associations des anciens élèves des lycées et collèges français*, mars 1960.

CONDITIONNEMENT AUDIO-VOCAL

Bulletin de l'Académie de médecine, t. CXXXXIV, n° 11 et 12, Communication présentée par M. Moulonguet, mars 1960.

LA VOIX CHANTÉE - SA PHYSIOLOGIE - SA PATHOLOGIE - SA RÉÉDUCATION

Cours à l'hôpital Bichat, mars 1960. Cours d'orthophonie et de rééducation de la parole.

LA RÉSONANCE DANS LES ÉCHELLES MUSICALES - LE POINT DE VUE DU PHYSIOLOGISTE

Annales de l'Institut de musicologie (sous la direction de M. J. Chailley). Conférence prononcée le 9 mai 1960 au cours du Colloque international sur la « Résonance dans les échelles musicales » à l'amphithéâtre de l'Institut d'art et d'archéologie.

RELATIONS AUDITION-PHONATION

Revue *Promouvoir* n° 1, pp. 7-10, septembre 1960.

LA VOIX

Revue musicale, édition spéciale consacrée à « Médecine et Musique », 1962.

L'O.R.L. DEVANT LES PROBLÈMES DU LANGAGE

L'Hôpital, n° 747 bis, 1964.

LA SURDITÉ
Conférence faite à la demande de la Caisse d'allocations familiales de Paris, le 17 novembre 1965, Éditions Soditap.

L'OREILLE DIRECTRICE
Éditions Soditap, 1966.

LA DYSLEXIE Cours à l'École d'anthropologie, Éditions Soditap, 1967.

LE LANGAGE - EXAMEN CLINIQUE - PATHOLOGIE - TRAITEMENT
Société de Médecine de Paris, *Revue d'enseignement post-universitaire*, 1970.

L'INTÉGRATION DES LANGUES VIVANTES
Éditions Soditap, 1970.

LA MUSIQUE ET L'ENFANT
Communication faite au Ier Symposium régional de la musique, à Pierrelatte, 11-14 mai 1972.

L'INTERPRÉTATION DU TEST D'ÉCOUTE
Rapport au IIIe Congrès international d'audio-psycho-phonologie, Anvers, 1973.

LA RÉÉDUCATION DE LA VOIX - LES DIFFÉRENTES MÉTHODES DE TRAITEMENT
La Vie médicale, n° 20, mai 1974/4.

LES BASES NEURO-PHYSIOLOGIQUES DE LA MUSICOTHÉRAPIE
Bulletin de l'I.S.M.E. (International Society for Musical Education). Exposé fait aux Journées d'information sur les techniques psycho-musicales. Conservatoire de Grenoble, 1er-3 avril 1974.

LE RÔLE DE L'OREILLE DANS LA MUSICOTHÉRAPIE
Rapport au Congrès international de musicothérapie. Paris 31 octobre-3 novembre 1974.

L'OREILLE CONSIDÉRÉE COMME CAPTEUR
Les Cahiers de la méthode naturelle en médecine, septembre 1974.

LA MUSICOTHÉRAPIE ET LES DÉPRESSIONS NERVEUSES
Rapport au IVe Congrès international d'audio-psycho-phonologie. Madrid, 1974.

VOIX, AUDITION ET PERSONNALITÉ
Revue *S.O.S. Amitié*, France, n° 48, septembre, 1974.

CONSIDÉRATIONS SUR LE TEST D'ÉCOUTE, juin, 1974.

LE DÉPISTAGE DE L'ENFANT DYSLEXIQUE À L'ÉCOLE MATERNELLE
Conférence faite à l'université de Potchefstroom au cours du Congrès national de la South African Society for Education, 21 janvier 1976.

L'ARBITRAIRE DANS LE LANGAGE, IIe Congrès national A.P.P., Pau, 1976.

LES ASPECTS MÉDICO-PSYCHO-PÉDAGOGIQUES DE L'AUDIO-PSY-CHO-PHONOLOGIE
Conférence d'ouverture au Congrès international de Montréal, mai, 1978.

LA MUSIQUE ET SES EFFETS NEURO-PSYCHO-PHYSIOLOGIQUES
Conférence donnée lors du XIIIe Congrès de l'I.S.M.E. (International Society for Music Education) à London (Canada), août, 1978.

LES POUVOIRS DU MUSICIEN
Article paru dans la *Revue musicale* : « La face cachée de la musique française contemporaine », n° 316-317, mars 1979.

L'OREILLE ET L'ENFANT
Conférence donnée à l'université d'Ottawa dans le cadre du « Festival de l'Enfant », 16 mars 1979.

OREILLE ET DIFFICULTÉS D'APPRENTISSAGE
Conférence donnée au Congrès de l'A.Q.E.T.A., Montréal, mars 1979.

LE DÉFI DE L'AUDIO-PSYCHO-PHONOLOGUE
Symposium-Université de Potchefstroom, mai 1980.

LA MUSIQUE, notion indispensable et pourtant supposée superflue.
Revue *Diapason*, novembre 1980.

Table des matières

ACHEVÉ D'IMPRIMER
LE 14 SEPTEMBRE 1981
SUR LES PRESSES DE
L'IMPRIMERIE HÉRISSEY
A ÉVREUX (EURE)
POUR LE COMPTE DES ÉDITIONS STOCK
14, RUE DE L'ANCIENNE-COMÉDIE, PARIS - 6e

Imprimé en France

No d'Éditeur : 4361
No d'Imprimeur : 28315
Dépôt légal : 4e trimestre 1981
54-04-3161-01
ISBN 2-234-01519-7